U0452987

本书系中国人民大学"统筹推进世界一流大学和一流学科建设"重大规划项目《国际关系与政治学博弈论及大数据方法研究》(16XNLG11)的阶段性成果。

人民币世界化与世界数字货币体系构建

分布学派的理论解释

保建云 著

RMB Universalization and the
Construction of
World Digital Monetary System

The Theoretical Explanation of
Distributional School

中国社会科学出版社

图书在版编目（CIP）数据

人民币世界化与世界数字货币体系构建：分布学派的理论解释／保建云著.—北京：中国社会科学出版社，2021.10
ISBN 978-7-5203-8899-3

Ⅰ.①人… Ⅱ.①保… Ⅲ.①人民币—金融国际化—研究②国际货币体系—研究 Ⅳ.①F822②F821.1

中国版本图书馆CIP数据核字（2021）第159574号

出 版 人	赵剑英
责任编辑	王　斌　白天舒
责任校对	师敏革
责任印制	王　超
出　　版	中国社会科学出版社
社　　址	北京鼓楼西大街甲158号
邮　　编	100720
网　　址	http://www.csspw.cn
发 行 部	010-84083685
门 市 部	010-84029450
经　　销	新华书店及其他书店
印刷装订	北京明恒达印务有限公司
版　　次	2021年10月第1版
印　　次	2021年10月第1次印刷
开　　本	710×1000　1/16
印　　张	16
字　　数	264千字
定　　价	88.00元

凡购买中国社会科学出版社图书，如有质量问题请与本社营销中心联系调换
电话：010-84083683
版权所有　侵权必究

序

本书同时得到作者主持的教育部哲学社会科学研究重大课题攻关项目"亚太自贸区建设与中国国际战略研究"（15JZD037）的资助。本书是作者撰写的第12本学术著作，文稿撰写历时10年（2011—2021年）。人民币世界化的过程，是人民币不断为世界人民所认知和信任的过程，也是人民币为世界人民提供更好金融服务的过程。数字人民币作为主权数字货币，其发行和流通过程，是借助数字技术特别是区块链技术不断为中国人民及世界各国人民提供公共金融服务的过程，也是打破美元和欧元垄断国际货币供应的过程，能够为世界各国人民提供更多货币选择和金融创新。人民币的国际化及世界化过程，不可能一蹴而就，是一个持续不断的"持久战"的过程。只有通过持久的竞争和持久的努力，人民币才可能为世界人民所认知、所信任和所使用。

人民币的世界化过程，是使人民币成为全球人民都喜欢的货币的过程。如何使全世界人民都喜欢人民币，需要表明人民币在全世界范围内发行与流通比美元、欧元更能够满足世界人民的需要，突出表现为安全性、增值性和便利性。未来世界的货币，可能人民币、美元和欧元可能三分天下，人民币成为中国周边国家和第三世界国家人民最喜欢的全球性货币，美元成为美国及美国盟友国家跨国交易与投资货币的全球网络性货币，欧元则是欧洲、北非及中东地区人民需要使用的全球大区域货币。其他国家的货币最终可能变成各具特色的民族国家货币。人民币世界化需要强大的国家信用作为依托，中国作为全球贸易大国、全球制造业大国和全球市场，为人民币提供了强大的贸易需要、制造信用和市场信用依据。而这些依赖于一座座贸易城市、制造业城市和市场化城市的支撑，像深圳和苏州便是这样的制造之城、贸易之城和市场之城。这些城市成为人民币世界化的城市推动力量。

人民币世界化正在迎来难得的历史机遇,一个重要原因在于以美国为代表的西方国家在世界经济及全球金融市场体系中的相对地位下降,美元作为全球主要储备货币的国际信用基础正在下降,欧元在全球储备货币体系中的地位因英国"脱欧"和欧元区内部的矛盾而难以发挥更大的作用,世界各国需要新的国际货币作为交易、规避风险和对冲工具。中国作为世界第一货物贸易大国、第一制造业大国和第二大经济体,人民币成为国际社会主要交易货币、投资货币和计价货币,具有坚实的市场条件和信用基础。人民币的国际化过程是人民币作为世界公共货币满足世界各国人民交易、计价与投资需求的过程,是国际社会中货币竞争与货币市场演化的必然产物。人民币世界化也是人民币信用逐渐被国际社会认可的过程,任何国家的主权货币,如果得不到国际社会的信任,就不可能承担起国际货币的职能,也不可能稳定推进国际化。

当然,人民币世界化是一个长期的历史进程,一些特殊的政治经济事件可能加快人民币世界化的发展,最为典型的便是2019年至今全球蔓延的新冠肺炎疫情、2020年美国总统大选共和党候选人特朗普的败选和《区域全面经济伙伴关系协定》(RCEP)的签署,这些政治经济事件为加快人民币世界化创造了客观推动条件。中国作为全球最大的原油进口国、最大的炼油基地和制造业基地,人民币世界化还需要紧密的伙伴关系网络以构建市场信用和市场网络体系。可以通过RCEP所创造的机制,加上数字技术网络的基础设施条件,推动数字人民币的发行、流通与跨国交易。美国特朗普政府时期的一系列政策给中美关系带来的变动为人民币世界化产生了新的不确定性。中国参与CPTPP是一个复杂的过程,存在可能性,但也不排除最终加入的可能性,需要"三条腿走路":一是升级RCEP,二是加入CPTPP,三是邀请更多国家包括加拿大、墨西哥、秘鲁和智利参加。人民币世界化需要借助大数据、人工智能、云计算作为工具。

事实上,人民币世界化的过程,也是使人民币成为世界公共货币的过程,这一过程面临诸多挑战,所以我国从公共世界(公共天下)、大数据、新分布主义视角思考人民币世界化的目标和路径。如果没有公共世界的视野和胸襟,人民币世界化难以得到世界各国人民的普遍欢迎和信任。同时,人民币世界化还需要借助最新的数字化工具,依靠工具创新和理论创新，超越传统货币国际化模式和路径，通过人民币世界化促进世界公共数字货币体系的构建与完善。

人民币世界化、作为主权数字货币的数字人民币的发行和流通、世界数字货币体系的构建，是在极其复杂的国际政治经济环境下进行的，不可能不受大国之间政治经济关系的影响，中美两个大国之间的竞争、博弈及合作则是关键的影响因素。2020—2021年特朗普在美国总统竞选中的失败，可能使得人民币国际化及世界化面临新的不确定因素。但无论谁做美国总统，都难以改变人民币成为世界主要储备货币的最终结果。人民币世界化的过程，就是一个人民币逐渐替代霸权国家货币成为世界人民喜欢使用的货币的过程，也是中国为世界人民提供公共货币服务的过程。美国总统竞选中出现的攻击国会事件，已经严重削弱美国的国家信用。世界需要一种更有信用的跨国货币作为替代性的选择，人民币世界化适应了世界经济发展需要和未来趋势。

中国可以通过在不同的经济区域或者地理单元实施不同的货币发行与流通制度，在推动人民币世界化的过程中规避各种可能的风险。中国推动海南自由贸易港建设有利于推进人民币世界化，同时也能够规避可能出现的人民币世界化导致的系统性与非系统性监管风险。中国数字技术的发展，特别是以5G通信技术的发展，为主权数字货币——数字人民币的发行与流通创造技术基础设施条件，推动以数字人民币为基础的数字金融市场的发展，促进经济资源的跨期配置，促进全球数字货币、数字金融及相关市场的发展。数字人民币的发行与流通，不仅有利于推动全球范围内的主权数字货币的发行与流通，也有利于世界各国人民摆脱对单一美元、单一欧元的依赖，促进国际储备货币、交易货币、投资货币的多元化，打破美国及少数西方国家对国际货币体系的垄断和控制，促进国际货币体系的市场化和民主化，维护世界各国人民的货币权利并推动国际货币秩序的优化及正向演化。

目　录

第一章　导论 …………………………………………………………（1）
　　第一节　研究背景 ……………………………………………（1）
　　第二节　人民币国际化、世界化与国际货币体系改革 ………（5）
　　第三节　主权数字货币、数字人民币与世界数字货币体系 …（8）
　　第四节　文献述评 ……………………………………………（12）
　　第五节　研究结构与内容 ……………………………………（19）

第二章　国际货币、世界货币与货币国际化的信用条件 …………（23）
　　第一节　引言 …………………………………………………（23）
　　第二节　货币类型：国家货币、国际货币与世界货币 ………（24）
　　第三节　货币的微观职能与宏观职能 ………………………（27）
　　第四节　国际货币形成的条件 ………………………………（30）
　　第五节　货币国际化的国内信用基础 ………………………（33）
　　第六节　货币国际化的国际信用条件 ………………………（39）
　　第七节　货币国际化的双信用门槛条件与国际货币的类型 …（44）
　　第八节　结论 …………………………………………………（51）

第三章　货币国际化与世界化的微观基础：厂商行为及货币选择 …（53）
　　第一节　引言 …………………………………………………（53）
　　第二节　部门与厂商及全球总产出 …………………………（53）
　　第三节　厂商跨国贸易与投资活动中的收益计算与货币选择 …（59）
　　第四节　厂商跨国经济活动中的货币选择 …………………（63）
　　第五节　结论 …………………………………………………（70）

第四章　货币国际化与世界化的竞争均衡：大国货币博弈及国际货币替代 ……（71）

第一节　引言 ……（71）

第二节　国家货币信用、国际货币信用分异与国际储备货币选择 ……（72）

第三节　汇率制度选择、货币替代与大国货币博弈：三元四阶段动态博弈模型 ……（77）

第四节　结论 ……（82）

第五章　货币国际化与世界化的制度环境：国际货币体系与国家货币体系 ……（84）

第一节　引言 ……（84）

第二节　国际货币体系职能与类型 ……（86）

第三节　国际经济关系发展与国际货币体系 ……（90）

第四节　国家货币体系（国内货币体系）形成与演变的影响因素 ……（93）

第五节　国家货币体系（国内货币体系）的形成、演变阶段及类型 ……（95）

第六节　国际货币体系演变的国家货币基础 ……（103）

第七节　结论 ……（105）

第六章　货币国际化与世界化的宏观条件：货币大国内生形成及国际货币合作 ……（106）

第一节　引言 ……（106）

第二节　背景与数据 ……（107）

第三节　货币大国的内生形成 ……（111）

第四节　国际货币合作（Ⅰ）：理论假设 ……（115）

第五节　国际货币合作（Ⅱ）：理论模型 ……（118）

第六节　国际货币合作（Ⅲ）：模型讨论 ……（120）

第七节　国际货币合作（Ⅳ）：理论解释 ……（123）

第八节　结论 ……（125）

第七章 人民币世界化目标：国际货币体系改革与世界公共货币体系构建 (126)

- 第一节 引言 (126)
- 第二节 人民币世界化目标 (130)
- 第三节 国际货币体系局限性分析 (137)
- 第四节 国际货币体系改革与人民币世界化方向 (141)
- 第五节 世界公共货币体系特征及构建 (148)
- 第六节 人民币世界化与世界公共货币体系构建的关键领域 (150)
- 第七节 结论 (155)

第八章 主权数字货币、数字人民币与世界数字货币体系 (156)

- 第一节 引言 (156)
- 第二节 金融科技创新与主权数字货币构建 (157)
- 第三节 主权数字货币与相关货币的关联性分析 (161)
- 第四节 人民币主权数字货币发行与流通面临的机遇与挑战 (165)
- 第五节 主权数字货币国际合作：中国优势与贡献 (170)
- 第六节 人民币数字化、数字金本位制与世界数字货币体系 (173)
- 第七节 结论 (179)

第九章 人民币世界化与世界数字货币体系构建 (181)

- 第一节 引言 (181)
- 第二节 人民币世界化目标：国际货币体系与世界货币体系 (182)
- 第三节 人民币世界化与人民币职能 (187)
- 第四节 中国推进人民币世界化的政策目标与政策选择 (194)
- 第五节 世界数字货币体系构建：目标、内容与路线图 (201)
- 第六节 结论 (212)

第十章　结论与展望 …………………………………………………（214）
　　第一节　总体说明 …………………………………………………（214）
　　第二节　货币国际化与世界化的微观基础及信用条件 …………（215）
　　第三节　货币国际化与世界化的大国博弈及制度环境 …………（217）
　　第四节　货币世界化的宏观条件与人民币世界化目标 …………（219）
　　第五节　主权数字货币、数字人民币与世界数字货币体系 ……（220）
　　第六节　研究展望 …………………………………………………（222）

参考文献 ………………………………………………………………（228）

后　记 …………………………………………………………………（246）

第一章

导　　论

第一节　研究背景

中国作为新兴大国，需要且能够在世界范围内为各国提供高效便利的国际货币工具、跨境投融资平台及世界金融市场交易机制，而人民币世界化、主权数字货币——数字人民币的发行及流动则是实现此目标的主要途径，最终目标则是促进公平高效的世界公共货币体系，特别是世界数字货币体系的构建、运行、创新及完善。2020年年初，新冠肺炎疫情暴发并在全球蔓延，世界经济出现衰退和萧条，但以现代高速互联网、大数据、云计算及人工智能技术为技术基础的主权数字货币逐渐成为重要的跨国价值工具，世界经济进入了一个新的历史发展阶段。在新的历史发展阶段，中国作为新兴经济大国和贸易大国，必须积极参与国际货币体系改革并稳妥推进人民币的区域化（Regionalization）、国际化（Internationalization）与世界化（Universalization/Cosmopolitanization），从而在根本上维护中国和世界各国的金融安全与金融利益，防范可能再次出现的任何金融危机与风险。

本书中的人民币区域化、国际化与世界化，是三个彼此相关且又存在高度关联性的概念，人民币区域化（RMB Regionalization）是指人民币在特定跨国区域内被官方和民间作为价值工具（Value Tool）被广泛使用、广泛接受及广泛认可的过程，人民币国际化（RMB Internationalization）则是指人民币被主权国家或者地区政府及经济组织作为价值工具广泛使用、广泛接受及广泛认可的过程，人民币世界化（RMB Universalization or RMB Cosmopolitanization）则是人民币在世界范围内被官方和民间广泛使用、广泛接受及广泛认可的过程。本书中的价值工具是指货币作为交易计价、支付手段、贸易结算、价值储存、价值组合、价值转换及跨境价值转移的工具职能。人民币区域化、国际化和世界化存在着逐层递进的关系，可以用下图说明。

```
┌─────────────────────────────────────────────┐
│           人民币区域化                        │
│         (RMB Regionalization)                │
├──────────────────────┬──────────────────────┤
│     跨国区域          │      周边区域         │
└──────────────────────┴──────────────────────┘
                      ↓
┌─────────────────────────────────────────────┐
│           人民币国际化                        │
│       (RMB Internationalization)             │
├──────────────────────┬──────────────────────┤
│   国家与地区政府      │ 金融机构、厂商及经济组织 │
└──────────────────────┴──────────────────────┘
                      ↓
┌─────────────────────────────────────────────┐
│           人民币世界化                        │
│ (RMB Universalization or RMB Cosmopolitanization) │
├──────────────────────┬──────────────────────┤
│ 世界范围普遍认可与接受 │ 世界范围普遍使用与流通 │
└──────────────────────┴──────────────────────┘
```

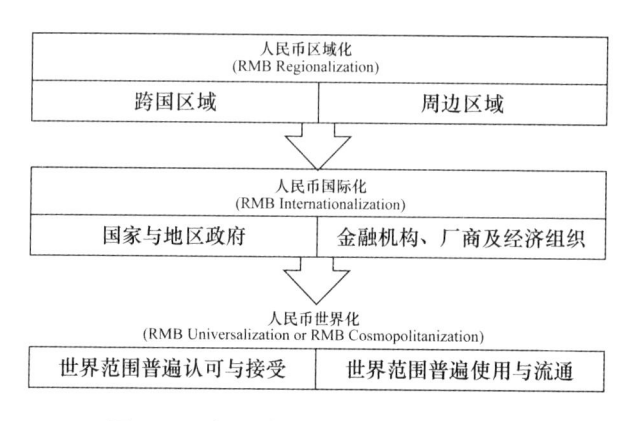

图 1-1　人民币区域化、国际化与世界化

从图 1-1 可以看出，人民币的区域化、国际化与世界化过程是人民币作为价值工具被特定区域、周边区域、国际社会和世界人民所认可、接受、使用和流通的过程。事实上，人民币区域化、国际化及世界化是一个持续不断的动态演化过程，在取得积极进展的同时，也面临诸多制约因素、问题及挑战。人民币的区域化、国际化与世界化，有利于国际货币体系改革和新兴世界货币体系构建，中国已经成为推进国际货币体系改革和促进新世界货币体系构建的主要大国，而国际货币体系改革与新世界货币体系构建有利于人民币的区域化、国际化与世界化，彼此之间存在相互促进作用。2016 年 10 月 1 日，人民币被正式纳入国际货币基金组织（International Monetary Fund，IMF）特别提款权（Special Drawing Right，SDR）货币篮子，成为与美元、欧元、英镑和日元并列的全球五大国际储备货币之一。2015 年 12 月 25 日，中国政府倡议并主导筹建的亚洲基础设施投资银行（Asian Infrastructure Investment Bank，AIIB）正式成立，促进了在新的历史发展阶段国际货币体系改革与人民币的区域化和国际化，最终有利于人民币的世界化。

中国参与国际货币体系改革与人民币区域化、国际化及世界化既是同一进程的两个紧密相关的领域，也是中国作为全球重要金融与货币大国发挥作用与影响的重要表现,更是推动国际金融与货币体系重构的重要内容。2020年新冠肺炎疫情在全球蔓延,诱发全球性的经济衰退,还可能引发新的国际金融与债务危机。表1-1是国际货币基金组织2021年1月26日公布的世界经济展望数据。

表1-1 国际货币基金组织发布的世界经济展望数据(2021.2.26) 单位:%

	增长速度	增长速度估计值(Estimate)	增长速度预测值(Projections)	
	2019年	2020年	2021年	2022年
全世界(World Output)	2.8	-3.5	5.5	4.2
发达经济体(Advanced Economies)	1.6	-4.9	4.3	3.1
美国(United States)	2.2	-3.4	5.1	2.5
欧元区(Euro Area)	1.3	-7.2	4.2	3.6
德国(Germany)	0.6	-5.4	3.5	3.1
法国(France)	1.5	-9.0	5.5	4.1
意大利(Italy)	0.3	-9.2	3.0	3.6
西班牙(Spain)	2.0	-11.1	5.9	4.7
日本(Japan)	0.3	-5.1	3.1	2.4
英国(United Kingdom)	1.4	-10.0	4.5	5.0
加拿大(Canada)	1.9	-5.5	3.6	4.1
其他发达经济体(Other Advanced Economies)	1.8	-2.5	3.6	3.1
新兴市场与发展中经济体(Emerging Market and Developing Economies)	3.6	-2.4	6.3	5.0
新兴与发展中亚洲(Emerging and Developing Asia)	5.4	-1.1	8.3	5.9
中国(China)	6.0	2.3	8.1	5.6
印度(India)	4.2	-8.0	11.5	6.8
东盟(ASEAN)	4.9	-3.7	5.2	6.0
新兴与发展中欧洲(Emerging and Developing Europe)	2.2	-2.8	4.0	3.9
俄罗斯(Russia)	1.3	-3.6	3.0	3.9
拉丁美洲与加勒比地区(Latin America and the Caribbean)	0.2	-7.4	4.1	2.9

续表

	增长速度	增长速度估计值（Estimate）	增长速度预测值（Projections）	
	2019年	2020年	2021年	2022年
巴西（Brazil）	1.4	-4.5	3.6	2.6
墨西哥（Mexico）	-0.1	-8.5	4.3	2.5
中东与中亚（Middle East and Central Asia）	1.4	-3.2	3.0	4.2
沙特阿拉伯（Saudi Arabia）	0.3	-3.9	2.6	4.0
撒哈拉以南非洲（Sub-Saharan Africa）	3.2	-2.6	3.2	3.9
尼日利亚（Nigeria）	2.2	-3.2	1.5	2.5
南非（South Africa）	0.2	-7.5	2.8	1.4

资料来源：国际货币经济组织（International Monetary Fund，IMF）官方网站发布数据，https://www.imf.org/-/media/Files/Publications/WEO/2021/Update/January/English/data/WEOJan2021update.ashx，访问日期：2021年1月27日。

从表1-1可以看出，在新冠肺炎疫情全球蔓延背景下，2020年世界经济总产出同比下降3.5%，预测2021年中国是唯一实现正增长的大规模经济体，年增长速度为2.3%，美国经济增长速度为-3.4%。根据美国商务部2021年1月28日发布的数据，美国2020年全年GDP萎缩3.4%，该经济增长速度下降幅度为1946年以来的最大，同时也是2008年国际金融危机引发的经济衰退与萧条后再次出现的经济萧条和衰退，美国经济连续11年增长势头被首次打破。[1] 美国商务部公布的预测数据为-3.5%，世界经济出现急剧衰退和大萧条。世界经济的衰退和大萧条为人民币区域化、国际化及世界化创造了新的历史机遇，同时也有利于新的世界货币体系构建特别是世界数字货币体系（World Digital Monetary System，WDMS）的构建。

事实上，人民币区域化与国际化发展的最终目标是实现人民币世界化，人民币世界化离不开人民币的区域化与国际化，人民币世界化涵盖人

---

[1] 美国商务部经济分析局（Bureau of Economic Analysis, U.S. Department of Commerce），Gross Domestic Product, 4th Quarter and Year 2020 (Advance Estimate), https://www.bea.gov/news/2021/gross-domestic-product-4th-quarter-and-year—2020-advance-estimate，访问日期：2021年2月2日。

民币区域化和国际化。人民币的世界化过程，也是一个为世界人民提供公共货币金融工具、公共货币资源、公共产品的过程。为了叙述和研究方便，本书把人民币区域化与国际化纳入人民币世界化分化框架之中，将人民币区域化和国际化视为人民币世界化的阶段性进展或者阶段性内容。

第二节　人民币国际化、世界化与国际货币体系改革

人民币世界化的过程是一个持续不断的历史进程，是影响国际货币体系改革的关键因素，其本身也构成国际货币体系改革的重要内容，而国际社会客观存在的金融与债务危机则为人民币世界化、国际货币体系改革提供了机遇和动力。在新的历史发展阶段，国际货币体系改革与人民币区域化、国际化及世界化已经成为国际政治经济演变的重要内容。国际社会持续存在、不断演化的国际金融与债务危机，作为影响世界经济发展和政治格局演变的重要力量，直接关系到国际政治经济格局的未来演变趋势，也是影响中国社会经济发展的关键外部因素。事实上，人类社会中出现的金融与债务危机具有复杂而漫长的形成与演变历史，在不同的历史阶段有着鲜明的时代特征，以多样化的形式表现出来，根据不同的考察标准和研究视角可以区分为不同的类型和细分类型。国际货币体系改革与人民币区域化、国际化及世界化，是在新的历史发展阶段国际金融市场与货币体系演化的重要内容，表现出五方面的特征。

第一，国际货币体系改革与人民币区域化、国际化及世界化成为影响国际政治格局演化的关键因素。西方国家不时发生的全球性、区域性的金融与债务危机已经成为影响国际政治格局转变的关键，西方国家金融与债务危机的发生是西方各国社会经济矛盾和制度缺陷的集中表现和反映，是西方国家政治经济实力相对衰落的表现，同时也是以中国为代表的新兴国家政治经济实力相对上升的结果。西方国家不时发生的金融与债务危机之所以会成为国际政治经济格局转变的关键和转折点，表现在三个方面：一是金融与债务危机打破了西方国家政治经济制度优越性的意识形态神话，从经济基础和上层建筑两个层面削弱了西方国家对全球政治经济的垄断性

主导影响力;二是金融与债务危机弱化了西方国家对新兴国家和广大发展中国家的政治经济影响力,为新兴和发展中国家社会经济发展创造了新的机会;三是金融与债务危机为中国等新兴大国的崛起创造了条件和机遇,以中国为代表的新兴大国崛起必然会变革国际政治经济格局。

第二,国际货币体系改革与人民币区域化、国际化及世界化是一个长期的政治经济进程。国际金融与债务危机将逐渐演变为一种常态化的政治、经济与金融现象,以美国、日本和欧盟为代表的西方国家在2008年出现的国际金融危机期间出现严重经济衰退,失业率居高不下,经济复苏缓慢,政府财政赤字持续高位运行。2009年最早在希腊出现的欧洲主权债务危机持续扩散到爱尔兰、葡萄牙、西班牙、意大利等欧元区其他经济体,欧元区经济短期内很难完全摆脱主权债务危机的消极影响。西方国家金融与债务危机诱发的各种政治、经济与金融风险和危机会长期存在,成为一种常态化政治、经济与金融现象。

第三,国际货币体系改革与人民币区域化、国际化及世界化具有长期影响效应。西方国家不时出现的国际金融与债务危机对国际政治经济格局的影响将长期存在,这是西方国家社会经济运行与制度安排存在的必然现象,不可能完全消除,旧的金融与债务危机的结束可能意味着新的金融与债务危机的酝酿与发生。目前的国际政治经济体系仍然是由美国、欧盟和日本为代表的西方国家主导,其主导地位在短期内很难改变,这些国家存在的金融与债务危机对全球政治经济格局的冲击和影响短期内难以改变。当然,未来不同的社会经济发展阶段,西方国家的金融与债务危机会以新的形式和新的类型表现出来,其对国际政治经济格局的影响也会表现出不同的形式与特点。

第四,国际货币体系改革与人民币区域化、国际化及世界化是国际社会政治经济变革的内容和构成部分。事实上,西方国家不时出现的金融与债务危机将可能向政治和社会领域渗透,形成新的政治、经济与社会危机,导致全球社会经济运行中出现新冲突与新动荡。西方国家金融与债务危机的常态化与长期化,必然会对西方各国的社会基础和政治结构产生冲击并可能引发新的动荡。同时,西方国家不时出现的金融与债务危机也必然会对非西方国家的社会运行和政治稳定性产生冲击,诱发新的社会矛盾和政治动荡。一些西方国家与非西方国家可能出现新的社会矛盾和政治动荡，全球贸易、金融摩擦与冲突也可能不断出现，从而阻碍全球经济复苏和稳定增长。

第五，国际货币体系改革与人民币区域化、国际化及世界化将影响中国与主要货币大国特别是美国、欧盟的双边与多边关系。国际金融与债务危机不仅可能恶化我国外向型经济发展的国际市场环境，还可能继续恶化我国的周边安全环境。以美国、欧盟和日本为代表的西方国家，为了转嫁金融与债务危机带来的社会经济风险和政治危机，会采取各种贸易保护主义、投资保护主义措施阻碍我国的商品出口和对外投资活动。例如，2016年美国和欧盟的一些政治力量试图利用中国的供给侧结构改革推行针对中国钢铁行业的贸易保护主义行为。美国奥巴马政府执政期间（2007—2017年），以美国为代表的西方国家以"重返亚太战略"为借口，挑起中国与周边邻国的岛屿和领土争端，导致东亚地区局势紧张与安全环境恶化，阻碍了东亚地区经济一体化进程。美国特朗普政府执政期间（2017—2021年）发动了以中国为主要攻击对象的全球贸易战，对中国与美国双边关系产生了破坏性影响，破坏了全球自由贸易体系。

在新的历史发展阶段，如何推进国际货币体系改革是世界各国共同面临的问题，如何稳妥推进人民币区域化、国际化及世界化不仅是中国政府面临的重要课题，也是世界各国面临的课题。西方国家不时出现的国际金融与债务危机将向常态化、长期化方向发展，将成为国际政治经济格局改变的关键性因素和转折点。以中国为代表的新兴和广大发展中国家面对发展机遇的同时，也将面临更为复杂的国际经济与安全环境。在新的历史发展阶段，国际货币体系改革与人民币区域化、国际化及世界化问题是同一进程的两个侧面，表现在三个方面：一是国际货币体系改革能够为人民币区域化、国际化及世界化创造良好的国际金融与货币市场环境，2016年10月1日人民币被纳入国际货币基金组织的特别提款权（Special Drawing Right，SDR）货币篮子便是表现；二是人民币区域化、国际化及世界化能够推动国际货币体系改革，以美国、欧盟为代表的相关国家是目前国际货币体系的既得利益集团，不可能主动承担改革国际货币体系的重任，人民币区域化、国际化及世界化能够成为国际货币体系改革的推动力量；三是国际货币体系改革与人民币区域化、国际化及世界化共同成为构建国际政治经济新秩序的重要内容和领域。

事实上，人民币世界化与国际货币体系改革有利于推动新的世界货币体系构建，构建世界数字货币体系是新的世界货币体系构建的主要目标。

第三节　主权数字货币、数字人民币与世界数字货币体系

人民币区域化、国际化、世界化及国际货币体系改革还需要充分利用当代数字技术发展特别是现代高速互联网、大数据、云计算、区块链及人工智能提供的技术支持，推动主权数字货币（Sovereign Digital Currency，SDC）特别是数字人民币（Digital RMB）的发行和流通，推动新的世界货币体系的构建，特别是推动世界数字货币体系的构建。

在新的历史发展阶段，人民币世界化离不开国际货币体系改革，而国际货币体系改革的关键是改革国际货币基金组织的治理结构，打破西方少数国家对国际货币事务的垄断。目前的国际货币体系改革进展缓慢，以美国为代表的西方国家在渡过国际金融与债务危机最困难阶段后，推进国际货币体系改革的积极性下降，甚至重新成为国际货币体系改革的主要阻碍力量，新兴经济体和广大发展中国家因为各国的经济发展情况差异而难以形成推进国际货币体系改革的合力，进一步推进国际货币体系改革的内生动力不足和外部阻力持续存在的局面。虽然人民币区域化、国际化及世界化取得了积极进展，特别是人民币作为国际储备货币、交易货币与投资货币的地位得到提高，但人民币区域化、国际化及世界化程度与中国的全球经济大国、全球贸易大国和全球制造业大国地位仍然不匹配，人民币要真正成为国际社会主要储备货币、交易货币与投资货币还要经历一段历史过程。

事实上，参与国际货币体系改革并推动人民币区域化、国际化及世界化，是我国统筹国内国际两个大局、积极参与全球经济治理、推动国际经济体系改革、促进国际经济秩序朝着更加公正合理的方向发展的重要内容和关键举措，也是准确把握世界经济治理机制进入变革期特点，努力增强我国参与国际经济事务能力的关键环节，更是把握好我国在全球经济分工中的新定位，积极创造参与国际经济合作和竞争新优势的主要途径。

人民币的区域化、国际化和世界化都需要借助数字技术、适应数字经济发展需要，数字人民币作为大国主权数字货币，其发行与流通有利于推动人民币的世界化，也有利于从数字技术角度为国际货币体系改革创造新的条件，促进世界数字货币体系的形成和发展。本书中的主权数字货币（Sovereign Digital Currency，SDC）以国家主权为信用基础、利用现代数字技术发行和流通的法定的数字化价值符号及工具，其与传统主权信用货币，或者说法定货币最大的差异在于其价值载体/价值媒介的数字化和符号化，与非主权数字货币的最大差异在于以国家主权为信用来源及基础，而国家主权信用最为显著的表现在于主权国家的中央政府所具有的征税权。数字人民币（Digital RMB）则是中国人民银行以中国国家主权作为信用基础发行的法定数字货币，2020年我国首先在深圳、成都、苏州、雄安新区及东奥会场景进行数字人民币试点，2021年在上海、海南、长沙、青岛、大连、西安六个城市开始进行第二批面向公众的试点。数字人民币的发行和流通必然为人民币世界化创造新的技术条件和市场环境。

2021年新冠肺炎疫情在全球蔓延，对世界经济产生了巨大冲击，造成世界经济出现衰退和萧条，但也刺激了线上经济活动，促使各国关注数字货币发行和流通，中国则是推动主权数字货币发行和流通的主要大国。新冠肺炎疫情的全球蔓延，导致全球性经济衰退和大萧条，本书称之为"世界经济的新冠大萧条（The Great Depression of New Coronavirus Pneumonia or The COVID-19 Great Depression，GDNCP or CGD）"，其导致全球经济增速下降，贸易萎缩和外商直接投资下降，2020年中国是唯一实现经济正增长的大国。根据中华人民共和国国家统计局2021年1月18日发布的统计数据，[①] 2020年中国国内生产总值同比增长速度2.3%，国内生产总值达到101.5986亿元人民币，全球货物进出口总额达到3215557亿元人民币，比2019年增长1.9%，全国规模以上工业增加值比2019年增长2.8%。中国经济虽然实现了正增长，但国内生产总值增速仍然比2019年的6.1%[②]低

---

① 中华人民共和国国家统计局：《2020年国民经济稳定恢复 主要目标完成好于预期》，2021年1月18日，http://www.stats.gov.cn/tjsj/zxfb/202101/t20210118_1812423.html，访问日期：2021年1月26日。

② 中华人民共和国国家统计局：《中华人民共和国2019年国民经济和社会发展统计公报》，2020年2月28日，http://www.stats.gov.cn/tjsj/zxfb/202002/t20200228_1728913.html，访问日期：2021年1月26日。

3.8 个百分点，中国经济受到新冠肺炎疫情的冲击（如表 1-2 所示）：

表 1-2 2020 年中国月度经济指标环比数据

	规模以上工业增加值环比增速（％）	固定资产投资（不含农户）环比增速（％）	社会消费品零售总额环比增速（％）
1 月	-2.32	-5.85	-10.77
2 月	-24.01	-23.12	0.95
3 月	30.11	4.93	0.96
4 月	1.89	4.83	0.99
5 月	1.39	4.20	0.92
6 月	1.37	4.09	1.50
7 月	0.90	3.71	0.60
8 月	1.08	3.25	1.40
9 月	1.09	3.07	4.11
10 月	0.79	2.84	0.82
11 月	1.03	2.67	1.55
12 月	1.10	2.32	1.24

资料来源：中华人民共和国国家统计局：《2020 年国民经济稳定恢复 主要目标完成好于预期》，2021 年 1 月 18 日，http：//www.stats.gov.cn/tjsj/zxfb/202101/t20210118_1812423.html，访问日期：2021 年 1 月 26 日。

从表 1-2 可以看出，在疫情的冲击下，中国虽然仍然是世界第一货物贸易大国、第一制造业大国和第二大经济体，但经济增长速度与 2019 年相比，下降幅度仍然较大。另外，2020 年中国超过美国，成为全球吸引外商直接投资第一大国。根据环球网提供的数据，2020 年全世界外商直接投资（FDI）同比下降 42%，但中国却增长了 4%，达到 1630 亿美元，首次超过美国成为世界第一，美国则下跌 49%，萎缩 1340 亿美元，欧盟下跌 71%，英国和意大利因疫情严重死亡率很高，当年没有吸引到新的 FDI。[①] 根据联合国贸易发展组织发布的报告《全球投资趋势监测》中提供的数据

[①] 《中国又拿了个"第一"，但没时间自满》，环球网，2021 年 1 月 25 日，https：//opinion.huanqiu.com/article/41f4CWmocra，访问日期：2021 年 1 月 26 日。

表明，2020年全球外国直接投资（FDI）大幅下降，为8590亿美元，与2019年的1.5万亿美元相比下降幅度为42%，比2008年国际金融危机后的经济增长最低点时还低30%，而中国吸收外资的全世界的比重则提高到19%，中国的高技术产业增长11%，跨境并购增长了54%，信息通信技术和制药行业增长最为显著。美国2020年FDI则下降了49%，以1340亿美元位居第二，美国在批发贸易、金融服务和制造业领域的下降幅度最大。① 虽然全世界的经济增长、货物贸易、普通制造业和外商投资都表现出下降乃至负增长态势，但以线上经济活动为主要内容的数字经济活动则出现逆势增长态势，为数字货币的发行和流通创造了内在动力和外部市场环境，促使各国货币当局关注主权数字货币发行与流通问题，也促进学术界和各国决策层关注世界数字货币体系的构建问题。

本书中的世界数字货币体系是指以世界各国主权信用数字货币组合为世界储备货币基础而构建的全球性公共货币体系，本书中的世界（World）是指人类社会活动物理空间范围。世界数字货币体系具有六个显著特点：一是世界性，覆盖全球大多数国家或者地区，即地理空间范围的广泛性；二是公共性，世界货币体系为全球性公共产品，能够为世界范围内的国家及西方社会行为体提供公共货币、公共价值工具及公共金融服务；三是数字性，借助高速互联网、大数据、云计算（量子计算）、人工智能及区块链等数字技术的发展，开发数字化的价值工具；四是分布性，利用现代数字技术建立全球分布式国际收支、储备货币与金融交易的账户系统，构建全球分布式资本跨国流动和汇率体系的数字化平台体系；五是开放性，世界数字货币体系能够打破西方少数大国对国际货币事务的垄断性影响，是一个开放性的体系，世界各国及经济行为体都可以参与其中，共同形成网络化的全球性数字化货币交易共识机制；六是数字治理及监管机制，世界数字货币体系的构建需要世界各国共同参与，成立数字货币发行、流通与监管的数字化国际组织，本书称为世界数字货币组织（World Digital Monetary Organization，WDMO）。

因此，人民币世界化适应世界经济发展和数字技术发展的需要，而主

---

① 《全球FDI萎缩逾四成 中国成最大外资流入国》，中国新闻网，2021年1月26日，http://www.chinanews.com/cj/2021/01-26/9396363.shtml，访问日期：2021年1月26日。

权数字货币特别是数字人民币的发行与流通有利于为世界各国人民提供高效变量的数字化价值工具，世界数字货币体系则是世界公共货币体系的主要构成部分，需要各国共同参与，也是国际货币体系改革所追求的直接目标。从理论和实证角度研究人民币世界化、主权数字货币与世界数字货币体系的构建问题不仅具有理论价值，更具有重大的实践意义。

第四节 文献述评

一 国际金融、债务危机原因及国际货币体系改革目标研究

中国作为新兴大国的崛起，推动着人民币的区域化、国际化与世界化，国际社会不时出现的金融危机和主权债务危机则引发各国决策层关注国际货币体系改革问题，新冠肺炎疫情则为数字货币发行及流通创造了应用场景。人民币世界化、主权数字货币与世界数字货币体系构建已经为学术界广泛关注，涌现了一系列有价值的研究文献。

学术界关注国际货币体系改革议题，根本原因在于 2008 年出现的国际金融及债务危机显示出现存国际货币体系存在的缺陷和问题，笔者对此进行了系统研究①。2008—2018 年的 10 年间，如何改革现行存在缺陷的不合理的国际货币体系、如何积极稳妥地推进人民币区域化、国际化及世界化不仅是我国学术界和决策层关注的重要议题，也是国际学术界和各国决策层关注的焦点，已有文献对此进行了回顾与评论。② 金融与债务危机也为学术界所持续关注。③ 2019—2021 年，新冠肺炎疫情全球蔓延冲击了世界经济，之后对国际金融及债务危机、国际货币体系改革的研究文献相对较少，但仍然有学者给予关注。④

---

① 保建云：《国际金融与债务危机的国际政治经济学分析》，社会科学文献出版社 2015 年版。
② 江涌：《国际金融危机十周年的反思与启示》，《现代国际关系》2018 年第 9 期，第 1—8、62 页。
③ Michael T. Kiley, "What Macroeconomic Conditions Lead Financial Crises?", *Journal of International Money and Finance*, Vol. 111, No. 2020.
④ 保建云：《主权数字货币、金融科技创新与国际货币体系改革——兼论数字人民币发行、流通及国际化》，《人民论坛·学术前沿》2020 年第 2 期，第 24—35 页。

金融与主权债务危机频繁在以美国、欧盟为代表的西方国家出现，有着复杂的历史背景，显示出不同的阶段性特点，表现出不同的形式。已有文献利用历史数据（1870—2016）对金融危机与经济复苏问题进行系统研究（Dimitrios BakasIvan Mendieta – Muñoz, 2020）[1]。国际金融危机期间，有文献关注金融与主权债务危机产生原因，有文献从国际货币体系演变的角度分析国际金融危机的历史阶段性与类型[2]，也有文献从历史演进角度关注金融危机与国际货币体系演变问题[3]，还有文献对西方国家历史上出现的金融与债务危机导致的大萧条进行比较研究（Krugman, P., 2010; Almunia, Miguel, Agustín S. Bénétrix, Barry Eichengreen, Kevin H. O. Rourke, Gisela Rua, 2009）[4]，还有文献关注经济失衡与金融危机问题。以美国、欧盟为代表的西方市场经济国家，是市场经济和国际金融市场最早形成的地区，也是国际金融与债务危机频发的地区。当然，在世界经济发展的不同历史阶段，国际社会出现的金融与债务危机也表现出不同的特征和演化规律，但可以从经济学、政治学和历史学角度对其演变的规律进行分析。

2008 年最初在美国出现的金融危机迅速蔓延到全世界，2009 年最早在希腊出现的欧洲主权债务危机，对世界经济产生长期的消极影响效应。以中国、印度、巴西、俄罗斯、南非为代表的"金砖国家"虽然是较早走出国际金融与主权债务危机消极影响的新兴经济体，但仍然没有完全摆脱国际金融危机的冲击。国际货币体系改革不仅仅是跨国国际金融制度安排调整，还涉及国家利益和意识形态问题[5]。国际金融危机的出现也与现存国

---

[1] Dimitrios BakasIvan Mendieta – Muñoz, "Financial crises and economic recovery: Cross – country heterogeneity and cross – sectional dependence", *Economics Letters*, Volume 195, October 2020, 109435.

[2] 保建云：《论国际货币体系演变中的金融危机：历史阶段性与类型》，《人大国际评论》2010 年第 1 期。

[3] 禹钟华、祁洞之：《国际货币体系演化的内在逻辑与历史背景——兼论国际货币体系与资本全球化》，《国际金融研究》2012 年第 9 期。

[4] Krugman, P., "The Great Recession versus the Great Depression. The Conscience of a Liberal", *New York Times*, 2010; Almunia, Miguel, Agustín S. Bénétrix, Barry Eichengreen, Kevin H. O. Rourke, Gisela Rua. From Great Depression to Great Credit Crisis: Similarities, Differences and Lessons. the 50th Economic Policy Panel Meeting, October 23 – 24, 2009.

[5] Luis Reyes, "The link between the current international monetary non – system, financialization and the Washington consensus", *Research in International Business and Finance*, Volume 42, December 2017, pp. 429 – 441.

际货币体系运行密切相关,但对国际金融与主权债务危机的阶段性特点与演变趋势的研究文献仍显不足。国际金融与主权债务危机发生与演化是多种因素共同作用的结果,根本原因在于对投机性金融机构的信用监管存在缺陷及政府信用下降。

国际货币体系改革的最终目标是构建公平高效的新的国际货币体系,因此,国际货币改革必须充分考虑国际经济格局的变化特别是国际生产格局与贸易格局的变化。国际货币改革的最终目标始终是学术界关注的焦点①。如何妥善解决全球经济失衡问题、持续推动国际储备货币的多元化是目前推动国际货币体系改革、构建新世界货币体系的重要目标。

二 国际货币体系改革中的大国竞争及权力结构问题

自1971年布雷顿森林体系崩溃以来,如何推进国际货币体系改革始终是学术界关注的焦点,2008年国际金融危机及欧洲主权债务危机则引发了学术界对国际货币体系的持续讨论,2017—2021年美国特朗普政府执政期间发动的以中国为主要对象的全球"贸易战",则进一步动摇了国际社会对以美元为主导的现存国际货币体系的信心,国际货币体系改革紧迫性已经成为广大发展中国家决策层和学术界的重要共识。虽然2021年1月20日民主党的拜登新政府替代共和党的特朗普旧政府在美国执政,但国际社会对于美国是否会引发新的国际金融危机及债务危机的担心仍然不能够排除,持续推动国际货币体系改革并构建新的国际货币体系仍然是国际社会大多数国家的共同任务。

国际货币体系改革涉及各国在国际货币体系中的权力结构调整,需要提高国际货币体系运行的效率和公平性,这必然影响到国际汇率体系及货币区的演化调整。国际货币体系改革需要关注国际汇率体系、货币区、锚货币的调整中的权力结构问题。如何协调美元与人民币之间的关系,如何进行货币信用及金融资产风险评估也是推进国际货币体系改革的重要内容,也涉及国际货币体系改革中各国的权力和责任匹配问题。当代国际货

---

① 管涛:《国际货币体系改革有无终极最优解?——从N-1问题看超主权储备货币的发展前景》,《国际经济评论》2015年第4期,第26—34页。

币体系改革与数字技术及数字货币发行及流通密不可分,① 人民币国际化已经成为国际货币体系改革的重要内容。② 因此,国际社会如何协调美元与其他货币特别是美元与人民币及欧元的关系,直接影响到新国际货币体系的权力结构、效率和公平性问题。

大国和强国是影响国际货币体系运行的关键行为体,国际货币体系构建与运行中的权力结构成为国际货币体系稳定性的关键因素。大国始终是影响国际货币体系改革的关键因素,已有文献关注美国货币政策对国际货币体系的影响,③ 中国的货币政策与银行体系也对国际货币体系产生影响。④ 国际货币体系的不稳定性始终是学术界关注的焦点,有文献从政治权力角度分析国际货币体系的不稳定性,⑤ 有文献则从"货币陷阱"角度分析国际货币体系的不稳定性。⑥ 因此,国际货币体系改革必然涉及大国关系特别是大国权力关系的调整。

概言之,国际货币体系改革还需要关注国际汇率体系、国际金融市场风险治理及监管机制、大国货币关系调整中的权力结构问题。如何把握住新的国际金融与债务危机发生的可能性,规避它们给国际社会特别是以中国为代表的广大发展中国家经济发展带来的风险和冲击,积极推动国际货币体系改革与新世界货币体系构建是各国共同面临的紧迫课题。

三 人民币国际化、主权数字货币及世界数字货币体系问题研究

人民币国际化作为人民币世界化的重要阶段和构成部分,是一个持续不断的历史进程,伴随着国际货币体系改革和新世界货币体系构建的整个历史阶段,主权数字货币特别是数字人民币的发行及流通有利于人民币的国际化,也有利于新世界货币体系——世界数字货币体系的形成和完善。

---

① 保建云:《主权数字货币、金融科技创新与国际货币体系改革——兼论数字人民币发行、流通及国际化》,《人民论坛·学术前沿》2020年第2期。

② 陶瑜:《国际货币体系改革与人民币国际化》,《国际论坛》2016年第2期。

③ Georgios Chortareas, "Emmanouil Noikokyris, Federal Reserve's Policy, Global Equity Markets, and the Local Monetary Policy Stance", *Journal of Banking & Finance*, Vol. 77, April 2017.

④ Leon Berkelmans, Gerard Kelly, "Dena Sadeghian", Chinese Monetary Policy and the Banking System, *Journal of Asian Economics*, Vol. 46, October 2016.

⑤ 李晓耕:《权力之巅:国际货币体系的政治起源》,《经济学动态》2017年第4期。

⑥ 许平祥:《"滥币陷阱"与国际货币体系的不稳定性》,《经济学家》2017年第4期。

首先，人民币国际化是国际货币体系改革的重要推动力量和影响因素。人民币国际化始终是学术界关注的重要领域，[1] 有文献对人民币国际化的学术史进行了梳理；[2] 有文献从国际货币体系改革角度分析人民币国际化问题；[3] 人民币加入国际货币基金组织的特别提款权后的走向也被相关学者关注；[4] 有文献对人民币国际化程度进行了测度分析；[5] 有文献关注法定数字货币对人民币国际化的影响。[6] 事实上，人民币国际化不仅可以成为国际货币体系改革的推动力量，也可以成为国际货币体系改革的国际环境的构成内容。

其次，人民币国际化存在着不同路径，面临着安全性与风险性问题，同时需要关注网络效应、资本账户开放及国际结算问题。[7] 安全性和风险性始终是人民币国际化面临的问题[8]，在岸与离岸人民币汇率问题也是人民币国际化的重要影响因素[9]；有文献从货币国际化的网络效应角度分析人民币的国际化问题[10]。有文献从资本账户开放角度分析人民币国际化及世界化货币锚问题[11]。可见，人民币国际化需要在资本账户开放与资本跨

---

[1] Anderson, R. W., "The Internationalization of the Renminbi", SRC Special Paper, No. 11, London: Systemic Risk Centre, 2016.

[2] 陆长荣、丁剑平：《我国人民币国际化研究的学术史梳理与述评》，《经济学动态》2016年第8期。

[3] 翁东玲：《国际货币体系改革进程中的人民币国际化》，《亚太经济》2016年第6期。

[4] 李俊久、姜默竹：《人民币"入篮"与国际货币体系未来走向》，《现代国际关系》2016年第6期。

[5] 彭红枫、谭小玉：《人民币国际化研究：程度测算与影响因素分析》，《经济研究》2017年第2期。

[6] 季晓南、陈珊：《法定数字货币影响人民币国际化的机制与对策探讨》，《理论探讨》2021年第1期。

[7] 申岚、李婧：《人民币国际化新的可能性：人民币跨境循环体系的升级与发展》，《国际经济评论》2020年第5期。

[8] Rasmus Fatum, Yohei Yamamoto, Guozhong Zhu, "Is the Renminbi A Safe Haven?", Journal of International Money and Finance, Vol. 79, December 2017.

[9] Haichuan Xu, Weixing Zhou, Didier Sornette, "Time-dependent lead-lag Relationship between the Onshore and Offshore Renminbi Exchange Rates", Journal of International Financial Markets, Institutions and Money, Vol. 49, July 2017.

[10] Dong He, Xiangrong Yu, "Network Effects in Currency Internationalisation: Insights from BIS Triennial Surveys and Implications for the Renminbi", Journal of International Money and Finance, Vol. 68, November 2016.

[11] 杨荣海、李亚波：《资本账户开放对人民币国际化"货币锚"地位的影响分析》，《经济研究》2017年第2期。

再次，要改革现行国际货币体系并积极稳妥推进人民币国际化，不仅需要充分了解现行国际货币体系的内容、结构、属性及存在的问题，还必须充分了解人民币国际化可能面临的各种成本、风险与收益。有文献关注新冠肺炎疫情全球蔓延给人民币国际化带来的机遇[①]。2016 年 10 月 1 日人民币被正式纳入 SDR 后，人民币国际化进程成为学术界关注的焦点[②]，人民币对国际货币体系与国际金融市场的影响力也持续上升[③]，国际货币体系和人民币国际化问题之间的相关性也成为学术界关注的焦点[④]。事实上，人民币国际化过程不仅是人民币在国际社会充分发挥国际货币功能的过程，还涉及不同国际货币的替代性、互补性与国际货币治理机制的调整过程。

最后，主权数字货币与世界数字货币体系已经成为学术界关注的新焦点。数字技术的发展，特别是大数据、云计算、人工智能及区块链技术的发展，为金融科技创新及数字化金融基础设施建设创造了技术条件，主权数字货币的发行和流通成为学术界关注的重要领域，笔者对此进行了系统研究[⑤]，有文献关注主权数字发行与流通的安全性问题[⑥]，也有文献从区块链技术与主权数字货币角度分析国际货币体系改革问题[⑦]。人民币世界化、世界数字货币体系都是笔者在学术界首次提出的新概念，专门指世界范围内基于数字技术和主权数字货币而形成的数字化跨国货币体系。

四 评论

人民币世界化、主权数字货币与世界数字货币体系构建问题虽然已经

---

① 张礼卿：《新冠肺炎疫情背景下人民币国际化的新机遇》，《金融论坛》2020 年第 25 期。
② 张国建、佟孟华、梅光松：《实际有效汇率波动影响了人民币国际化进程吗?》，《国际金融研究》2017 年第 2 期。
③ 余道先、邹彤：《人民币国际化的国家异质性分析与人民币国际化进程》，《世界经济研究》2017 年第 7 期。
④ 陆磊、李宏瑾：《纳入 SDR 后的人民币国际化与国际货币体系改革：基于货币功能和储备货币供求的视角》，《国际经济评论》2016 年第 3 期。
⑤ 保建云：《主权数字货币、金融科技创新与国际货币体系改革——兼论数字人民币发行、流通及国际化》，《人民论坛·学术前沿》2020 年第 2 期。
⑥ 肖志宏：《我国主权数字货币安全风险及法律规制》，《信息安全研究》2020 年第 6 期。
⑦ 张纪腾：《区块链及超主权数字货币视角下的国际货币体系改革——以 E‑SDR 的创新与尝试为例》，《国际展望》2019 年第 6 期。

成为学术界和各国决策层关注的重要议题，但现有研究文献不仅数量少，而且较为分散。现有研究文献大多从金融危机原因、储备货币制度、美元霸权与全球经济失衡角度分析现行国际货币体系存在的问题和改革方向、从国际化途径与收益角度探讨人民币区域化、国际化及世界化问题，在国际货币体系改革中的利益调整与治理机制创新、人民币区域化、国际化及世界化风险控制与收益评价、中国参与国际货币体系改革与人民币区域化、国际化及世界化的战略与政策选择等研究领域的研究文献仍显不足。现有研究文献虽然在国际货币体系改革与人民币区域化、国际化及世界化问题方面取得了积极进展，但从数字货币特别是主权数字货币角度系统研究国际货币体系改革及新世界货币体系构建的文献仍然没有出现。现有研究文献存在如下五方面的不足。

其一，对霸权国垄断国际货币事务的内在缺陷认识和研究不足。研究国际货币体系改革的文献更多关注美元本位货币制度缺陷，忽略了美元本位货币制度背后的国际金融制度安排的内在缺陷与国际权利分配的不平衡性。如果不能限制美国霸权及美元霸权对国际货币事务的不当干预，则现存国际货币体系的实质性改变难于出现。

其二，各国在国际货币体系改革的宏观目标设定方面短期难以达成共识，国际货币体系改革的微观推进基本处于停滞乃至彻底停顿状态。研究国际本位货币制度改革的文献更多关注多元化国际本位货币制度改革方案的宏观战略设计，对国际本位货币微观治理结构与宏观治理机制的研究有所忽视。根本原因在于国际金融及债务危机得到缓解后，美国及西方大国对推动国际货币体系改革缺乏积极性，新兴大国和广大发展中国家还缺乏足够的能力和激励机制持续推进国际货币体系改革。

其三，现有主流文献对国际汇率体系及制度安排改革目标缺乏科学认知，也难于达成共识，根本原因在于对于"什么是好的国际汇率体系"的认知和回答难于摆脱国家利益和世界公共利益的权衡取舍，因为利益博弈导致缺乏基本共识。大多数研究国际汇率制度改革的文献仍然没有突破固定汇率制与浮动汇率制"二元结构"的限制，引入时间变量的动态研究文献仍然较少。因此，如何设计和选择合理的国际汇率体系及相关制度安排关系到国际货币体系改革的方向。

其四，国际收支平衡及监管机制存在的缺陷是国际金融及债务危机频发的重要原因,但现有文献忽略国际收支不平衡问题产生的复杂政治经济背景,从单一维度特别是仅仅从经常性项目角度分析国际收支不平衡的原因,必然存在局限性,还需要从资本项目乃至错误及遗漏项目的不平衡进行综合分析,才可能得出符合事实的科学结论。研究国际收支及其平衡机制改革的文献在更多关注经常性项目下的国际收支及其平衡机制改革的同时,对资本项目下的国际收支及其平衡机制改革研究有所忽视。因此,需要从综合视角分析国际收支不平衡问题及平衡机制的设计及改革问题。

其五,从大数据、云计算、区块链、人工智能、高速互联网及相关数字技术角度分析新世界货币体系构建问题的文献仍然较为缺乏。虽然有文献关注国际金融组织及其相关制度安排的改革,特别是国际货币基金组织(IMF)和世界银行的治理结构及相关制度安排的改革也被相关文献提及,但针对数字经济及数字货币背景下如何改革国际金融组织及其相关制度安排的专门性与系统性研究文献还没有出现。无论是国际货币体系改革还是新世界货币体系的构建,都不可能离开现代数字技术及数字货币的应用。

因此,从人民币世界化、主权数字货币发行及流通角度系统研究国际货币体系改革、世界公共货币体系构建特别是世界数字货币体系构建问题,能够弥补现有文献的某些不足,为各国乃至国际社会的货币及金融决策、相关政策的制定和实施提供可资借鉴的理论依据及实证经验。

第五节 研究结构与内容

本书以现代数字技术发展、国际政治经济百年变局为研究背景,从公共世界、世界货币及分布学派视角系统研究人民币世界化、主权数字货币与世界数字货币体系构建问题。研究内容涉及国际货币、世界货币与货币国际化的信用条件、货币国际化与世界化的微观基础、大国博弈、制度环境及宏观条件,同时关注人民币世界化目标、国际货币体系改革与世界公共货币体系、主权数字货币、数字人民币、数字金本位制及中国推进世界数字货币体系构建的目标、战略规划及政策选择问题。本书共十章。

第一章,导论。本章从国际政治经济格局演变和中国的快速发展说明人民币区域化、国际化与世界化的基本内涵及相互之间的关系,在解释人民币世界化和国际货币体系改革、主权数字货币与世界数字货币体系的基础上,对国际金融危机及债务危机原因、国际货币体系改革中的大国竞争及权利结构问题、人民币国际化、主权数字货币及世界数字货币体系相关文献进行述评,同时说明本书的研究结构、研究内容及研究方法。

第二章,国际货币、世界货币与货币国际化的信用条件。本章在对货币的内涵进行解释的基础上,从货币发行与流通的地理空间范围把货币区分为国家货币(地方货币)、区域货币、国际货币与世界货币,把货币体系区分为国家货币体系(国内货币体系)、区域货币体系、国际货币体系与世界货币体系,同时对各种类型的货币及货币体系的特点及相互关系进行系统阐述。据此,系统分析货币的微观职能与宏观职能、货币国际化的国内信用基础与国际信用条件,最后从理论角度综合分析货币国际化的双信用门槛条件及国际货币的类型划分。

第三章,货币国际化与世界化的微观基础:厂商行为及货币选择。本章从部门与厂商及全球总产出、厂商跨国贸易与投资活动中的收益计算与货币选择、厂商跨国经济活动中的货币选择的角度分析国际货币、世界化及国际货币体系形成的微观基础。本章认为,货币国际化与世界化必须同时具备国内信用基础和国际信用条件,国际货币形成与国际货币体系运行的微观基础,是研究人民币世界化与世界数字货币体系构建的逻辑起点。

第四章,货币国际化与世界化的竞争均衡:大国货币博弈及国际货币替代。本章从理论角度探讨国家货币信用、国际货币信用分异和国际储备货币选择问题,同时构建三元四阶段动态博弈模型分析汇率制度选择、货币替代与大国货币博弈问题。本章认为:新兴大国与传统大国之间的货币与金融博弈是推动国际货币体系改革内在推动力量,以中国为代表的新兴国家和广大发展中国家是人民币世界化与世界数字货币构建的主要促进因素和推动力量。

第五章,货币国际化与世界化的制度环境:国际货币体系与国家货币体系。本章在阐释国际货币体系职能与类型、国际经济关系发展与国际货币体系、国家货币体系(国内货币体系)形成与演变的影响因素的基础上,从理论角度解释国家货币体系(国内货币体系)的形成、演变阶段及类型以及国际货币体系演变的国家货币基础。本章认为,国际货币体系形成与运行须具备必要的国内政治经济条件,世界各国特别是主要大国国内货币体系是世界数字货币体系构建的基础。

第六章，货币国际化与世界化的宏观条件：货币大国内生形成及国际货币合作。本章以国际金融危机、主权债务危机下的国际货币体系改革为背景，构建理论模型解释货币大国的内生形成及国际货币合作均衡，据此分析货币国际化与世界化的宏观条件。本章认为：世界数字货币体系构建与人民币国际化的过程，也是一个以中国为代表的新兴金融与货币大国与以美国为代表的传统金融与货币大国的竞争与合作过程，中国需要积极参与并承担起推动国际货币体系改革和世界数字货币体系构建的大国责任。

第七章，人民币世界化目标：国际货币体系改革与世界公共货币体系构建。本章在以国际货币体系改革与人民币世界化目标设定为出发点，分析现存国际货币体系存在的缺陷及国际货币体系改革方向，据此论述世界公共货币及世界公共货币体系的特征，探讨人民币世界化及国际货币体系改革的关键领域。本章认为：国际货币的公共性是国际货币体系公共性的基础，公共性缺陷是当代国际货币体系面临的主要问题，世界公共货币体系的公共性表现为各国共同维护与增进全球公共货币利益、各国共同稳定并维护全球公共货币秩序、各国共同促进国际收支平衡的公益化、货币危机与风险共同应对、全球储备货币与储备体系的公共选择、国际货币规则与机制及相关制度的公共性、国际货币组织的公共治理等。

第八章，主权数字货币、数字人民币与世界数字货币体系。本章从金融科技创新角度分析主权数字货币、人民币主权数字货币的发行与流通、主权数字货币国际合作、人民币数字化、数字金本位制与世界数字货币体系构建问题。本章认为：主权数字货币的发行与流通是当代金融科技创新的必然产物，数字人民币作为大国主权数字货币的代表，能够成为国际贸易、跨国资本流动、国际产业投资的重要计价、支付和结算工具，在国际社会扮演重要的储备货币角色。数字人民币的发行、流通和国际化，能够促进人民币成为同时"为中国人民和世界人民服务"的货币的职能。

第九章，人民币世界化与世界数字货币体系构建。本章从国际货币体系与世界货币体系角度比较分析人民币世界化的目标及世界化人民币的职能、中国推进人民币世界化的战略及政策选择、世界数字货币体系构建的目标、原则、战略规划、推动力量及路线图。本章认为：中国推动人民币世界化需要明确的战略目标：使人民币成为国际主导储备货币，使中国由货币大国转变为货币强国,世界数字货币体系的构建需要世界各国共同商议、共同参与、共同推动、共同治理并共享成果。世界数字货币体系作为数据技术及数字经济背景下的世界公共货币体系,也可以称为全球数字货币体系,需要在数字技术和数字货币制度领域持续创新。

第十章,结论与展望。本章在总体说明的基础上,从货币国际化与世界化的微观基础及信用条件、货币国际化与世界化的大国博弈及制度环境、货币世界化的宏观条件与人民币世界化目标、主权数字货币、数字人民币与世界数字货币体系角度对本书主要研究结论进行总结,同时从世界政治经济"百年未有之大变局"角度对人民币世界化、主权数字货币与世界数字货币体系构建的未来研究进行展望。

第二章

国际货币、世界货币与货币国际化的信用条件

第一节　引言

货币是人类发明的重要公共产品，已经成为人类文明进步的重要标志，货币作为价值符号及价值工具，其本身可以区分为不同的类型，其发行及流通的地理空间范围表现出较大的差异性，可以根据其流通的地理空间范围区分为国家货币、区域货币、国际货币与世界货币。国家货币是指只在特定国家内部发行与流通的货币，区域货币是指突破特定国家能够在少数国家发行和流通的货币，国际货币是指在大多数国家发行与流通的货币，世界货币则是能够在全世界范围内发行与流通的货币。因此，货币体系作为货币发行与流通的规则、组织及制度安排体系，可以根据货币发行与流通的地理空间范围区分为国家货币体系、区域货币体系、国际货币体系及世界货币体系。主权国家或者国际组织发行的货币突破单一主权国家地理空间范围，能够被其他国家的社会成员及组织所使用的过程，本文称之为货币的国际化过程。区域货币、国际货币与世界货币的出现，就是货币国际化的产物。并不是所有的主权国家发行与流通的货币都能够转化为区域货币、国际货币乃至世界货币，只有具备一定国内信用基础和国际信用条件的货币才可能实现国际化。本章从理论角度分析国际货币、世界货币与货币国际化的信用条件。

第二节　货币类型：国家货币、国际货币与世界货币

本书中，货币是指在人类经济活动中能够固定充当一般等价物的物品或者价值符号。根据价值符号的不同物质载体或者符号载体可以把其区分为不同的类型，商品、凭证、电子信息、数码符号及其替代物是其主要载体。货币是人类社会商品交换发展到一定历史阶段的产物，是社会价值关系的载体。人类商品交换活动是货币产生的社会经济基础，人类交换活动的出现则是多种因素共同作用的结果：一是人类社会中的自然资源禀赋地理空间分布的非均质性和非均衡性，使得分布于不同地理区位与不同地理空间环境人类个体占有的自然资源禀赋表现出非均质性与非均衡性，自然资源禀赋的稀缺性与过剩性同时存在，一些人类个体所拥有的自然资源禀赋不能满足其生存发展需要，而另一些人类个体所拥有的自然资源禀赋出现过剩或者不是其所需，需要通过交换，改进自然资源禀赋在不同人类个体之间的配置；二是人类个体消费物品与服务的偏好（preference）不仅彼此之间存在着差异，同一个体在不同阶段与不同环境下的对物品或者服务的消费偏好还存在着差异性偏好，也会发生变化，需要通过商品交换活动不断改进自己可以消费的商品与服务组合；三是人类社会需要通过交换增进人类个体之间、群体之间的社会关系，形成社会分工网络体系，人类交换活动不仅能够互通有无，还能够形成各种社会网络、社会组织和社会分工模式。作为一般等价物的货币可以选择不同的载体与价值符号，由此形成一般商品货币、金属货币与信用货币，表现出不同类型、特征与量的规定性。国际货币的出现则是国际社会中货币由发行国向非发行国扩散的结果。

根据价值符号载体的差异可以把货币区分为不同的类型，作为价值符号的货币的载体是不断演化的。作为一般等价物的商品本身具有使用价值（Value in Use or Useage Value），通过人类交易活动体现其凝结于其使用价值背后的抽象化与一般化了的标准价值（Standard Value），本研究中的标准价值也可以称为抽象价值（Abstract Value）或者一般价值（General Value），是指由社会中代表性人类个体或者群体的体力劳动、智力活动及资源稀缺性程度（Scarcity）共同影响的商品或者服务（有形商品与无形商品）交换时的衡量尺度与计算标准，可以用一般化、抽象化与标准化的代表性人类个体或者群体的劳动标准单位进行衡量，也可以用代表性人类个体或者群体劳动标准的替代物。例如特定技术、制度与资源禀赋条件下的通用商品或者金属表示，这些通用商品或者金属便是商品货币或者金属货币。凭证作为货币必须以具有信用能力的社会行为体（个人或者组织）的承兑为条件，社会行为体的信用能力与承兑能力共同决定货币币值及其稳定性。凭证本身是一个承兑的书面保证、文字契约、符号信物或者物品证据，是社会商品交换与价值储藏的凭借工具，表现为各种钞票与票证，本章把扮演货币职能的各种钞票与票证统称为纸币，纸币是信用货币或者承兑货币的主要类型。

随着远程与非直接交易工具与技术的发展，特别是电子技术、现代交通通信技术、互联网技术、数据计算技术的发展，以电子符号、数字符号为代表的价值符号成为承担货币职能的新兴货币工具，出现了电子货币与数字货币。作为价值符号的电子信息与数码符号承担货币职能必须满足三个条件：一是具有承兑保证功能，即保证电子信息与数码符号转化为商品和服务的可能性、无障碍性和便利性；二是具有支付与结算功能，即电子信息与数码符号可以作为支付工具进行商品交易与债权债务的结算；三是具有信用与价值储藏功能，即可以作为信用工具进行借贷活动、作为价值储藏工具进行价值的计算、保值、投资与分配活动。当然，电子货币（electronic money）与数字货币（digital money or digital currency）虽然都是能够充当一般等价物的价值符号，但二者之间仍然存在显著区别，前者以传统货币的电子化、中心化银行及其账户体系为其信用基础，后者则以算法、分布式数据储存与开放账户体系为其信用基础。基于价值符号载体差异的货币类型及其演化可以用表2-1描述：

表2-1　　　基于价值符号载体差异的货币类型、演化及流通

价值符号载体		货币类型	代表性货币	货币演化	流通方式
序号	名称				
1	专用商品	专用商品货币	刀币、石币	专用货币	专用商品流通

续表

价值符号载体		货币类型	代表性货币	货币演化	流通方式
序号	名称				
2	通用商品	通用商品货币	贝壳	通用货币	通用商品流通
3	贱金属	贱金属货币	铜币、铁钱	初级金属货币	低价金属流通
4	贵金属	贵金属货币	银币、金币	高级金属货币	高价金属流通
5	商业票证	纸币	私有商业银行券	信用货币：约束性负债货币、商业纸币	私人纸币流通
6	钞票		中央银行券	信用货币：强制性负债货币、通用法币	主权法币流通
7	电子信息	电子货币	支付宝、微信支付	传统货币电子化	电子信息流通
8	数字符号	数字货币	比特币（Bitcoin）	区块链技术与算法信用货币	区块链货币流通

从表 2-1 可以看出，根据价值符号载体的不同，可以把货币区分为不同的类型，而价值符号的载体本身也是一个不断演化的过程，轻量化和便利化是货币价值符号载体演化的基本趋势。另外，还可以根据货币发行与流通的地理空间范围把货币区分为四种类型：国家货币或者地方货币、区域货币、国际货币与世界货币。国家货币指以特定国家主权信用为依托在本国主权或者本地区主导权范围之内发行与流通的法定货币，国家货币是区域货币、国际货币及世界货币的基础，区域货币、国际货币与世界货币是国家货币突破主权国家地理空间范围发行与流通的产物，但并不是所有的国家货币都能够转化为区域货币、国际货币与世界货币，需要具备必要的政治经济和技术条件，信用则是核心基础。可以用图 2-1 说明国家货币、区域货币、国际货币与世界货币之间的关系。

从图 2-1 可以看出，国家货币是区域货币、国际货币与世界货币的基础，可以把区域货币视为准国际货币，区域货币为国际货币的区域化表现类型，世界货币则是国际货币发行与流通扩展到全世界的结果，国际货币可以视为准世界货币，国际货币是世界货币形成的基础。当然，区域货币、国际货币与世界货币可以相互转化，根本影响因素是国家货币的国内信用基础和国际信用条件。

```
           世界货币
        (World Currency)
          国际货币
     (International Currency)
         区域货币
      (Regional Currency)
         国家货币
         (地方货币)
       [National Currency
        (Local Currency)]
```

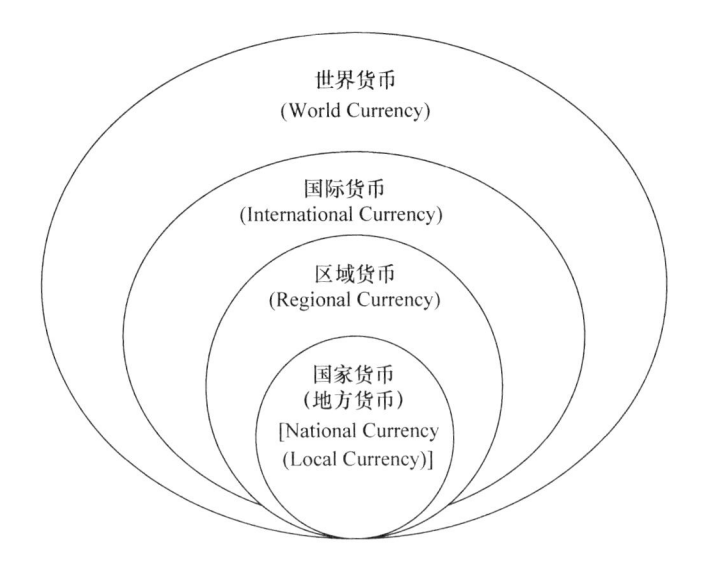

图 2-1 国家货币、国际货币与世界货

第三节 货币的微观职能与宏观职能

货币职能可以区分为微观职能与宏观职能。货币具有多方面的职能，可以从不同的角度进行划分和解释。货币是人类社会演变到一定历史阶段的产物，既是社会博弈与公共选择的结果，也是社会关系特别是社会财富关系的体现，在人类社会经济活动中扮演着不可或缺的职能。本书中的货币职能是指货币满足人类社会经济活动需要的属性，既有质的规定性，又有量的规定性。货币的微观职能是指货币满足个人、家庭、企业或者单个社会组织的属性，具有个体性、分散性与单一性。货币微观职能又可以区分为微观核心职能与微观扩展职能，前者是指货币满足个人、家庭、企业或者单个社会组织基本需要的属性，后者则是在前者的基础上扩展和衍生。货币的宏观职能则是指货币满足整个社会、国家乃至国际组织需要的属性，具有整体性、系统性与网络性。货币的微观核心职能包括四个方面：一是交易媒介，二是计价，三是结算，四是价值储存。货币的微观扩展职能包括三个方面：一是信用工具，二是契约凭证，三是信息载体。货币的宏观职能主要包括三个方面：一是社会分层，二是价值网络，三是政策工具。本研究中的货币职能及其解释如表2-2所示。

表2-2　　　　　　　　货币的微观职能与宏观职能

货币职能	序号	职能细分	表现	原因
微观核心职能	1	交易媒介	满足人类交换发展需要	解决人类禀赋有限性与需求多样性矛盾
	2	计价工具	满足商品计价与账户设置需要	为人类商品价值计算与衡量提供标准
	3	结算工具	满足社会行为体债权债务结算需要	为人类债权债务的结算提供支付工具
	4	价值储藏	满足人类财富保值增值需要	为人类价值投资与财富安全提供工具
微观扩展职能	5	信用工具	满足人类抵押交易与借贷活动需要	为人类抵押交易与借贷活动提供信任基础与支付工具
	6	契约凭证	满足人类讨价还价谈判、契约签订与履行的需要	解决人类签订与履行契约的信任与权责问题
	7	信息载体	满足人类搜集整理与传播信息的需要	弥补人类社会活动中的信息不足与信息不对称的工具
	8	公共产品	满足人类非竞争性交易需求	弥补人类流通性公共产品的不足
宏观职能	9	社会分层	基于财富占用多寡的人类社会阶层分化与识别	社会利益群体形成、演化与识别工具
	10	价值网络	社会财富分布与价值网络体系的符号与工具	社会利益与价值网络链接工具
	11	政策工具	政府或者公共部门进行宏观政策调控的手段与工具	推进社会经济增长、供求平衡与社会稳定的工具
	12	公共治理	社会进行公共治理的工具与手段	推进社会治理机制构建与社会公共选择活动

第二章 国际货币、世界货币与货币国际化的信用条件

从表2-2可以看出，货币作为人类社会公共选择的产物和社会关系的重要凝结物，满足人类社会需求是其产生主要动因和职能界定与划分的基础，各种职能之间存在着密切联系。微观职能是宏观职能产生的前提条件与微观基础，宏观职能则是微观职能的宏观化、整体化与系统化，微观核心职能是扩展职能的依据和条件，微观扩展职能是核心职能的扩展与延伸。在微观核心职能的各项细分职能中，交易媒介职能是基础起点，计价工具与结算职能则是交易活动各环节在时间与空间方面分离的产物，价值储存职能是交易职能时间分布延长的结果。可以把货币职能之间的关系用图2-2描述：

```
宏观职能
  社会分层
  价值网络
  政策工具
  公共治理
    微观扩展职能
      信用工具
      契约凭证
      信息载体
      公共产品
        微观核心职能
          计价工具
          支付工具
          结算工具
          价值储存
            货币作为一般等价物
            的价值符号的交易媒
            介职能
```

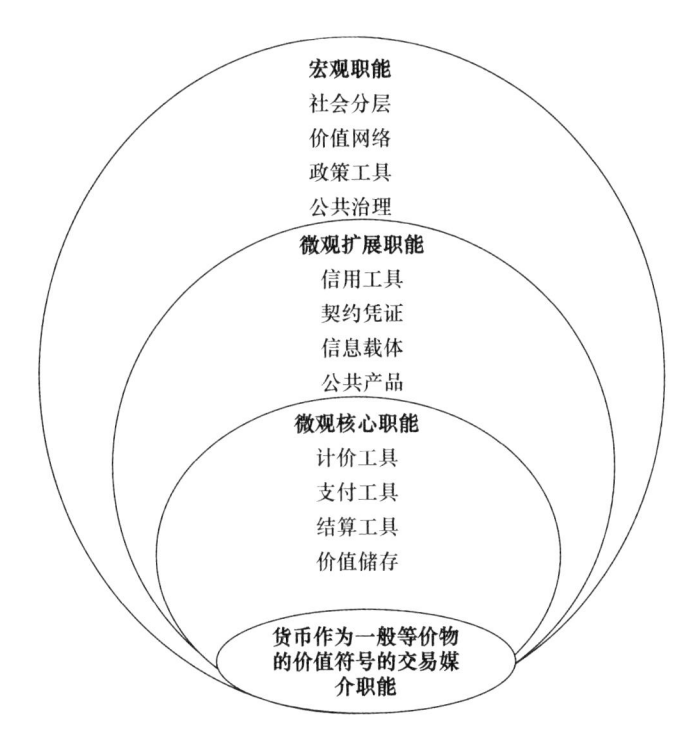

图2-2 货币职能层次关系示意

从图2-2可以看出，货币的微观核心职能、微观扩展职能与宏观职能之间的层次关系，货币作为一般等价物的价值符号的交易媒介职能是货币的基本职能和其他职能的基础。

第四节　国际货币形成的条件

当一国货币超越国界在本国国界范围之外被使用或者发挥货币职能时，该国货币同时也承担国际货币职能，该国货币便具有了国际货币的属性与特征。国际货币是指能够在发行国以外被使用或者发挥货币功能的货币，也就是说超越国界能够被发行国以外的其他国家的公共部门、私人部门与个人所使用或者发挥货币职能的货币。国际货币是在一国发行的货币基础上形成的。当主权国家货币在开放条件下能够被其他国家的居民与非居民所使用时，主权国家货币同时具有国际货币属性。也就是说，当主权国家发行的货币能够被其他主权国家的居民与非居民使用时，则该主权国家的货币同时也扮演着国际货币的角色。

一国货币成为国际货币需要具备一定的基础和条件，并不是所有国家发行的货币都能够成为国际货币。一国货币成为国际货币受到多种因素的影响和制约，可以把影响一国货币成为国际货币的主要因素区分为如下六个方面。

其一，货币信用（Currency Credit）。发行国具有雄厚的经济基础和信用能力，在其他条件相同时，一国的经济规模越大、经济增长速度越快、经济结构越合理，则该国发行的货币信用也越高，也就是经济规模越大、经济增长速度越快、经济结构越合理的大国货币越容易成为国际货币。反之，经济规模小、增长速度慢与经济结构不合理的小国货币成为国际货币的可能性较低。因此，只有经济实力雄厚的经济大国，特别是开放经济大国货币才可能成为国际社会中有影响力的国际货币，主要开放经济大国的货币共同构成国际货币的主要类型。

其二，货币流通范围（Currency Circulation Ranges）。承担跨国交易媒介是国际货币的主要职能，货币发行国的进出口贸易伙伴数量越多、规模越大，特别是出口规模越大，则该国货币作为交易媒介的跨国市场流通范围也越广，该国货币成为国际货币的可能性也越高。因此，既是主要经济大国，如果该国对外开放程度低，贸易伙伴数量有限，则该国货币仍然难以成为有重要影响的国际货币。例如苏联经济规模较大，但对外开放程度相对较低且贸易伙伴有限，使得苏联货币卢布在国际社会中影响没有美元的影响力显著。

其三，货币交易规模（Currency Trading Volume）。一国货币在国内与国际贸易中发挥交易媒介职能，同时也发挥着投资结算职能，使用该货币作为计价与结算货币的交易与投资规模越大，如果其他条件相同则该国货币越可能成为国际货币，贸易大国与对外投资大国货币更容易成为国际货币。因此，只有贸易大国与投资大国的货币才可能在国际社会中扮演主要国际货币角色，一国国际贸易地位与对外投资地位的下降必然导致该国货币扮演国际货币职能的下降。

其四，货币对内币值相对稳定性（Domentic Value Stability of Currency）。也就是与其他国家发行的货币相比，一国发行的货币币值波动性相对较小，货币发行国的通货膨胀率为零或者相对较低则表明该国货币对内币值相对稳定，如果其他条件相同，货币发行国的通货膨胀率越低，则该国货币越容易成为国际货币，反之，货币发行国的通货膨胀率越高则成为国际货币的可能性越低。因此，一个国内通货膨胀严重、货币贬值严重的大国，其货币作为国际货币的地位会受到弱化。

其五，货币对外币值相对稳定性（External Value Stability of Currency）。与其他国家货币相比，如果不考虑其他因素，一国货币所代表的购买力或者价值符号在国际市场上所代表的价值越高，则该国货币越可能成为国际货币，反之则成为国际货币的可能性越低，可以用汇率的稳定性描述一国货币对外币值的稳定性，如果其他条件相同，一国货币汇率越稳定则该国货币越可能成为国际货币。因此，一国货币对外汇率持续动荡与贬值，必然导致该国货币国际地位的下降，不可能出现货币汇率持续动荡的国家的货币长期扮演国际货币地位。

其六，货币外部性（Currency Externalities）。是指货币在发行国外产生的影响程度，也就是发行国货币对非发行国的公共部门、私人部门和个人的影响程度，可以区分为货币的正外部性与货币的负外部性，前者是一国货币在本国以外产生的积极影响效应，后者则指一国货币在本国以外产生的效应影响效应。正外部性越显著的货币越可能成为国际货币，负外部性越强的货币则越不可能成为国际货币。从历史与时间维度，笔者把货币外部性区分为历史外部性（Historical Externalities）与预期外部性（Expectation Externalities)。货币的历史外部性，又可以称为货币的网络外部性（Network Externalities），是指发行国货币对其他国家或者地区影响的历史积淀效应，主要包括发行国货币对其他国家或者地区的吸引力、发行国货币在其他国家或者地区的声誉（Reputation）、发行国货币与其他国家或者地区之间形成的政治、经济、历史与文化联系等。货币的预期外部性则是指其他国家的社会行为体对某国货币未来影响的预测和感知。

可见，只有经济大国、贸易大国、投资大国、物价稳定大国、货币汇率稳定大国、货币正外部性显著大国的货币能够在国际社会中持续扮演主要国际货币的角色。一国货币的信用越高、流通范围越广、交易规模越大、对内币值与对外币值越稳定、历史外部性与预期外部性的正效应越显著，则该国货币越可能成为国际货币。一国货币成为国际货币的条件可以用图 2-3 描述。

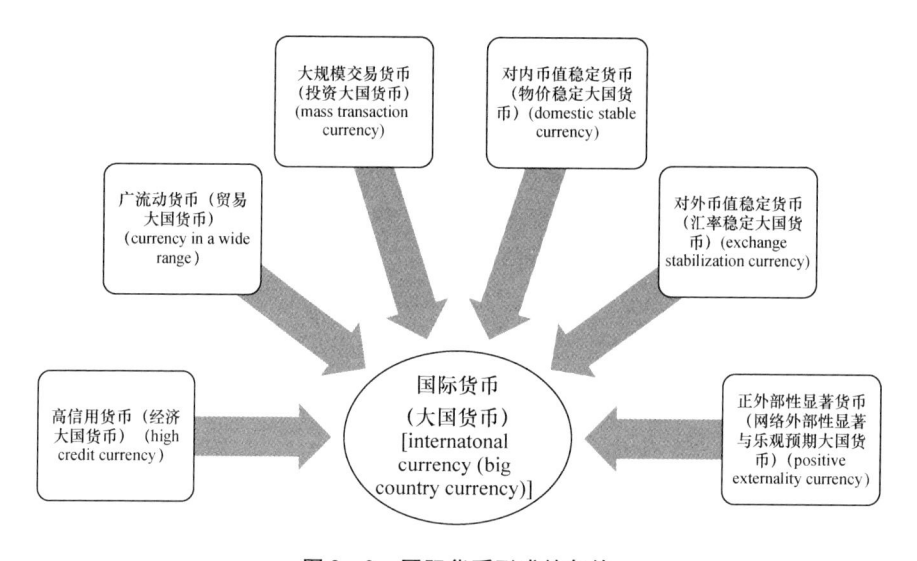

图 2-3 国际货币形成的条件

从图 2-3 可以看出，一国货币需要具备一定的信用基础、流通范围、交易规模、币值稳定与正外部性才可能成为国际货币，只有开放大国或者开放强国发行的货币才可能在国际社会中持续、长期扮演国际货币角色，国际货币竞争主要表现为大国或者强国货币之间的市场竞争。并不是所有国家的货币都可以成为国际货币，并不是所有具有国际货币属性及特征的货币都可以持续扮演或者发挥国际货币职能,不同国家货币的国际化程度与国际货币地位存在着显著差异。

第五节 货币国际化的国内信用基础

在信用货币条件下,货币信用(Currency Credit,CC)是货币发挥职能的基础,没有信用便没有货币职能的发挥,一国货币能否成为国际货币的关键在于该国货币是否具有足够的国际信用保证。本书中,货币信用是指货币作为价值符号实现价值功能的承兑保证程度,货币价值实现功能的承兑保证程度越高则货币信用程度也越高,一国的经济规模、政府收入汲取能力、政府承兑行动声誉,进出口贸易规模与对外融投资规模、货币自由兑换程度、国家声誉等是影响一国货币信用的关键变量。货币信用可以区分为货币国内信用(Domestic Credit of Currency,DCOC)与货币国际信用(International Credit of Currency,ICOC)。本书中,货币的国内信用是指货币在发行国发挥货币职能时价值实现的承兑保证程度,货币的国际信用则是指货币在发行国以外发挥货币职能时价值实现的承兑保证程度。一国货币的国内信用可以区分为国内承兑信用、国内价值稳定信用与国内价值转化信用,一国货币的国际信用可以区分为国际承兑信用、国际价值稳定信用与国际价值转化信用。可以用表2-3表述:

表2-3 货币信用类型、表现及主要变量

货币信用	序号	类型	表现	主要变量
货币国内信用(Domestic Credit of Currency DCOC)	1	国内承兑信用(Domestic Acceptance Credit)	货币发行当局保证货币具有无限法偿性	货币发行国经济规模与产出水平(国内生产总值GDP) 政府收入汲取能力(政府征税与融资能力) 政府承兑行动的声誉(政府履行承诺的能力及声誉)
	2	国内价值稳定信用(Domestic Value-stable Credit)	货币发行国通货膨胀率为零或者保持较低水平	
	3	国内价值转化信用(Domestic Value Conversion Credit)	货币发行国内通过货币实现不同价值的相互转换	

续表

货币信用	序号	类型	表现	主要变量
货币国际信用（International Credit of Currency，ICOC）	4	国际承兑信用（International Acceptance Credit）	货币发行国在发行国外保证货币无限法偿性的能力	货币发行国的进出口贸易总额 货币发行国的国际投融资总额 货币自由兑换程度 货币发行国声誉及国际网络效应
	5	国际价值稳定信用（International Value-stable Credit）	货币在发行国保证货币价值稳定的能力与措施	
	6	国际价值转化信用（International Value Conversion Credit）	货币在发行国外实现不同价值形式相互转换的能力	

从表2-3可以看出，货币信用是实现货币职能的基础，货币发行国的经济规模及产生水平、政府收入汲取能力、进出口贸易能力、对外投融资能力、货币自由兑换性、国家声誉及国际网络效应是影响一国货币的关键变量。货币的国内信用是国际信用的基础，国际信用则是国内信用的延伸和国际外化。

一国货币国内信用可以用该国货币的国内信用函数（Domestic Credit Function of Currency，DCFOC）进行描述。现假定国际社会中存在一个不对外开放的封闭型国家 i，在考察时期 $t \in [0,T]$（其中 T 表示国家寿命周期结束时刻），该国货币的国内信用函数为：

$$v_{idt} = f(y_{it}, g_{it}, a_{it}, \omega_{it})$$

上式中，v_{idt} 表示 t 时期 i 国的国内货币信用（Domestic Credit of Currency，DCOC），y_{it}, g_{it}, a_{it} 分别表示 i 国 t 时期的经济规模（Economic Scale）、产出水平（Output Level）或者国内生产总值（GDP）、政府收入汲取能力（Government Revenue Acquisition Capability，GRAC）、政府货币承兑行动的声誉（Commitment Action Reputation），经济规模可以用该国的国内生产总值（GDP）进行衡量，政府征税能力可以税率衡量，政府货币承兑声誉可以用政府履约程度衡量，ω_{it} 表示 t 时期影响 i 国货币信用的其他因素的综合影响变量。因为封闭条件下 i 国的货币信用与该国的经济规模、政府征税能力、政府货币承兑声誉正相关，有下面式子成立：

$$\frac{\partial v_{idt}}{\partial y_{it}} = \frac{\partial f(y_{it}, g_{it}, a_{it}, x_{it})}{\partial y_{it}} \geq 0;$$

$$\frac{\partial v_{idt}}{\partial g_{it}} = \frac{\partial f(y_{it}, g_{it}, a_{it}, x_{it})}{\partial g_{it}} \geq 0;$$

$$\frac{\partial v_{idt}}{\partial a_{it}} = \frac{\partial f(y_{it}, g_{it}, a_{it}, x_{it})}{\partial a_{it}} \geq 0$$

一国货币的国内信用是该国货币国际化的基础和必要条件，货币的国内信用必要达到一定的条件才能够实现货币职能的国际化也就是货币国际化。本书中的货币国际化是指一国货币在国际社会发挥货币职能的实现过程，货币国际化的过程便是一国货币由国内货币转化为国际货币的过程。一国货币的国内信用必须达到或者超过特定的货币国内信用值，才可能赢得其他国家或者地区的公共部门（Public Sector）、私人部门（Private Sector）和个人（Individual）的信任，在该国以外发挥货币职能，本文把该特定货币的国内信用值称为货币国际化的国内信用门槛（Domestic Credit Threshold of Currency Internationalization，DCTOUI），也可以称为国际货币的内部信用门槛（Inner Credit Threshold of International Currency，ICTOIC）。在考察时期 t，只有当下代表性国家 i 的国内货币信用 v_{idt} 大于货币国际化的国内信用门槛值 $\bar{v}_{dt}$，该国货币才可能成为国际货币，否则该国货币不可能被其他国家的社会行为体所接受与使用，该国货币也不可能在本国以外的其他国家或者地区发挥货币职能，即不可能成为国际货币，可以用表 2-4 描述 t 时刻代表性国家的国内货币信用 v_{idt} 与货币国际化的国内信用门槛值 $\bar{v}_{dt}$ 的大小比较及其影响：

表 2-4　　代表性国家 i 在 t 时期的国内货币信用 v_{idt}
与货币国际化国内信用槛值 $\bar{v}_{dt}$ 比较

序号	比较	含义	影响
1	$v_{idt} < \bar{v}_{dt}$	i 国货币国内信用小于货币国际化的国内信用门槛值	该国货币不具有成为国际货币的国内信用基础
2	$v_{idt} = \bar{v}_{dt}$	i 国货币国内信用等于货币国际化的国内信用门槛值	该国货币国内信用达到成为国际货币的临界值
3	$v_{idt} > \bar{v}_{dt}$	i 国货币国内信用大于货币国际化的国内信用门槛值	该国货币具有成为国际货币的国内信用基础

从表 2-4 可以看出，一国货币的国内信用大小直接影响到该国货币能否成为国际货币，只有国内货币信用高于货币国际化的国内信用门槛值的货币才具有成为国际货币的国内信用条件。当然，一国货币的国内信用达到或者超过货币国际化的国内信用门槛值只是该国货币能够成为国际货币的必要条件，但不是充分条件。代表性国家 i 在 t 时刻的国内信用 v_{idt} 与国内经济规模 y_{it}、政府收入汲取能力 g_{it} 与政府货币承兑行动声誉 a_{it} 之间的关系可以用如下坐标轴描述（图 2-4）：

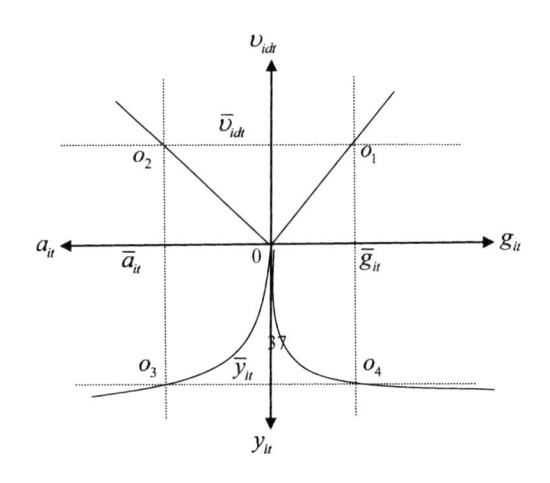

图 2-4　考察期 t 代表性国家 i 国的国内货币信用函数与货币国际化国内信用门槛值

在图 2-4 中横坐标 $0\,g_{it}$ 表示 i 国政府收入汲取能力，横坐标 $0\,a_{it}$ 表示 i 国政府货币承兑行动的声誉，纵坐标 $0\,v_{idt}$ 表示 i 国货币国内信用，纵坐标 $0\,y_{it}$ 表示 i 国国内生产总值（GDP），斜线 $0\,o_1$ 表示 i 国货币国内信用 v_{idt} 与政府收入汲取能力 g_{it} 正相关，斜线 $0\,o_2$ 表示 i 国货币国内信用 v_{idt} 与政府货币承兑行动声誉 a_{it} 正相关，曲线 $0\,o_3$ 表示 i 国政府货币承兑行动声誉 a_{it} 与该国国内生产总值 y_{it} 正相关，曲线 $0\,o_4$ 表示 i 国政府收入汲取能力 g_{it} 与该国国内生产总值 y_{it} 正相关。在上图中，$\bar{y}_{it}$、$\bar{g}_{it}$、$\bar{v}_{idt}$ 与 $\bar{a}_{it}$ 分别表示代表性国家 i 在 t 考察期潜在国内生产总值、潜在政府收入汲取能力、潜在政府货币承兑行动声誉与潜在的货币国内信用，是指在现有技术与制度条件下代表性国家在考察期 t 能够获得的最高国内生产总值、最大政府收入汲取能力、最高政府货币承兑行动声誉。

一般而言，如果 i 国货币潜在国内信用小于货币国际化的国内信用门槛值，即 $\bar{v}_{idt} < \bar{v}_{dt}$，则该国货币不可能成为国际货币，只有当该国货币潜在的国内信用大于货币国际化的国内信用门槛值即 $\bar{v}_{idt} > \bar{v}_{dt}$，该国货币才存在成为国际货币的可能性。在上图中，如果代表性国家 i 在考察期内的货币的潜在国内信用刚好等于货币国际化的国内信用门槛值即 $\bar{v}_{idt} = \bar{v}_{dt}$，如果代表性国家相关变量在矩形 $o_1 o_2 o_3 o_4$ 所围范围内，则该国货币不可能成为国际货币，本书把该区域称为货币国际化内部不可能区域（Domestic Impossible Area of Currency Internationalization，IACI），或者称为国际货币内部不可能四边形（Domestic Impossible Quadrangle of Currency Internationalization，DIQCI），矩形 $o_1 o_2 o_3 o_4$ 所围范围外的区域则是该国发行的货币能够成为国际货币的区域，本书把该区域称为货币国际化内部可能区域（Domestic Possible Area of Currency Internationalization，DPACI）。也就是说，相关变量同时落入货币国际化内部不可能区域（DIACI）或者国际货币内部不可能四边形（DICIQ）的国家的货币不可能成为国际货币，本书把这些国家称为货币国际化内部不可能国家（Domestic Impossible Country of Currency Internationalization，DICCI）。

一国政府的收入汲取能力是一个绝对性指标，一般而言大国政府的收入汲取能力高于小国政府，为了对各国政府收入汲取能力进行横向比较，笔者引入政府收入汲取能力系数（Coefficient of Government Revenue Acquisition Capability，CGRAC）指标，对代表性国家 i 在考察期 t 的政府收入汲取能力系数为：

$$\theta_{it} = \frac{g_{it}}{y_{it}}$$

其中 θ_{it} 表示 t 时期 i 国政府的收入汲取能力系数，等于该国政府收入汲取能力值 g_{it} 除以该国国内生产总值 y_{it}，政府收入汲取能力系数越高，则说明政府平均的收入汲取能力也越高。如果一国的政府收入汲取系数大于1（即 $\theta_{it} > 1$），则说明政府收入汲取能力超过本国经济规模，具有动员本国以外资源的能力。如果一国政府的收入汲取系数小于1（即 $\theta_{it} < 1$），则该国政府不可能完全调动本国资源，本国的部分资源可能被外部力量所调动，如果一国政府的收入汲取系数等于1 即 $\theta_{it} = 1$ 则该国政府调动的资

源刚好等于本国的经济规模或者产出水平。

需要指出的是，一国货币的国内信用达到或者超出货币国际化的国内信用门槛值，只是表面该国货币具备了实现货币国际化的国内信用条件，但货币国际化并不必然会发生，该国货币也并不必然会成为国际货币，还需要具有一定的国际信用条件。需要说明的是货币国际化的国内信用门槛值不是一个固定的值，是一个动态的变量，随着全球经济一体化程度的不断提高，货币国际化的国内信用门槛值会不断提高。具体而言，货币国际化的国内信用门槛值具有六方面的含义：一是由各国使用外国货币的平均偏好与平均风险偏好决定；二是随着各国经济发展与使用外国货币平均偏好的变化而表现出动态变化特征；三是各国货币的国内信用处于变化之中，各国货币国际化的国内信用门槛值也处于变化之中，各国货币的国际化条件也会不断变化；四是货币的国内信用达到或者超过货币国际化的国内信用门槛值只是货币国际化的必要条件，还不是充分条件，这样的货币也不可能直接成为国际货币，还需要一定的国际信用条件；五是货币国际化的国内信用门槛值是一种全球各国货币国内信用的平均值或者说是平均分布状态，一般而言，低于货币国内信用、低于全球平均值或者低于全球平均分布状况的货币不具有货币国际化的条件；六是货币国际化的国内信用门槛值只是考察货币国际化条件的一般方法，特殊情况下也存在货币的国内信用低于货币国际化的国内信用门槛值时仍然存在货币国际化的可能性，但这只是特殊情况下的小概率事件。可以用表 2-5 描述货币国际化的国内信用门槛值特点。

表 2-5　　　　　　货币国际化的国内信用门槛值含义及解释

序号	含义	解释
1	受各国使用外国货币的平均偏好与平均风险影响	各国平均使用偏好低、平均使用风险高的货币不具有国际化条件
2	可以用全球各国货币的平均国内信用水平估算与界定	低于全球平均国内信用水平的货币不具有国际化的条件
3	货币国际化国内信用门槛值的动态变化性	各国货币实现国际化的国内信用条件具有动态演化性，需要机遇与条件

续表

序号	含义	解释
4	各国货币国际化的国内信用门槛值也可能存在差异	当其他条件发生变化时,不同国家的货币实现国际化的国内信用条件也可能不同,因为差异化的其他条件会影响国际社会对不同货币使用的偏好与风险
5	是货币国际化的一般必要条件而非充分条件,特殊情况下的非必要条件	大多数国家货币的国际化需要满足货币国际化的国内信用门槛条件,但其他偶然因素或者不可抗力可能对此产生影响,改变货币国际化的信用条件与模式
6	存在低于货币国际化国内信用门槛值的货币国际化的可能性	低于货币国际化国内信用门槛值的国家的货币,可以通过特殊方式实现货币国际化,国际社会货币偏好与风险分布的改变也能够给国内货币信用低于门槛值的国家货币的国际化提供机会

从表 2-5 可以看出,货币国际化需要具备一定的国内信用条件,但一国货币能否实现国际化并承担国际货币职能,受到多种因素的影响与制约。

第六节 货币国际化的国际信用条件

货币的国际信用是一国货币能够成为国际货币的基础。当一国货币的国内信用超过货币国际化的国内信用门槛值时,该国货币便具有扮演国际货币职能的可能性,但并不必然成为国际货币,一国货币成为国际货币还需要具有一定的国际信用条件。一国货币能够被其他国家的公共部门、私人部门与个人使用时,便具有了国际货币的职能和信用,一国货币扮演国际货币职能所具有的信用便是一国货币的国际信用。本书中的一国货币的国际信用(International Credit of Currency,ICOC)是指货币以国内信用为基础在发行国以外发挥货币职能并实现价值的承兑能力与保证程度。影响货币国际信用的因素除了货币的国内信用以外,还包括该国的对外贸易能力、国际收支盈余、对外投融资能力、货币自由兑换程度和国际声誉。对外贸易能力可以用进出口贸易额衡量，国际收支盈余可以用经常性项目与资本项目盈余衡量，对外投融资能力可以用对外投资额和对外借贷额衡量，国际声誉也可称为一国的国际网络影响效应，是指一国因为历史文化、政治军事、社会经济和宗教习俗等因素而形成的对国际社会的积极影响力或者吸引力。可以一国货币的国际信用函数（International Credit Function of Currency，ICFOC）描述一国货币的国际信用，现假定代表性国家 i 在考察期 $t \in [0,T]$ 内的国际信用为 v_{iit}，则有：

$$v_{iit} = \xi(v_{idt}, m_{it}, k_{it}, s_{it}, \omega_{it}, e_{it}, \tau_{it})$$

在上式中，ξ 表示函数关系，m_{it}、k_{it}、s_{it}、ω_{it}、e_{it} 分别表示代表性国家进出口贸易额、对外投融资总额、国际收支盈余、国家声誉与货币自由流动性，τ_{it} 表示影响一国货币国际信用的其他因素。在不考虑其他因素的情况下，一国货币的国际信用与该国货币的国内信用、进出口贸易总额、投融资总额、国家声誉、货币自由兑换程度正相关，有下式：

$$\frac{\partial v_{iit}}{\partial v_{idt}} = \frac{\partial \xi(v_{idt}, m_{it}, k_{it}, s_{it}, \omega_{it}, e_{it}, \tau_{it})}{\partial v_{idt}} \geq 0;$$

$$\frac{\partial v_{iit}}{\partial m_{it}} = \frac{\partial \xi(v_{idt}, m_{it}, k_{it}, s_{it}, \omega_{it}, e_{it}, \tau_{it})}{\partial m_{it}} \geq 0;$$

$$\frac{\partial v_{iit}}{\partial k_{it}} = \frac{\partial \xi(v_{idt}, m_{it}, k_{it}, s_{it}, \omega_{it}, e_{it}, \tau_{it})}{\partial k_{it}} \geq 0;$$

$$\frac{\partial v_{iit}}{\partial \omega_{it}} = \frac{\partial \xi(v_{idt}, m_{it}, k_{it}, s_{it}, \omega_{it}, e_{it}, \tau_{it})}{\partial \omega_{it}} \geq 0;$$

$$\frac{\partial v_{iit}}{\partial s_{it}} = \frac{\partial \xi(v_{idt}, m_{it}, k_{it}, s_{it}, \omega_{it}, e_{it}, \tau_{it})}{\partial s_{it}} \geq 0;$$

$$\frac{\partial v_{iit}}{\partial e_{it}} = \frac{\partial \xi(v_{idt}, m_{it}, k_{it}, s_{it}, \omega_{it}, e_{it}, \tau_{it})}{\partial e_{it}} \geq 0$$

一国货币的国内信用与国际信用相互联系、相互影响与相互制约。一国货币的国内信用是国际信用存在的基础，货币的国际信用提高则有利于增强货币的国内信用。一国货币要成为国际货币，除了达到或者超过货币国际化的国内信用门槛值以外，还必须达到一定的国际信用条件。本书把一国货币能够成为国际货币的最低国际信用条件称为货币国际化的国际信用门槛（International Creditthreshold of Currency Internationalization，ICTO-

CI),也称为国际货币的外部信用门槛(External Credit Threshold of International Currency,ECTOIC)。国际货币的外部信用门槛是各国货币特别是大国货币相互竞争的结果,国际信用低于外部信用门槛值的国家的货币即使达到国际化的国内信用条件,也不必然会成为国际货币。只有国际信用超过货币国际化的国际门槛值的货币才可能成为国际货币,国际货币的外部信用门槛由各国货币的国际信用平均值或者平均分布条件确定。

表2-6 代表性国家 i 在 t 时期的国际货币信用 v_{iit}
与货币国际化的国际信用槛值 $\bar{v}_{it}$ 比较

序号	比较	含义	影响
1	$v_{iit} < \bar{v}_{it}$	i 国货币国际信用小于货币国际化的国际信用门槛值	该国货币不具有成为国际货币的国际信用条件
2	$v_{iit} = \bar{v}_{it}$	i 国货币国际信用等于货币国际化的国际信用门槛值	该国货币国际信用达到成为国际货币的临界值
3	$v_{iit} > \bar{v}_{it}$	i 国货币国际信用大于货币国际化的国际信用门槛值	该国货币具有成为国际货币的国际信用条件

从表2-6可以看出,一国货币的国际信用大小直接影响到该国货币承担国际货币职能能否最终实现,只有国际货币信用高于货币国际化的国际信用门槛值的货币才具有成为国际货币的国际信用条件。一国货币的国际信用达到并超过货币国际化的国际信用条件,只是表明该国货币具备被国际社会其他国家的公共部门、私人部门与各国接受的可能性,但该国货币被其他国家接受的程度则由通过货币之间的相互竞争确定。

可以分析影响一国货币的国际信用的相关变量之间的关系。代表性国家 i 在 t 时刻的国际信用 v_{iit} 与货币国内信用 v_{idt}、进出口贸易总额 m_{it}、对外投融资总额 k_{it}、国际收支盈余 s_{it} 和国家声誉(国际网络效应)ω_{it} 和货币自由流动性 e_{it} 之间的关系可以用下面的坐标图描述:

在图2-5(a)中,横坐标 $0\,k_{it}$ 表示 i 国对外投融资额,横坐标 $0\,m_{it}$ 表示 i 国国际贸易总额,纵坐标 $0\,v_{iit}$ 表示 i 国货币的国际信用,纵坐标 $0\,v_{idt}$ 表示 i 国货币国内信用,斜线 $0\,o_1$ 表示 i 国货币国际信用 v_{iit} 与该国对外投融资总额 k_{it} 正相关,斜线 $0\,o_2$ 表示 i 国货币国际信用 v_{iit} 与该国进出口贸易总额 m_{it} 正相关,曲线 $0\,o_3$ 表示 i 国进出口贸易总额 m_{it} 与该国货币国

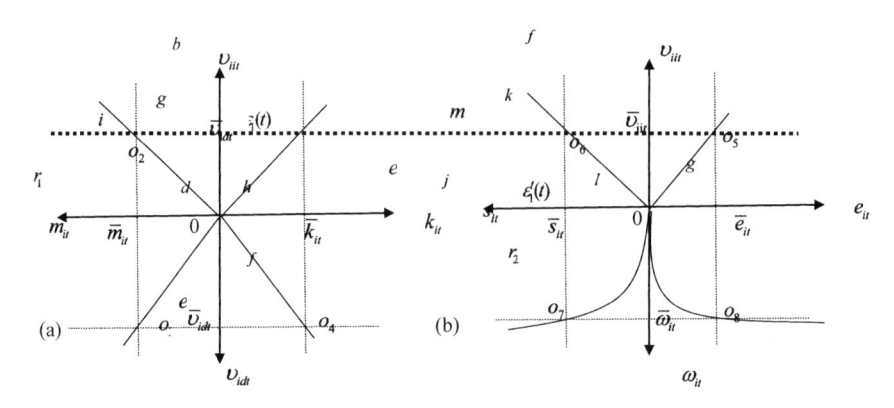

图 2-5 考察期 t 代表性国家 i 国的货币国际信用函数与货币国际化国际信用门槛

内信用 v_{idt} 正相关，曲线 $0\,o_4$ 表示 i 国对外投融资总额 k_{it} 与该国货币国内信用 v_{idt} 正相关。在图 2-5（a）中，$\overline{m}_{it}$、$\overline{k}_{it}$、$\overline{v}_{idt}$ 与 $\overline{v}_{iit}$ 分别表示代表性国家 i 在 t 考察期潜在进出口贸易总额、潜在对外投融资总额、本国货币的潜在国内信用与潜在国际信用，此处的潜在是指最大可能值。在不考虑其他因素的情况下，如果 i 国货币潜在国际信用小于货币国际化的国际信用门槛值，即 $\overline{v}_{iit} < \overline{v}_{it}$，则该国货币也不可能成为国际货币，只有当该国货币潜在的国际信用大于货币国际化的国际信用门槛值即 $\overline{v}_{iit} > \overline{v}_{it}$，该国货币才可能被其他国家的公共部门、私人部门与个人使用而发挥国际货币作用。在图 2-5（a）中，如果代表性国家 i 在考察期内的货币的潜在国际信用刚好等于货币国际化的国际信用门槛值即 $\overline{v}_{iit} = \overline{v}_{it}$，如果代表性国家相关变量在矩形 $o_1o_2o_3o_4$ 所围范围内，则该国货币也不可能成为国际货币，本文同样把该区域称为货币国际化外部信用不可能区域（External Redit Impossible Area of Currency Internationalization，ERIACI），或者称为国际货币外部不可能四边形（External Impossible Quadrangle of Currency Internationalization，EIQCI），矩形 $o_1o_2o_3o_4$ 所围范围外的区域则是该国发行的货币具备成为国际货币的区域，本文称为货币国际化外部可能区域（External Possible Area of Currency Internationalization，EPACI）。也就是说，相关变量同时落入货币国际化外部不可能区域（EIACI）或者国际货币外部不可能四边形（EICIQ）的国家的货币不可能成为国际货币，笔者把这些国家称为货币国际化外部不可能国家(External Impossible Country of Currency Internationalization,EICCI)。

同样,在图2-5(b)中,横坐标 $0's_{it}$ 表示 i 国国际收支盈余,横坐标 $0'e_{it}$ 表示 i 国货币自由流动性,纵坐标 $0'\omega_{it}$ 表示 i 国国际声誉(国际网络效应),斜线 $0'o_5$ 表示 i 国货币自由流动性与该国货币的国际信用 v_{iit} 相关,斜线 $0'o_6$ 表示 i 国货币国际信用 v_{iit} 与该国国际收支盈余 s_{it} 正相关,曲线 $0'o_7$ 表示 i 国国际收支盈余 s_{it} 与该国的国际声誉(国际网络效应) ω_{it} 正相关,曲线 $0'o_8$ 表示 i 国货币自由流动性 e_{it} 与该国国际声誉(国际网络效应) ω_{it} 正相关。在图2-5(b)中,$\bar{s}_{it}$、$\bar{e}_{it}$、$\bar{\omega}_{it}$ 分别表示代表性国家 i 在 t 考察期潜在的国际收支盈余、潜在的货币自由流动性与潜在的国际声誉或者国际网络外部性,同样此处的潜在都是指最大可能值。在不考虑其他因素的情况下,如果代表性国家 i 在考察期 t 内的货币的潜在国际信用刚好等于货币国际化的国际信用门槛值即 $\bar{v}_{iit} = \bar{v}_{it}$,如果代表性国家 i 相关变量在矩形 $o_5o_6o_7o_8$ 所围范围内,则该国货币也不可能成为国际货币,本文同样把该区域称为货币国际化外部条件不可行区域(External Inadmissibility Area of Currency Internationalization,EIACI),或者称为国际货币化外部条件不可能四边形(External Inadmissibility Quadrangle of Currency Internationalization,EIQCI),矩形 $o_5o_6o_7o_8$ 所围范围外的区域则是该国发行的货币具备条件成为国际货币的区域,本书称为货币国际化外部条件可行区域(External Admissibility Area of Currency Internationalization,EAACI)。也就是说,相关变量同时落入货币国际化外部条件不可行区域(EIACI)或者国际货币外部不可能四边形(EIQCI)的国家的货币不具备成为国际货币的外部条件,本书把这些国家称为货币国际化外部条件不可行国家(External Inadmissibility Country of Currency Internationalization,EICCI)。

从上面的分析可以看出,除了达到或者超过国内信用门槛值外,货币国际化还需要达到或者超过国际信用门槛值,国际收支盈余、货币自由流动性与国家声誉也必须满足一定条件。因此,一国货币必须同时满足国内信用门槛、国际信用门槛与外部条件可行三方面的条件,才可能在本国以外扮演国际货币角色。

第七节 货币国际化的双信用门槛条件与国际货币的类型

一国货币成为国际货币必须同时具备货币国际化的国内信用与国际信用条件，不同的国内信用与国际信用的组合显示出货币国际化可行性与可能性的不同条件和路径。只有当一国货币的国内信用与国际信用同时达到或者超过货币国际化的国内信用门槛值大于国际信用门槛值时，该国货币才具备成为国际货币的可能性。现把货币的国内信用与国际信用取值范围区分为七个集合区并编号：1. 最低值；2. 偏低且趋向最低值；3. 偏低但趋向门槛值；4. 门槛值；5. 偏高但趋向门槛值；6. 偏高且趋向最高值；7. 最高值。货币国内信用取值范围与国际信用取值范围的组合如表2-7所示：

表2-7　　一国货币的国内信用取值范围与国际信用取值范围组合

类别		国内信用						
	取值范围编号	1	2	3	4	5	6	7
	取值范围编号	最低值	偏低且趋向最低值	偏低但趋向门槛值	门槛值	偏高但趋向门槛值	偏高且趋向最高值	最高值
	国内信用取值范围编号＋国际信用取值范围编号＋符号							
国际信用	1　最低值	2○○	3○○	4○○	5○☆	6○●	7○●	8○●
	2　偏低且趋向最低值	3○○	4○○	5○○	6○☆	7○●	8○●	9○●
	3　偏低但趋向门槛值	4○○	5○○	6○○	7○☆	8○●	9○●	10○●
	4　门槛值	5☆○	6☆○	7☆○	8☆☆	9●☆	10●☆	11●☆
	5　偏高但趋向门槛值	6●○	7●○	8●○	9☆●	10●●	11●●	12●●
	6　偏高且趋向最高值	7●○	8●○	9●○	10●●	11●●	12●●	13●●
	7　最高值	8●○	9●○	10●○	11☆●	12●●	13●●	14●●

在表2-7中，表格中的数字为货币的国内信用取值范围与国际信用取值范围编号之和，凡是取值范围低于门槛值且编号之和小于7的表格区域所描述的货币既不具备国际化的国内信用门槛条件也不具备国际化的国际

信用门槛条件，也就是表格中带有○○的区域，如果一国货币的国内与国际信用取值范围组合落入该区域，则该国货币为国际化双信用门槛前货币（Currency Before Internationalization Double – Credit – Threshold，CBIDCT），一般情况下该类货币不可能实现国际化。如果一国货币的国内与国际信用范围组合在标志为☆○或者○☆的表格区域中，则该国货币为国际化单信用门槛临界货币（Internationalization Sigle – Credit – Threshold Critical Currency，ISCTCC），该类货币仅仅达到货币国际化的单门槛条件。如果一国货币的国内与国际信用取值范围组合在标志为☆☆的表格区域中，则该国货币为国际化双信用门槛临界货币（Internationalization Double – Credit – Threshold Critical Currency，IDCTCC），该类货币已经达到国际化的双门槛临界条件。如果一国货币的国内与国际信用取值范围在标志为○●或者●○的表格区域，则该国货币为国际化跨信用门槛货币（Internationalization Cross – Credit – Threshold Currency，ICCTC），该类型货币仅仅跨越了货币国际化的一项门槛条件，要实现国际化并成为国际货币还需要跨越另一门槛条件。如果一国货币的国内与国际信用组合在标志为☆●或者●☆表格区域中，则该货币为国际化信用门槛临界与跨越货币（Internatioalization Single – Credit – Critical – and – Cross – Thrshhold Currency，ISCCACTC），该类型货币要具备实现国际化的信用条件还必须最终跨过国内信用或者国际信用临界门槛值。如果一国货币的国内与国际信用范围取值在标志为●●的表格区域，则该国货币为国际化双信用门槛后货币（Currency After Internationalization Double – Credit – Threshold，CAIDCT），则该国货币已经具备国际化的国内与国际信用基础，在满足其他条件的情况下可以承担国际货币的职能。据此，根据货币国际化的国内信用门槛值与国际信用门槛值，可以把各国货币区分为如下六个类型（图2 –6）：

  从图2 –6可以看出，根据货币国际化的国内信用门槛值与国际信用门槛值、货币的国内信用与国际信用大小及其与货币国际化的双信用门槛值的比较，可以把各国货币区分为六种类型。一般而言，国际化双信用门槛前货币不可能国际化并承担国际货币职能，国际化双信用门槛后货币则具备国际化的信用条件并可以承担国际货币职能，但还需要成为国际货币的其他条件。国际化单信用门槛临界货币与国际化双信用临界货币相比，其国际化并成为国际货币的可能性相对较低，国际化信用门槛临界与跨越货

1	• 国际化双信用门槛前货币 • (Currency Before Internationalization Double-Credit-Threshold , CBIDCT)
2	• 国际化单信用门槛临界货币 • (Internationalization Sigle- Credit-Threshold Critical Currency, ISCTCC)
3	• 国际化双信用门槛临界货币 • (Internationalization Double-Credit-Threshold Critical Currency ,IDCTCC)
4	• 国际化跨信用门槛货币 • (Internationalization Cross-Credit-Threshold Currency, ICCTC)
5	• 国际化信用门槛临界与跨越货币 • (Internatioalization Single-Credit-Critical-and-Cross-Threshold Currency, ISCCACTC)
6	• 国际化双信用门槛后货币 • (Currency After Internationalization Double-Credit-Threshold,CAIDCT)

图2-6 基于货币国际化双信用门槛值的货币类型划分

币更有可能演化为国际化双信用门槛后货币。国际化双信用门槛临界货币成为国际货币的可能性介于国际化单信用门槛临界货币与国际化跨信用门槛货币之间。

对于处于国际化双信用门槛后的货币而言，其成为国际货币还需要具备一定的国际货币竞争优势。如果某国货币在全球范围内具有竞争优势，则该货币可能成为全球性国际货币，如果特定跨国区域具有竞争优势，则该国货币可能成为全球性国际货币，如果在与周边国家货币竞争中具有比较优势则可能成为周边性国际货币。有的国家的货币虽然达不到货币国际化的双信用门槛值，但在特殊的历史条件或者某些偶然因素影响下也可能扮演临时性与偶然性国际货币。据此，根据货币在发行国外被接受的程度，可以把国际货币区分为五种类型：一是全球性国际货币，能够被全球大多数国家接受并发挥货币职能的国际货币，例如美元（USD）与欧元（Euro）；二是区域性国际货币，在特定国家与地区被接受的国际货币，例如人民币（RMB）、英镑（Pound Sterling）与日元（Yen）；三是周边性国际货币，能够被周边少数国家与地区使用的国际货币，例如新加坡元（Singapore dollar）、瑞士法郎（Swiss franc）、阿联酋迪拉姆（UAE Dirham）

等；四是临时性、偶然性的国际货币，因为一些临时性、偶然性因素扮演国际货币功能的国际货币，例如战争、危机与灾害条件下某些国家货币扮演临时性与偶然性国际货币职能；五是传统性与特殊性国际货币，例如黄金、白银及相关贵金属、国际货币基金组织的特别提款权（Sspecial Drawing Right，SDR）等。根据货币国际化的双信用门槛值与国际货币类型划分，可以对国际社会中各国货币在国内与国际社会发挥的作用进行分析（如表2-8所示）。

表2-8　　　　　　　　　　货币的国内与国际地位划分

货币地位类型划分	本国货币国内地位	序号	本国货币国际地位	说明
国际货币	国内单一主导货币	1	全球性国际货币	全球主导货币
国际货币	国内单一主导货币	2	区域性国际货币	区域主导货币
国际货币	国内单一主导货币	3	周边性国际货币	周边影响货币
临时国际货币	国内单一主导货币	4	临时性国际货币	发挥临时国际影响货币
偶然国际货币	国内单一主导货币	5	偶然性国际货币	偶然发挥国际影响货币
国内本位货币	国内单一主导货币	6	非国际货币	封闭性本位货币
国内本位货币	国内主导货币	7	外国货币为本国辅助货币	被渗透性本位货币
国内本位货币	国内联合主导货币	8	外国货币为本国联合主导货币	外币联合性本位货币
国内非本位货币	国内辅助货币	9	外国货币成为本国主导货币	外币主导性非本位货币
国内非本位货币	国内名誉货币	10	外国货币成为本国单一主导货币	外币主导性名誉货币
国内无本国货币	国内零本国货币	11	外国货币成为本国唯一流通货币	本国为外币发行流通区
国内传统金属货币	国内贵金属货币	12	国际贵金属货币	国际传统金融货币

从表2-8可以看出，并不是所有国家的货币都具有货币国际化的国内与国际信用基础，即使达到甚至超过国内信用门槛值与国际信用门槛值，一国货币也并不必然成为国际货币。当一国货币信用超过货币国际化的国内与国际信用门槛值，且在与其他国家的货币竞争中被非本国的公共部

门、私人部门与个人接受而在国际社会发挥货币职能时才可能成为国际货币。因此，可以通过货币的国内信用与货币国际化的国内信用门槛值比较、国际信用与货币国际化的国际信用门槛值比较，分析一国货币能否成为国际货币以及成为那种类型国际货币的可能性。本书引入货币国际化国内信用盈余与赤字（Domestic Currency Credit Surplus and Domestic Currency Credit dificit）、货币国际化的国际货币信用盈余与赤字（International Currency Credit Surplus and International Currency Credit Dificit），以描述各国货币能否成为国际货币及成为何种类型的国际货币。现同样假定代表性国家 i 在 t 时期的国内信用盈余为 $\hat{v}_{idt}$、国际信用盈余为 $\hat{v}_{iit}$，且有：

$$\hat{v}_{idt} = v_{idt} - \overline{v}_{dt}, \hat{v}_{iit} = v_{iit} - \overline{v}_{it}$$

上式表明，代表性国家 i 在 t 考察期内的货币国际化的国内信用盈余 $\hat{v}_{idt}$ 等于该国货币的国内信用值减去货币国际化国内信用门槛值 $\overline{v}_{dt}$，货币国际化的国际信用盈余 $\hat{v}_{iit}$ 等于该国货币的国际信用值减去货币国际化的国际信用门槛值 $\overline{v}_{it}$，当 $\hat{v}_{idt} > 0$、$\hat{v}_{iit} > 0$ 时表示该国货币存在货币国际化的国内信用盈余与国际信用盈余，如果出现 $\hat{v}_{idt} < 0$、$\hat{v}_{iit} < 0$ 时表示该国货币存在货币国际化的国内信用赤字与国际信用赤字。现考虑在一个二维坐标平面中，横坐标表示代表性国家 i 在考察期 t 的货币国际化的国内信用盈余 $\hat{v}_{idt}$、纵坐标表示该国货币国际化的国际信用盈余 $\hat{v}_{iit}$，则可以得到图 2-7。

在上面的坐标平面中，如果代表性国家货币的国内信用盈余与国际信用盈余在第Ⅰ象限内，则该国货币的国内信用盈余与国际信用盈余都为正，表明该国货币具备国际化的国内信用与国际信用条件，本书把该现象称为货币可国际化象限（Feasible Quadrant of Currency Internationalization）。在第Ⅰ象限范围内，可以区分为三个区域：

其一，三角形 $0\hat{v}_{iit}^1\hat{v}_{idt}^1$ 所围区域，虽然该国货币国际化的国内信用盈余与国际信用盈余都大于零，但盈余值相对较低，该国货币可能在周边国家充当国际货币职能，难以在全球或者较大区域扮演国际货币角色。

其二，斜线 $\hat{v}_{iit}^2\hat{v}_{idt}^2$ 以外区域中该国货币的国际化的国内信用盈余与国际信用盈余都较高，该国货币具备成为全球性国际货币的可能性。

其三，四边形 $\hat{v}_{iit}^1\hat{v}_{idt}^1\hat{v}_{iit}^2\hat{v}_{idt}^2$ 所围区域的货币国际化的国内信用盈余与国际信用盈余介于三角形 $0\hat{v}_{iit}^1\hat{v}_{idt}^1$ 所围区域和斜线 $\hat{v}_{iit}^2\hat{v}_{idt}^2$ 以外区域之间，

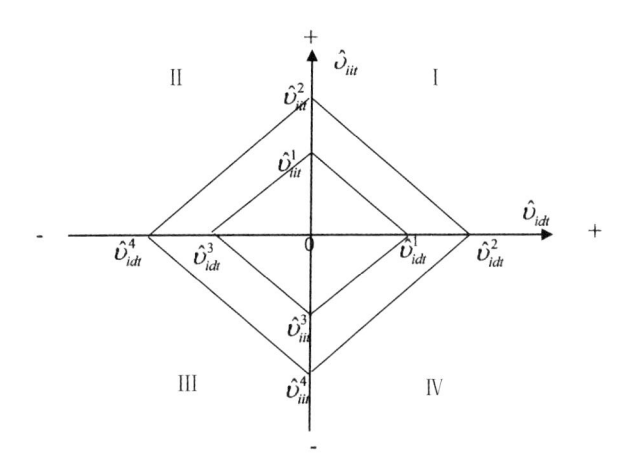

第二章 国际货币、世界货币与货币国际化的信用条件　　49

图 2-7　货币国际化与国际货币类型

该国货币国际化的国内信用盈余与国际信用盈余范围也处于前面二者之间，该国货币不具有成为全球性国际货币的信用条件，但也不仅仅在周边国家发挥国际货币职能，可以在一个相对较大区域发挥区域性国际货币职能。

在上图坐标平面的第Ⅲ象限中，该国货币国际化的国内信用盈余与国际信用盈余都小于零，也就是该国货币国际化的国内信用与国际信用都处于赤字状态，该国货币不具备成为国际货币的信用条件，因此本书把该象限称为货币国际化不可能象限（Infeasible Quadrant of Currency Internationalization），该象限可以区分为三个区域：

其一，三角形 $0\,\hat{v}_{iit}^3\,\hat{v}_{idt}^3$ 所围区域，虽然该国货币国际化的国内信用盈余与国际信用盈余都小于零，为国内信用与国际信用双赤字，但赤字值相对较低，该国货币虽然不具备在发挥国际货币职能的信用基础，但仍然可以在本国扮演主导本位货币角色，外国货币难以在该国替代本国货币而发挥主导本位货币角色。

其二，斜线 $\hat{v}_{iit}^4\,\hat{v}_{idt}^4$ 以外区域中该国货币的国内信用赤字与国际信用赤字都较高，该国货币甚至不具备在本国扮演主导本位货币角色，本国的公共部门、私人机构与个人可能选择外国货币扮演交易媒介与价值储藏职能，该国的货币职能存在被其他国家货币特别是全球性国际货币取代的可能性。

其三，四边形 $\hat{v}_{iit}^3$ $\hat{v}_{idt}^3$ $\hat{v}_{iit}^4$ $\hat{v}_{idt}^4$ 所围区域的货币国际化的国内信用赤字与国际信用赤字介于三角形 $0\,\hat{v}_{iit}^3\,\hat{v}_{idt}^3$ 所围区域和斜线 $\hat{v}_{iit}^4\,\hat{v}_{idt}^4$ 以外区域之间，该国货币国际化的国内信用赤字与国际信用赤字范围也处于前面二者之间，该国货币在本国的本位货币地区容易受到国际货币的渗透且部分货币职能可能被国际货币所取代，但其作为本国本位货币的地位不可能被其他国家货币所完全取代。

如果该国货币国际化的国内信用盈余与国际信用盈余在第Ⅱ象限与第Ⅳ象限，则该国货币国际化只具备国内或者国际信用条件之一，该国货币不可能实现国际化而扮演国际货币职能，但可以通过其他条件的调整或者偶然因素影响扮演临时性或者偶然性国际货币职能，本书把这两个象限称为能否实现货币国际化的过渡象限（Middle Quadrant of Currency Internationalization），存在如下三种情况：

其一，如果在第Ⅱ象限中的三角形 $0\,\hat{v}_{idt}^3\,\hat{v}_{iit}^1$ 所围区域中，该国出现小幅度的国内信用赤字与国际信用盈余，如果在第Ⅳ象限中的三角形 $0\,\hat{v}_{idt}^1\,\hat{v}_{iit}^3$ 所围区域中，出现小幅度的国内信用盈余与国际信用赤字，这两种情况都表明该国货币的国际化条件处于门槛值附件的中间过渡状态，既具备国际化的某些条件又不能够实现国际化，随着某些临时性与偶然性因素可能成为扮演临时性或者偶然性的国际货币职能。

其二，第Ⅱ象限中斜线 $\hat{v}_{idt}^4\,\hat{v}_{iit}^2$ 以外区域中该国货币的国内信用赤字与国际信用盈余都较高，在第Ⅳ象限中 $\hat{v}_{iit}^4\,\hat{v}_{idt}^2$ 以外区域中该国货币的国内信用盈余与国际信用赤字值都较高，都表现国内与国际信用的高赤字与高盈余状态，表明该类型国家货币的国际化的信用条件表现出较大的差异性和分离性，如果要推进该类型货币的国际化，将面临较大的风险与不确定性。

其三，第Ⅱ象限中的四边形 $\hat{v}_{iit}^1\,\hat{v}_{iit}^2\,\hat{v}_{idt}^4\,\hat{v}_{idt}^3$ 所围区域的货币国际化的国内信用赤字与国际信用盈余介于三角形 $0\,\hat{v}_{idt}^3\,\hat{v}_{iit}^1$ 所围区域和斜线 $\hat{v}_{idt}^4\,\hat{v}_{iit}^2$ 以外区域之间，货币国际化的国内信用赤字与国际信用盈余范围也处于前面二者之间，第Ⅳ象限中的四边形 $\hat{v}_{idt}^1\,\hat{v}_{idt}^2\,\hat{v}_{iit}^4\,\hat{v}_{iit}^3$ 所围区域的货币国际化的国内信用盈余与国际信用赤字介于三角形 $0\,\hat{v}_{iit}^3\,\hat{v}_{idt}^1$ 所围区域和斜线 $\hat{v}_{iit}^4\,\hat{v}_{idt}^2$ 以外区域之间，货币国际化的国内信用盈余与国际信用赤字范围也处于前面二者之间，这两种情况都表现出货币国际化的国内外信用赤字与盈余并存，赤字与盈余值分布于中间范围，表明该类型国家货币国际化的国内外信用赤字与盈余错配处于中间状态，如果要推进该类型货币的国际化，面临中等程度的风险与不确定性。

主权国家货币的国际化必须同时跨越国内信用与国际信用的双门槛值，根据货币国内信用与国际信用的取值范围，可以判断一国货币发挥国际货币职能的可能地理空间范围，据此可以把国际货币区分为全球性国际货币、区域性国际货币、周边性国际货币、临时性国际货币与偶然性国际货币，同时可以根据各国货币的国内地位与国际影响把各国货币区分为不同的功能类型。本章中的全球化国际货币便是世界货币。事实上，一国货币国际化的目标与最终结果便是使货币扮演国际货币角色、承担国际货币职能，由此形成国际货币。国际货币作为在发行国以外扮演货币角色、承担货币职能的跨国使用货币，与非国际化的本位货币存在显著的差异。国际货币的职能是在发行国国内货币职能基础上的扩展与演化，涉及微观职能、宏观职能与国际职能三个层次。根据各国货币的国际化程度和国际货币地位差异，也可以把国际社会中各国发行的货币区分为如下六个类型：一是本国与国际社会双主导货币；二是本国主导与国际社会辅助货币；三是本国封闭主导货币；四是本国辅助流通货币；五是本国名义流通货币；六是本国零发行货币。当然，无论是全球性国际货币、区域性国际货币与周边性国际货币，还是偶然性国际货币、临时性国际货币，都必然承担国际货币的职能，具有跨国货币影响效应。国际货币具有多方面的职能，主要包括六个方面：一是跨国货币竞争与货币替代职能；二是跨国价值转化职能；三是跨国货币组合职能；四是货币国际合作职能；五是跨国货币风险控制职能；六是国际公共契约职能。任何国际货币与世界货币，都是国家货币发展演化到一定历史阶段、其发行与流通突破必要的地理空间范围的必然结果，也是国家政治经济格局演化和国际合作及竞争的产物。

第八节 结论

国际货币是货币国际化的产物，世界货币则是国际货币在世界范围内扮演价值符号和价值工具的结果,国际货币的产生和货币国际化需要具备一定的国内信用条件。一国货币的国际化必须同时跨越国内信用与国际信用的双门槛值。一国货币的国内信用达到或者超出货币国际化的国内信用门槛值,只是表明该国货币具备了实现货币国际化的国内信用条件,但货币国际化并不必然会发生,该国货币也并不必然会成为国际货币,还需要具有一定的国际信用条件。当一国货币的国内信用超过货币国际化的国内信用门槛值时,该国货币便具有扮演国际货币职能的可能性。一国货币能够被其他国家的公共部门、私人部门与个人使用时,便具有了国际货币的职能和信用。一国货币的国际信用大小直接影响到该国货币承担国际货币职能能否最终实现,只有国际货币信用高于货币国际化的国际信用门槛值的货币才具有成为国际货币的国际信用条件。一国货币必须同时满足国内信用门槛、国际信用门槛与外部条件可行三方面的条件,才可能在本国以外扮演国际货币角色。

根据货币国内信用与国际信用的取值范围,可以判断一国货币发挥国际货币职能的可能地理空间范围,据此可以把国际货币区分为全球性国际货币、区域性国际货币、周边性国际货币、临时性国际货币与偶然性国际货币,同时可以根据各国货币的国内地位与国际影响把各国货币区分为不同的功能类型。一国货币国际化的目标与最终结果便是使货币扮演国际货币角色、承担国际货币职能,由此形成国际货币。国际货币作为在发行国以外扮演货币角色、承担货币职能的跨国使用货币,与非国际化的本位货币存在显著的差异。国际货币的职能是在发行国国内货币职能基础上的扩展与演化,涉及微观职能、宏观职能与国际职能三个层次。

第三章

货币国际化与世界化的微观基础：
厂商行为及货币选择

第一节 引言

主权国家的货币之所以能够跨越国界被其他国家的消费者、厂商、组织及政府机构所认可和使用，需要微观激励机制，代表性厂商与代表性消费者愿意而且能够选择该国货币作为价值符号或者价值工具是关键。货币国际化与世界化离不开特定的国际货币体系，国际货币体系形成与运行也必须具备一定的微观基础，因此从微观激励机制角度系统分析货币国际化与世界化及国际货币体系的微观基础不仅具有理论价值，也具有现实意义。任何一种主权国家货币，其国际化与世界化都是一个持续不断的历史进程，除了必要的国家信用依托和国际信用环境外，还必须有利于厂商、家庭户、个人及相关经济组织的交易、投资及价值增值，否则可能出现国际化与世界化的逆转。

第二节 部门与厂商及全球总产出

货币国际化与世界化需要具备必要的微观基础，不可能脱离国际货币体系的影响和制约。国际货币体系的形成与演化过程，既是商品跨国流动与要素跨国配置发展到一定历史阶段的产物，也是各国货币竞争乃至政治经济博弈的产物，有着内在的逻辑与规律，需要从理论角度对此进行系统分析与解释。

现假定全球社会由 k 个主权国家共同构成，代表性国家 $\tau = 1,2,3,\cdots,k$（其中 k 为自然数），代表性国家 τ 存在 4 个经济部门：政府部门（government sector）、生产部门（production sector）、消费部门（consumption sector）和进出口部门（open sector），存在 3 类经济活动主体：政府（government）、厂商（firm）和个人（personal）。在 t 时刻（其中时刻 t 分布于时期 $[0,T]$，即 $t \in [0,T]$），代表性国家 τ 的总产出水平为 $y_\tau(t)$ 由下面两个式子决定：

$$y_\tau(t) = c_\tau(t) + i_\tau(t) + g_\tau(t) + nx_\tau(t)$$
$$y_\tau(t) = c_\tau(t) + s_\tau(t) + tax_\tau(t) + np_\tau(t)$$

在上式中，$c_\tau(t)$、$i_\tau(t)$、$g_\tau(t)$、$nx_\tau(t)$、$s_\tau(t)$、$tax_\tau(t)$、$np_\tau(t)$ 分别表示 t 时刻 τ 国的消费总额（total consumption）、投资总额（total investment）、政府购买总额（government purchase）、净出口总额（net export）、储蓄（saving）、税收（tax）和对外净外转移支付（net foreign transfer payment）有 $nx_\tau(t) = tx_\tau(t) - tm_\tau(t)$，其中 $tx_{\tau t}$、$tm_{\tau t}$ 分别表示示 t 时刻 τ 国的总出口额（total export, tx）和总进口额（total import, tm）。则 τ 国在考察期 $[0,T]$ 的国内生产总值也可以用收入法和支出法两种方法衡量，如下两式：

$$y_\tau(T) = \int_{t=0}^{T} y_\tau(t)\mathrm{d}t = \int_{t=0}^{T} c_\tau(t)\mathrm{d}t + \int_{t=0}^{T} i_\tau(t)\mathrm{d}t + \int_{t=0}^{T} g_\tau(t)\mathrm{d}t + \int_{t=0}^{T} nx_\tau(t)\mathrm{d}t$$

$$= \int_{t=0}^{T} [c_\tau(t) + i_\tau(t) + g_t(t) + nx_\tau(t)]\mathrm{d}t$$

$$y_\tau(T) = \int_{t=0}^{T} y_\tau(t)\mathrm{d}t = \int_{t=0}^{T} c_\tau(t)\mathrm{d}t + \int_{t=0}^{T} s_\tau(t)\mathrm{d}t + \int_{t=0}^{T} tax_\tau(t)\mathrm{d}t + \int_{t=0}^{T} np_\tau(t)\mathrm{d}t$$

$$= \int_{t=0}^{T} [c_\tau(t) + s_\tau(t) + tax_t(t) + np_\tau(t)]\mathrm{d}t$$

则在 t 时刻，全球的国内生产总值 y_{wt} 可以由下式表示：

$$y_w(t) = \sum_{\tau=1}^{k} y_\tau(t) = \sum_{\tau=1}^{k} c_\tau(t) + \sum_{\tau=1}^{k} i_\tau(t) + \sum_{\tau=1}^{k} g_\tau(t) + \sum_{\tau=1}^{k} nx_\tau(t)$$

$$= \sum_{\tau=1}^{k} (c_\tau(t) + i_\tau(t) + g_\tau(t) + nx_\tau(t))$$

因为任意时期,全球的总净出口总额为0,即 $\sum_{\tau=1}^{k} nx_{\tau}(t) = 0$,则上式可以简化为:

$$y_w(t) = \sum_{\tau=1}^{k} y_\tau(t) = \sum_{\tau=1}^{k} c_\tau(t) + \sum_{\tau=1}^{k} i_\tau(t) + \sum_{\tau=1}^{k} g_\tau(t) + \sum_{\tau=1}^{k} nx_\tau(t)$$

$$= \sum_{\tau=1}^{k} (c_\tau(t) + i_\tau(t) + g_\tau(t))$$

在考察期 $t \in [0,T]$,如果不考虑利率因素,全球总产出可以从总收入与总支出两种方法衡量,如下两式表示:

$$y_w(T) = \sum_{\tau=1}^{k} \left(\int_{t=0}^{T} y_\tau(t)dt \right) = \sum_{\tau=1}^{k} \left(\int_{t=0}^{T} c_\tau(t)dt \right) + \sum_{\tau=1}^{k} \left(\int_{t=0}^{T} i_\tau(t)dt \right)$$

$$+ \sum_{\tau=1}^{k} \left(\int_{t=0}^{T} g_\tau(t)dt \right) + \sum_{\tau=1}^{k} \left(\int_{t=0}^{T} nx_\tau(t)dt \right)$$

$$= \sum_{\tau=1}^{k} \left\{ \int_{t=0}^{T} [c_\tau(t) + i_\tau(t) + g_t(t) + nx_\tau(t)]dt \right\}$$

$$= \sum_{\tau=1}^{k} \left\{ \int_{t=0}^{T} [c_\tau(t) + i_\tau(t) + g_t(t)]dt \right\}$$

$$y_w(T) = \sum_{\tau=1}^{k} \left(\int_{t=0}^{T} y_\tau(t)dt \right) = \sum_{\tau=1}^{k} \left(\int_{t=0}^{T} c_\tau(t)dt \right) + \sum_{\tau=1}^{k} \left(\int_{t=0}^{T} s_\tau(t)dt \right)$$

$$+ \sum_{\tau=1}^{k} \left(\int_{t=0}^{T} tax_\tau(t)dt \right) + \sum_{\tau=1}^{k} \left(\int_{t=0}^{T} np_\tau(t)dt \right)$$

$$= \sum_{\tau=1}^{k} \left\{ \int_{t=0}^{T} [c_\tau(t) + s_\tau(t) + tax_t(t) + np_\tau(t)]dt \right\}$$

$$= \sum_{\tau=1}^{k} \left\{ \int_{t=0}^{T} [c_\tau(t) + s_\tau(t) + tax_t(t)]dt \right\}$$

如果考虑利率因素,当代表性国家 τ 在 t 时刻的利率为 $r_\tau(t)$,现定义 $R(t) = \int_{z=0}^{t} r(z)dz$,$e^{R(t)}$ 则表示在 $[0,t]$ 期间连续以复利计算利息的结果。如果考虑连续复利因素,τ 国的国内生产总值与全球的总产出值可以折算成 0 时期的值,如下面式子:

$$y_\tau(t) = e^{-R(t)}[c_\tau(t) + i_\tau(t) + g_\tau(t) + nx_\tau(t)]$$

$$y_\tau(t) = e^{-R(t)}[c_\tau(t) + s_\tau(t) + tax_\tau(t) + np_\tau(t)]$$

$$y_\tau(T) = \int_{t=0}^{T} e^{-R(t)} y_\tau(t)\,\mathrm{d}\hat{t} = \int_{t=0}^{T} e^{-R(t)} c_\tau(t)\,\mathrm{d}\hat{t} + \int_{t=0}^{T} e^{-R(t)} i_\tau(t)\,\mathrm{d}\hat{t}$$

$$+ \int_{t=0}^{T} e^{-R(t)} g_\tau(t)\,\mathrm{d}\hat{t} + \int_{t=0}^{T} e^{-R(t)} nx_\tau(t)\,\mathrm{d}\hat{t}$$

$$= \int_{t=0}^{T} e^{-R(t)}[c_\tau(t) + i_\tau(t) + g_t(t) + nx_\tau(t)]\mathrm{d}\hat{t}$$

$$y_\tau(T) = \int_{t=0}^{T} e^{-R(t)} y_\tau(t)\,\mathrm{d}\hat{t} = \int_{t=0}^{T} e^{-R(t)} c_\tau(t)\,\mathrm{d}\hat{t} + \int_{t=0}^{T} e^{-R(t)} s_\tau(t)\,\mathrm{d}\hat{t}$$

$$+ \int_{t=0}^{T} e^{-R(t)} tax_\tau(t)\,\mathrm{d}\hat{t} + \int_{t=0}^{T} e^{-R(t)} np_\tau(t)\,\mathrm{d}\hat{t}$$

$$= \int_{t=0}^{T} e^{-R(t)}[c_\tau(t) + s_\tau(t) + tax_t(t) + np_\tau(t)]\mathrm{d}\hat{t}$$

$$y_w(T) = \sum_{\tau=1}^{k} \left(\int_{t=0}^{T} e^{-R(t)} y_\tau(t)\,\mathrm{d}\hat{t} \right)$$

$$= \sum_{\tau=1}^{k} \left(\int_{t=0}^{T} e^{-R(t)} c_\tau(t)\,\mathrm{d}\hat{t} \right) + \sum_{\tau=1}^{k} \left(\int_{t=0}^{T} e^{-R(t)} i_\tau(t)\,\mathrm{d}\hat{t} \right)$$

$$+ \sum_{\tau=1}^{k} \left(\int_{t=0}^{T} e^{-R(t)} g_\tau(t)\,\mathrm{d}\hat{t} \right) + \sum_{\tau=1}^{k} \left(\int_{t=0}^{T} e^{-R(t)} nx_\tau(t)\,\mathrm{d}\hat{t} \right)$$

$$= \sum_{\tau=1}^{k} \left\{ \int_{t=0}^{T} e^{-R(t)}[c_\tau(t) + i_\tau(t) + g_t(t) + nx_\tau(t)]\mathrm{d}\hat{t} \right\}$$

$$= \sum_{\tau=1}^{k} \left\{ \int_{t=0}^{T} e^{-R(t)}[c_\tau(t) + i_\tau(t) + g_t(t)]\mathrm{d}\hat{t} \right\}$$

$$y_w(T) = \sum_{\tau=1}^{k} \left(\int_{t=0}^{T} e^{-R(t)} y_\tau(t)\,\mathrm{d}\hat{t} \right)$$

第三章 货币国际化与世界化的微观基础:厂商行为及货币选择　　57

$$= \sum_{\tau=1}^{k} \left(\int_{t=0}^{T} e^{-R(t)} c_\tau(t) \mathrm{d}\hat{t} \right) + \sum_{\tau=1}^{k} \left(\int_{t=0}^{T} e^{-R(t)} s_\tau(t) \mathrm{d}\hat{t} \right)$$

$$+ \sum_{\tau=1}^{k} \left(\int_{t=0}^{T} e^{-R(t)} tax_\tau(t) \mathrm{d}\hat{t} \right) + \sum_{\tau=1}^{k} \left(\int_{t=0}^{T} e^{-R(t)} np_\tau(t) \mathrm{d}\hat{t} \right)$$

$$= \sum_{\tau=1}^{k} \left\{ \int_{t=0}^{T} e^{-R(t)} [c_\tau(t) + s_\tau(t) + tax_t(t) + np_\tau(t)] \mathrm{d}t \right\}$$

$$= \sum_{\tau=1}^{k} \left\{ \int_{t=0}^{T} e^{-R(t)} [c_\tau(t) + s_\tau(t) + tax_t(t)] \mathrm{d}t \right\}$$

同时假定 t 时刻 τ 国有 1 个政府、m 个厂商、总人口数为 n,代表性厂商为 α(其中,$\alpha = 1,2,\cdots,m_{\tau t}$,$m_{\tau t}$ 为自然数),代表性个人 β(其中,$\beta = 1, 2, \cdots, n_{\tau t}$,$n_{\tau t}$ 为自然数)。厂商为各国从事国内经济活动与进出口贸易活动的主体。各国厂商从事经济活动的总收入包括三个部分,一是在本国从事经济活动的收益,二是在外国从事经济活动的收益,三是从事进出口贸易活动的收益。现假定 τ' 表示全球社会中除了 τ 国以外的任意国家,即 $\tau' \in \{1,2,\cdots,\tau-1,\tau+1,\cdots,k\}$,同时假定 τ 国代表性厂商 α 的目标函数为 $u_{\tau\alpha}$,在不考虑时间因素的情况下有下式:

$$u_{\tau\alpha} = u_{\tau\alpha}(y_{\tau\alpha}, y_{\tau'\alpha}, y_{\tau\tau'\alpha}, \overline{y}_{\tau\tau'\alpha}; p_{\tau\alpha}, p_{\tau'\alpha}, p_{\tau\tau'\alpha}, \overline{p}_{\tau\tau'\alpha}; r_{\tau\alpha}, r_{\tau'\alpha}, r_{\tau\tau'\alpha}, \overline{r}_{\tau\tau'\alpha};$$
$$\pi_{\tau\alpha}, \pi_{\tau'\alpha}, \pi_{\tau\tau'\alpha}, \overline{\pi}_{\tau\tau'\alpha}; \varepsilon_{\tau'\alpha}, \varepsilon_{\tau\tau'\alpha}, \overline{\varepsilon}_{\tau\tau'\alpha})$$

$$= (r_{\tau\alpha} - \pi_{\tau\alpha})p_{\tau\alpha}y_{\tau\alpha}$$

$$+ \sum_{\tau'=1}^{\tau'=\tau-1} [\varepsilon_{\tau'\alpha}(r_{\tau'\alpha} - \pi_{\tau'\alpha})p_{\tau'\alpha}y_{\tau'\alpha} + \varepsilon_{\tau\tau'\alpha}(r_{\tau\tau'\alpha} - \pi_{\tau\tau'\alpha})p_{\tau\tau'\alpha}y_{\tau\tau'\alpha}$$

$$- \overline{\varepsilon}_{\tau\tau'\alpha}(\overline{r}_{\tau\tau'\alpha} - \overline{\pi}_{\tau\tau'\alpha})\overline{p}_{\tau\tau'\alpha}\overline{y}_{\tau\tau'\alpha}]$$

$$+ \sum_{\tau'=\tau+1}^{\tau'=k} [\varepsilon_{\tau'\alpha}(r_{\tau'\alpha} - \pi_{\tau'\alpha})p_{\tau'\alpha}y_{\tau'\alpha} + \varepsilon_{\tau\tau'\alpha}(r_{\tau\tau'\alpha} - \pi_{\tau\tau'\alpha})p_{\tau\tau'\alpha}y_{\tau\tau'\alpha}$$

$$- \overline{\varepsilon}_{\tau\tau'\alpha}(\overline{r}_{\tau\tau'\alpha} - \overline{\pi}_{\tau\tau'\alpha})\overline{p}_{\tau\tau'\alpha}\overline{y}_{\tau\tau'\alpha}]$$

在上式中,$y_{\tau\alpha}$、$y_{\tau'\alpha}$、$y_{\tau\tau'\alpha}$、$\overline{y}_{\tau\tau'\alpha}$ 分别表示 τ 国代表性厂商 α 在本国的标准产出量、在外国的标准产出量、本国对外国的标准出口量、本国从外国的标准进口量,$p_{\tau\alpha}$、$p_{\tau'\alpha}$、$p_{\tau\tau'\alpha}$、$\overline{p}_{\tau\tau'\alpha}$ 分别表示代表性厂商 α 所面临的本国平均价格水平、外国平均价格水平、本国对外国出口的平均价格水平和

本国从外国进口的平均价格水平，$r_{\tau\alpha}$、$r_{\tau'\alpha}$、$r_{\tau\tau'\alpha}$、$\bar{r}_{\tau\tau'\alpha}$分别表示代表性厂商$\alpha$面临的本国的平均利率、外国的平均利率、本国对外国出口计价货币发行国的平均利率和本国从外国进口计价货币发行国的平均利率，$\pi_{\tau\alpha}$、$\pi_{\tau'\alpha}$、$\pi_{\tau\tau'\alpha}$、$\bar{\pi}_{\tau\tau'\alpha}$分别表示$\tau$国代表性厂商$\alpha$面临的本国的平均通货膨胀率、外国的平均通货膨胀率、本国对外国出口计价货币发行国的平均通货膨胀率和本国从外国进口计价货币发行国的平均通货膨胀率，$\varepsilon_{\tau'\alpha}$、$\varepsilon_{\tau\tau'\alpha}$、$\bar{\varepsilon}_{\tau\tau'\alpha}$分别表示$\tau$国代表性厂商$\alpha$面临的外国货币兑换本国货币的平均汇率、本国对外国出口计价货币兑换本国货币的平均汇率和本国从外国进口计价货币兑换本国货币的平均汇率。事实上，除了$y_{\tau\alpha}$、$p_{\tau\alpha}$、$r_{\tau\alpha}$、$\pi_{\tau\alpha}$外的其他变量组合可以用向量表示：

$$(1)\begin{cases} ① Y_{\tau'\alpha} = (y_{1\alpha}, y_{2\alpha}, \cdots, y_{\tau-1\alpha}, y_{\tau+1\alpha}, \cdots, y_{k\alpha}) \\ ② Y_{\tau\tau'\alpha} = (y_{\tau1\alpha}, y_{\tau2\alpha}, \cdots, y_{\tau\tau-1\alpha}, y_{\tau\tau+1\alpha}, \cdots, y_{\tau k\alpha}) \\ ③ \bar{Y}_{\tau\tau'\alpha} = (\bar{y}_{\tau1\alpha}, \bar{y}_{\tau2\alpha}, \cdots, \bar{y}_{\tau\tau-1\alpha}, \bar{y}_{\tau\tau+1\alpha}, \cdots, \bar{y}_{\tau k\alpha}) \end{cases}$$

$$(2)\begin{cases} ① P_{\tau'\alpha} = (p_{1\alpha}, p_{2\alpha}, \cdots, p_{\tau-1\alpha}, p_{\tau+1\alpha}, \cdots, p_{k\alpha}) \\ ② P_{\tau\tau'\alpha} = (p_{\tau1\alpha}, p_{\tau2\alpha}, \cdots, p_{\tau\tau-1\alpha}, p_{\tau\tau+1\alpha}, \cdots, p_{\tau k\alpha}) \\ ③ \bar{P}_{\tau\tau'\alpha} = (\bar{p}_{\tau1\alpha}, \bar{p}_{\tau2\alpha}, \cdots, \bar{p}_{\tau\tau-1\alpha}, \bar{p}_{\tau\tau+1\alpha}, \cdots, \bar{p}_{\tau k\alpha}) \end{cases}$$

$$(3)\begin{cases} ① R_{\tau'\alpha} = (r_{1\alpha}, r_{2\alpha}, \cdots, r_{\tau-1\alpha}, r_{\tau+1\alpha}, \cdots, r_{k\alpha}) \\ ② R_{\tau\tau'\alpha} = (r_{\tau1\alpha}, r_{\tau2\alpha}, \cdots, r_{\tau\tau-1\alpha}, r_{\tau\tau+1\alpha}, \cdots, r_{\tau k\alpha}) \\ ③ \bar{R}_{\tau\tau'\alpha} = (\bar{r}_{\tau1\alpha}, \bar{r}_{\tau2\alpha}, \cdots, \bar{r}_{\tau\tau-1\alpha}, \bar{r}_{\tau\tau+1\alpha}, \cdots, \bar{r}_{\tau k\alpha}) \end{cases}$$

$$(4)\begin{cases} ① \Pi_{\tau'\alpha} = (\pi_{1\alpha}, \pi_{2\alpha}, \cdots, \pi_{\tau-1\alpha}, \pi_{\tau+1\alpha}, \cdots, \pi_{k\alpha}) \\ ② \Pi_{\tau\tau'\alpha} = (\pi_{\tau1\alpha}, \pi_{\tau2\alpha}, \cdots, \pi_{\tau\tau-1\alpha}, \pi_{\tau\tau+1\alpha}, \cdots, \pi_{\tau k\alpha}) \\ ③ \bar{\Pi}_{\tau\tau'\alpha} = (\bar{\pi}_{\tau1\alpha}, \bar{\pi}_{\tau2\alpha}, \cdots, \bar{\pi}_{\tau\tau-1\alpha}, \bar{\pi}_{\tau\tau+1\alpha}, \cdots, \bar{\pi}_{\tau k\alpha}) \end{cases}$$

$$(5)\begin{cases} ① E_{\tau'\alpha} = (\varepsilon_{1\alpha}, \varepsilon_{2\alpha}, \cdots, \varepsilon_{\tau-1\alpha}, \varepsilon_{\tau+1\alpha}, \cdots, \varepsilon_{k\alpha}) \\ ② E_{\tau\tau'\alpha} = (\varepsilon_{\tau1\alpha}, \varepsilon_{\tau2\alpha}, \cdots, \varepsilon_{\tau\tau-1\alpha}, \varepsilon_{\tau\tau+1\alpha}, \cdots, \varepsilon_{\tau k\alpha}) \\ ③ \bar{E}_{\tau\tau'\alpha} = (\bar{\varepsilon}_{\tau1\alpha}, \bar{\varepsilon}_{\tau2\alpha}, \cdots, \bar{\varepsilon}_{\tau\tau-1\alpha}, \bar{\varepsilon}_{\tau\tau+1\alpha}, \cdots, \bar{\varepsilon}_{\tau k\alpha}) \end{cases}$$

如果引入时间变量，在 t 时刻，τ 国代表性厂商 α 的目标函数为：

$$u_{\tau\alpha}(t) = [r_{\tau\alpha}(t) - \pi_{\tau\alpha}(t)] p_{\tau\alpha}(t) y_{\tau\alpha}(t)$$

$$+ \sum_{\tau'=1}^{\tau-1} \left\{ \begin{array}{l} \varepsilon_{\tau'\alpha}(t)[r_{\tau'\alpha}(t) - \pi_{\tau'\alpha}(t)]p_{\tau'\alpha}(t)y_{\tau'\alpha}(t) \\ + \varepsilon_{\tau\tau'\alpha}(t)[r_{\tau\tau'\alpha}(t) - \pi_{\tau\tau'\alpha}(t)]p_{\tau\tau'\alpha}(t)y_{\tau\tau'\alpha}(t) \\ - \bar{\varepsilon}_{\tau\tau'\alpha}(t)[\bar{r}_{\tau\tau'\alpha}(t) - \bar{\pi}_{\tau\tau'\alpha}(t)]\bar{p}_{\tau\tau'\alpha}(t)\bar{y}_{\tau\tau'\alpha}(t) \end{array} \right\}$$

$$+ \sum_{\tau'=\tau+1}^{k} \left\{ \begin{array}{l} \varepsilon_{\tau'\alpha}(t)[r_{\tau'\alpha}(t) - \pi_{\tau'\alpha}(t)]p_{\tau'\alpha}(t)y_{\tau'\alpha}(t) \\ + \varepsilon_{\tau\tau'\alpha}(t)[r_{\tau\tau'\alpha}(t) - \pi_{\tau\tau'\alpha}(t)]p_{\tau\tau'\alpha}(t)y_{\tau\tau'\alpha}(t) \\ - \bar{\varepsilon}_{\tau\tau'\alpha}(t)[\bar{r}_{\tau\tau'\alpha}(t) - \bar{\pi}_{\tau\tau'\alpha}(t)]\bar{p}_{\tau\tau'\alpha}(t)\bar{y}_{\tau\tau'\alpha}(t) \end{array} \right\}$$

假如 t 时刻的时间贴现因子为 $\rho(t)$，则 τ 国代表性厂商 α 把 t 时刻的产出水平折算成 0 时刻的产出水平可以从下式得到：

$$u_{\tau\alpha 0}(t) = \frac{u_{\tau\alpha}(t)}{\rho(t)}$$

τ 国代表性厂商 α 把考察期 $[0,T]$ 产出水平折算成 0 时刻的值为：

$$u_{\tau\alpha 0}(T) = \int_{t=0}^{T} u_{\tau\alpha 0}(t)dt = \int_{t=0}^{T} \left[\frac{u_{\tau\alpha}(t)}{\rho(t)}\right]dt$$

第三节 厂商跨国贸易与投资活动中的收益计算与货币选择

τ 国代表性厂商 α 在进行跨国贸易与投资活动时，在选择投资结算货币与贸易计价货币时必然以追求最大化收益为目标，如果使用本币进行投资结算与贸易计价获得的收益高于选择外币进行投资结算与贸易计价获得的收益，则代表性厂商具有选择本币的内在激励，反之则具有选择外币的激励。

现假定 t 时刻代表性厂商单位标准产出的黄金价格为 $g(t)$，投资母国或者产品出口国货币、投资东道国或者产品进口国货币、第三方货币和黄金分别用 m_τ、m_τ'、m_τ'' 和 m_g 表示，τ'' 表示投资母国或者产品出口国、投资东道国或者产品进口国、产品出口国、产品进口国以外的第三国，则 t 时刻 τ 国代表性厂商 α 在 τ' 投资的结算货币选择中的货币排序如表 3-1 所示。

表3-1　基于收益计算的 t 时刻 r 国代表性厂商 α 跨国投资结算货币选择顺序

编号	条件	货币选择顺序
1	$[r_{\tau\alpha}(t) - \pi_{\tau\alpha}(t)]p_{\tau\alpha}(t) > \varepsilon_{\tau'\alpha}(t)[r_{\tau'\alpha}(t) - \pi_{\tau'\alpha}(t)]p_{\tau'\alpha}(t) > \varepsilon_{\tau''\alpha}(t)[r_{\tau''\alpha}(t) - \pi_{\tau''\alpha}(t)]p_{\tau''\alpha}(t) > g(t) \Leftrightarrow \frac{r_{\tau\alpha}(t) - \pi_{\tau\alpha}(t)}{r_{\tau'\alpha}(t) - \pi_{\tau'\alpha}(t)} \cdot \frac{p_{\tau\alpha}(t)}{p_{\tau'\alpha}(t)} > \varepsilon_{\tau'\alpha}(t) > \frac{r_{\tau''\alpha}(t) - \pi_{\tau''\alpha}(t)}{r_{\tau'\alpha}(t) - \pi_{\tau'\alpha}(t)} \cdot \frac{p_{\tau''\alpha}(t)}{p_{\tau'\alpha}(t)} > \frac{g(t)}{[r_{\tau'\alpha}(t) - \pi_{\tau'\alpha}(t)]p_{\tau'\alpha}(t)}$	$m_\tau > m_\tau' > m_\tau'' > m_g$
2	$\varepsilon_{\tau'\alpha}(t)[r_{\tau'\alpha}(t) - \pi_{\tau'\alpha}(t)]p_{\tau'\alpha}(t) > \varepsilon_{\tau''\alpha}(t)[r_{\tau''\alpha}(t) - \pi_{\tau''\alpha}(t)]p_{\tau''\alpha}(t) > g(t) > [r_{\tau\alpha}(t) - \pi_{\tau\alpha}(t)]p_{\tau\alpha}(t) \Leftrightarrow \varepsilon_{\tau'\alpha}(t) > \frac{r_{\tau''\alpha}(t) - \pi_{\tau''\alpha}(t)}{r_{\tau'\alpha}(t) - \pi_{\tau'\alpha}(t)} \cdot \frac{p_{\tau''\alpha}(t)}{p_{\tau'\alpha}(t)} > \frac{g(t)}{[r_{\tau'\alpha}(t) - \pi_{\tau'\alpha}(t)]p_{\tau'\alpha}(t)} > \frac{r_{\tau\alpha}(t) - \pi_{\tau\alpha}(t)}{r_{\tau'\alpha}(t) - \pi_{\tau'\alpha}(t)} \cdot \frac{p_{\tau\alpha}(t)}{p_{\tau'\alpha}(t)}$	$m_\tau' > m_\tau'' > m_g > m_\tau$
3	$\varepsilon_{\tau''\alpha}(t)[r_{\tau''\alpha}(t) - \pi_{\tau''\alpha}(t)]p_{\tau''\alpha}(t) > g(t) > [r_{\tau\alpha}(t) - \pi_{\tau\alpha}(t)]p_{\tau\alpha}(t) > \varepsilon_{\tau'\alpha}(t)[r_{\tau'\alpha}(t) - \pi_{\tau'\alpha}(t)]p_{\tau'\alpha}(t) \Leftrightarrow \frac{r_{\tau''\alpha}(t) - \pi_{\tau''\alpha}(t)}{r_{\tau'\alpha}(t) - \pi_{\tau'\alpha}(t)} \cdot \frac{p_{\tau''\alpha}(t)}{p_{\tau'\alpha}(t)} > \frac{g(t)}{[r_{\tau'\alpha}(t) - \pi_{\tau'\alpha}(t)]p_{\tau'\alpha}(t)} > \frac{r_{\tau\alpha}(t) - \pi_{\tau\alpha}(t)}{r_{\tau'\alpha}(t) - \pi_{\tau'\alpha}(t)} \cdot \frac{p_{\tau\alpha}(t)}{p_{\tau'\alpha}(t)} > \varepsilon_{\tau'\alpha}(t)$	$m_\tau'' > m_g > m_\tau > m_\tau'$
4	$\varepsilon_{\tau''\alpha}(t)[r_{\tau''\alpha}(t) - \pi_{\tau''\alpha}(t)]p_{\tau''\alpha}(t) > g(t) > [r_{\tau\alpha}(t) - \pi_{\tau\alpha}(t)]p_{\tau\alpha}(t) > \varepsilon_{\tau'\alpha}(t)[r_{\tau'\alpha}(t) - \pi_{\tau'\alpha}(t)]p_{\tau'\alpha}(t) \Leftrightarrow \frac{r_{\tau''\alpha}(t) - \pi_{\tau''\alpha}(t)}{r_{\tau'\alpha}(t) - \pi_{\tau'\alpha}(t)} \cdot \frac{p_{\tau''\alpha}(t)}{p_{\tau'\alpha}(t)} > \frac{g(t)}{[r_{\tau'\alpha}(t) - \pi_{\tau'\alpha}(t)]p_{\tau'\alpha}(t)} > \frac{r_{\tau\alpha}(t) - \pi_{\tau\alpha}(t)}{r_{\tau'\alpha}(t) - \pi_{\tau'\alpha}(t)} \cdot \frac{p_{\tau\alpha}(t)}{p_{\tau'\alpha}(t)} > \varepsilon_{\tau'\alpha}(t)$	$m_\tau'' > m_g > m_\tau > m_\tau'$
5	$[r_{\tau\alpha}(t) - \pi_{\tau\alpha}(t)]p_{\tau\alpha}(t) = \varepsilon_{\tau'\alpha}(t)[r_{\tau'\alpha}(t) - \pi_{\tau'\alpha}(t)]p_{\tau'\alpha}(t) = \varepsilon_{\tau''\alpha}(t)[r_{\tau''\alpha}(t) - \pi_{\tau''\alpha}(t)]p_{\tau''\alpha}(t) = g(t) \Leftrightarrow \frac{r_{\tau\alpha}(t) - \pi_{\tau\alpha}(t)}{r_{\tau'\alpha}(t) - \pi_{\tau'\alpha}(t)} \cdot \frac{p_{\tau\alpha}(t)}{p_{\tau'\alpha}(t)} = \varepsilon_{\tau'\alpha}(t) = \frac{r_{\tau''\alpha}(t) - \pi_{\tau''\alpha}(t)}{r_{\tau'\alpha}(t) - \pi_{\tau'\alpha}(t)} \cdot \frac{p_{\tau''\alpha}(t)}{p_{\tau'\alpha}(t)} = \frac{g(t)}{[r_{\tau'\alpha}(t) - \pi_{\tau'\alpha}(t)]p_{\tau'\alpha}(t)}$	$m_\tau \sim m_\tau' \sim m_\tau'' \sim m_g$

在表3-2中，τ国代表性厂商α在跨国投资活动中，在不考虑其他因素的情况下，其在投资结算货币选择时以追求自身收益最大化为目标，会对可选择的各种货币进行收益估算与排序，会优先选择排序靠前的货币作为投资结算货币。当然，最终的货币选择还必须考虑货币的网络外部效

应、国际货币体系、国际投资关系、国际政治与安全环境。在 t 时刻，τ 国代表性厂商 α 在从事出口贸易活动时，其贸易计价与结算货币选择中的货币排序如表 3-2 所示。

表 3-2　基于收益计算的 t 时刻 τ 国代表性厂商出口贸易活动中计价货币选择顺序

编号	条件	货币选择顺序
1	$[r_{\tau\alpha}(t) - \pi_{\tau\alpha}(t)]p_{\tau\alpha}(t) > \varepsilon_{\tau\tau'}(t)[r_{\tau\tau'\alpha}(t) - \pi_{\tau\tau'\alpha}(t)]p_{\tau\tau'\alpha}(t) > \varepsilon_{\tau''\alpha}(t)[r_{\tau''\alpha}(t) - \pi_{\tau''\alpha}(t)]p_{\tau''\alpha}(t) > g(t) \Leftrightarrow \frac{r_{\tau\alpha}(t) - \pi_{\tau\alpha}(t)}{r_{\tau\tau'\alpha}(t) - \pi_{\tau\tau'\alpha}(t)} \cdot \frac{p_{\tau\alpha}(t)}{p_{\tau\tau'\alpha}(t)} > \varepsilon_{\tau\tau'\alpha}(t) > \frac{r_{\tau''\alpha}(t) - \pi_{\tau''\alpha}(t)}{r_{\tau\tau'\alpha}(t) - \pi_{\tau\tau'\alpha}(t)} \cdot \frac{p_{\tau''\alpha}(t)}{p_{\tau\tau'\alpha}(t)} > \frac{g(t)}{[r_{\tau\tau'\alpha}(t) - \pi_{\tau\tau'\alpha}(t)]p_{\tau\tau'\alpha}(t)}$	$m_\tau > m_\tau' > m_\tau'' > m_g$
2	$\varepsilon_{\tau\tau'\alpha}(t)[r_{\tau\tau'\alpha}(t) - \pi_{\tau\tau'\alpha}(t)]p_{\tau\tau'\alpha}(t) > \varepsilon_{\tau''\alpha}(t)[r_{\tau''\alpha}(t) - \pi_{\tau''\alpha}(t)]p_{\tau''\alpha}(t) > g(t) > [r_{\tau\alpha}(t) - \pi_{\tau\alpha}(t)]p_{\tau\alpha}(t) \Leftrightarrow \varepsilon_{\tau\tau'\alpha}(t) > \frac{r_{\tau''\alpha}(t) - \pi_{\tau''\alpha}(t)}{r_{\tau\tau'\alpha}(t) - \pi_{\tau\tau'\alpha}(t)} \cdot \frac{p_{\tau''\alpha}(t)}{p_{\tau\tau'\alpha}(t)} > \frac{g(t)}{[r_{\tau\tau'\alpha}(t) - \pi_{\tau\tau'\alpha}(t)]p_{\tau\tau'\alpha}(t)} > \frac{r_{\tau\alpha}(t) - \pi_{\tau\alpha}(t)}{r_{\tau\tau'\alpha}(t) - \pi_{\tau\tau'\alpha}(t)} \cdot \frac{p_{\tau\alpha}(t)}{p_{\tau\tau'\alpha}(t)}$	$m_\tau' > m_\tau'' > m_g > m_\tau$
3	$\varepsilon_{\tau''\alpha}(t)[r_{\tau''\alpha}(t) - \pi_{\tau''\alpha}(t)]p_{\tau''\alpha}(t) > g(t) > [r_{\tau\alpha}(t) - \pi_{\tau\alpha}(t)]p_{\tau\alpha}(t) > \varepsilon_{\tau\tau'\alpha}(t)[r_{\tau\tau'\alpha}(t) - \pi_{\tau\tau'\alpha}(t)]p_{\tau\tau'\alpha}(t) \Leftrightarrow \frac{r_{\tau''\alpha}(t) - \pi_{\tau''\alpha}(t)}{r_{\tau\tau'\alpha}(t) - \pi_{\tau\tau'\alpha}(t)} \cdot \frac{p_{\tau''\alpha}(t)}{p_{\tau\tau'\alpha}(t)} > \frac{g(t)}{[r_{\tau\tau'\alpha}(t) - \pi_{\tau\tau'\alpha}(t)]p_{\tau\tau'\alpha}(t)} > \frac{r_{\tau\alpha}(t) - \pi_{\tau\alpha}(t)}{r_{\tau\tau'\alpha}(t) - \pi_{\tau\tau'\alpha}(t)} \cdot \frac{p_{\tau\alpha}(t)}{p_{\tau\tau'\alpha}(t)} > \varepsilon_{\tau\tau'\alpha}(t)$	$m_\tau'' > m_g > m_\tau > m_\tau'$
4	$g(t) > [r_{\tau\alpha}(t) - \pi_{\tau\alpha}(t)]p_{\tau\alpha}(t) > \varepsilon_{\tau\tau'\alpha}(t)[r_{\tau\tau'\alpha}(t) - \pi_{\tau\tau'\alpha}(t)]p_{\tau\tau'\alpha}(t) > \varepsilon_{\tau''\alpha}(t)[r_{\tau''\alpha}(t) - \pi_{\tau''\alpha}(t)]p_{\tau''\alpha}(t) \Leftrightarrow \frac{g(t)}{[r_{\tau\tau'\alpha}(t) - \pi_{\tau\tau'\alpha}(t)]p_{\tau\tau'\alpha}(t)} > \frac{r_{\tau\alpha}(t) - \pi_{\tau\alpha}(t)}{r_{\tau\tau'\alpha}(t) - \pi_{\tau\tau'\alpha}(t)} \cdot \frac{p_{\tau\alpha}(t)}{p_{\tau\tau'\alpha}(t)} > \varepsilon_{\tau\tau'\alpha}(t) > \frac{r_{\tau''\alpha}(t) - \pi_{\tau''\alpha}(t)}{r_{\tau\tau'\alpha}(t) - \pi_{\tau\tau'\alpha}(t)} \cdot \frac{p_{\tau''\alpha}(t)}{p_{\tau\tau'\alpha}(t)}$	$m_\tau'' > m_g > m_\tau > m_\tau'$
5	$[r_{\tau\alpha}(t) - \pi_{\tau\alpha}(t)]p_{\tau\alpha}(t) = \varepsilon_{\tau\tau'\alpha}(t)[r_{\tau\tau'\alpha}(t) - \pi_{\tau\tau'\alpha}(t)]p_{\tau\tau'\alpha}(t) = \varepsilon_{\tau''\alpha}(t)[r_{\tau''\alpha}(t) - \pi_{\tau''\alpha}(t)]p_{\tau''\alpha}(t) = g(t) \Leftrightarrow \frac{r_{\tau\alpha}(t) - \pi_{\tau\alpha}(t)}{r_{\tau\tau'\alpha}(t) - \pi_{\tau\tau'\alpha}(t)} \cdot \frac{p_{\tau\alpha}(t)}{p_{\tau\tau'\alpha}(t)} = \varepsilon_{\tau\tau'\alpha}(t) = \frac{r_{\tau''\alpha}(t) - \pi_{\tau''\alpha}(t)}{r_{\tau\tau'\alpha}(t) - \pi_{\tau\tau'\alpha}(t)} \cdot \frac{p_{\tau''\alpha}(t)}{p_{\tau\tau'\alpha}(t)} = \frac{g(t)}{[r_{\tau\tau'\alpha}(t) - \pi_{\tau\tau'\alpha}(t)]p_{\tau\tau'\alpha}(t)}$	$m_\tau \sim m_\tau' \sim m_\tau'' \sim m_g$

在表 3-2 中，τ 国代表性厂商 α 在出口贸易活动中，在不考虑其他因素的情况下，其在出口产品贸易计价与结算货币选择时仍然以追求自身收益最大化为目标，会对可选择的各种贸易计价及结算货币进行收益估算与排序，会优先选择排序靠前的货币作为贸易计价与结算货币。同样，出口贸易计价与结算的最终的货币选择还必须考虑国际贸易条件、国际贸易关系及国际货币体系等因素。当然，τ 国代表性厂商 α 在进行进口贸易活动时的货币选择顺序正好与进行出口贸易活动时的货币选择顺序相反（如表 3-3 所示）。

表 3-3　基于收益计算的 t 时刻 τ 国代表性厂商进口贸易活动中计价货币选择顺序

编号	条件	货币选择顺序
1	$[r_{\tau\alpha}(t) - \pi_{\tau\alpha}(t)]p_{\tau\alpha}(t) > \bar{\varepsilon}_{\tau\tau'\alpha}(t)[\bar{r}_{\tau\tau'\alpha}(t) - \bar{\pi}_{\tau\tau'\alpha}(t)]\bar{p}_{\tau\tau'\alpha}(t) > \varepsilon_{\tau''\alpha}(t)[r_{\tau''\alpha}(t) - \pi_{\tau''\alpha}(t)]p_{\tau''\alpha}(t) > g(t) \Leftrightarrow \frac{r_{\tau\alpha}(t) - \pi_{\tau\alpha}(t)}{r_{\tau\tau'\alpha}(t) - \pi_{\tau\tau'\alpha}(t)} \cdot \frac{p_{\tau\alpha}(t)}{p_{\tau\tau'\alpha}(t)} > \varepsilon_{\tau\tau'\alpha}(t) > \frac{r_{\tau''\alpha}(t) - \pi_{\tau''\alpha}(t)}{r_{\tau\tau'\alpha}(t) - \pi_{\tau\tau'\alpha}(t)} \cdot \frac{p_{\tau''\alpha}(t)}{p_{\tau\tau'\alpha}(t)} > \frac{g(t)}{[r_{\tau\tau'\alpha}(t) - \pi_{\tau\tau'\alpha}(t)]p_{\tau\tau'\alpha}(t)}$	$m_\tau < m_\tau' < m_\tau'' < m_g$
2	$\bar{\varepsilon}_{\tau\tau'\alpha}(t)[\bar{r}_{\tau\tau'\alpha}(t) - \bar{\pi}_{\tau\tau'\alpha}(t)]\bar{p}_{\tau\tau'\alpha}(t) > \varepsilon_{\tau''\alpha}(t)[r_{\tau''\alpha}(t) - \pi_{\tau''\alpha}(t)]p_{\tau''\alpha}(t) > g(t) > [r_{\tau\alpha}(t) - \pi_{\tau\alpha}(t)]p_{\tau\alpha}(t) \Leftrightarrow \varepsilon_{\tau\tau'\alpha}(t) > \frac{r_{\tau''\alpha}(t) - \pi_{\tau''\alpha}(t)}{r_{\tau\tau'\alpha}(t) - \pi_{\tau\tau'\alpha}(t)} \cdot \frac{p_{\tau''\alpha}(t)}{p_{\tau\tau'\alpha}(t)} > \frac{g(t)}{[r_{\tau\tau'\alpha}(t) - \pi_{\tau\tau'\alpha}(t)]p_{\tau\tau'\alpha}(t)} > \frac{r_{\tau\alpha}(t) - \pi_{\tau\alpha}(t)}{r_{\tau\tau'\alpha}(t) - \pi_{\tau\tau'\alpha}(t)} \cdot \frac{p_{\tau\alpha}(t)}{p_{\tau\tau'\alpha}(t)}$	$m_\tau' < m_\tau'' < m_g < m_\tau$
3	$\varepsilon_{\tau''\alpha}(t)[r_{\tau''\alpha}(t) - \pi_{\tau''\alpha}(t)]p_{\tau''\alpha}(t) > g(t) > [r_{\tau\alpha}(t) - \pi_{\tau\alpha}(t)]p_{\tau\alpha}(t) > \bar{\varepsilon}_{\tau\tau'\alpha}(t)[\bar{r}_{\tau\tau'\alpha}(t) - \bar{\pi}_{\tau\tau'\alpha}(t)]\bar{p}_{\tau\tau'\alpha}(t) \Leftrightarrow \frac{r_{\tau''\alpha}(t) - \pi_{\tau''\alpha}(t)}{r_{\tau\tau'\alpha}(t) - \pi_{\tau\tau'\alpha}(t)} \cdot \frac{p_{\tau''\alpha}(t)}{p_{\tau\tau'\alpha}(t)} > \frac{g(t)}{[r_{\tau\tau'\alpha}(t) - \pi_{\tau\tau'\alpha}(t)]p_{\tau\tau'\alpha}(t)} > \frac{r_{\tau\alpha}(t) - \pi_{\tau\alpha}(t)}{r_{\tau\tau'\alpha}(t) - \pi_{\tau\tau'\alpha}(t)} \cdot \frac{p_{\tau\alpha}(t)}{p_{\tau\tau'\alpha}(t)} > \varepsilon_{\tau\tau'\alpha}(t)$	$m_\tau'' < m_g < m_\tau < m_\tau'$

续表

编号	条件	货币选择顺序
4	$g(t) > [r_{\tau\alpha}(t) - \pi_{\tau\alpha}(t)]p_{\tau\alpha}(t) > \bar{\varepsilon}_{\tau\tau'\alpha}(t)[\bar{r}_{\tau\tau'\alpha}(t) - \bar{\pi}_{\tau\tau'\alpha}(t)]\bar{p}_{\tau\tau'\alpha}(t)$ $> \varepsilon_{\tau\tau''\alpha}(t)[r_{\tau\tau''\alpha}(t) - \pi_{\tau\tau''\alpha}(t)]p_{\tau\tau''\alpha}(t) \Leftrightarrow \dfrac{g(t)}{[r_{\tau\tau'\alpha}(t) - \pi_{\tau\tau'\alpha}(t)]\bar{p}_{\tau\tau'\alpha}(t)} >$ $\dfrac{r_{\tau\alpha}(t) - \pi_{\tau\alpha}(t)}{r_{\tau\tau'\alpha}(t) - \pi_{\tau\tau'\alpha}(t)} \cdot \dfrac{p_{\tau\alpha}(t)}{\bar{p}_{\tau\tau'\alpha}(t)} >$ $\bar{\varepsilon}_{\tau\tau'\alpha}(t) > \dfrac{r_{\tau\tau''\alpha}(t) - \pi_{\tau\tau''\alpha}(t)}{r_{\tau\tau'\alpha}(t) - \pi_{\tau\tau'\alpha}(t)} \cdot \dfrac{p_{\tau\tau''\alpha}(t)}{\bar{p}_{\tau\tau'\alpha}(t)}$	$m_{\tau}'' < m_g < m_\tau$ $< m_\tau'$
5	$[r_{\tau\alpha}(t) - \pi_{\tau\alpha}(t)]p_{\tau\alpha}(t) = \bar{\varepsilon}_{\tau\tau'\alpha}(t)[\bar{r}_{\tau\tau'\alpha}(t) - \bar{\pi}_{\tau\tau'\alpha}(t)]\bar{p}_{\tau\tau'\alpha}(t) =$ $\varepsilon_{\tau\tau''\alpha}(t)[r_{\tau\tau''\alpha}(t) - \pi_{\tau\tau''\alpha}(t)]p_{\tau\tau''\alpha}(t) = g(t) \Leftrightarrow \dfrac{r_{\tau\alpha}(t) - \pi_{\tau\alpha}(t)}{r_{\tau\tau'\alpha}(t) - \pi_{\tau\tau'\alpha}(t)} \cdot$ $\dfrac{p_{\tau\alpha}(t)}{\bar{p}_{\tau\tau'\alpha}(t)} = \bar{\varepsilon}_{\tau\tau'\alpha}(t) = \dfrac{r_{\tau\tau''\alpha}(t) - \pi_{\tau\tau''\alpha}(t)}{r_{\tau\tau'\alpha}(t) - \pi_{\tau\tau'\alpha}(t)} \cdot$ $\dfrac{p_{\tau\tau''\alpha}(t)}{\bar{p}_{\tau\tau'\alpha}(t)} = \dfrac{g(t)}{[r_{\tau\tau'\alpha}(t) - \pi_{\tau\tau'\alpha}(t)]\bar{p}_{\tau\tau'\alpha}(t)}$	$m_\tau \sim m_\tau' \sim m_\tau''$ $\sim m_g$

在表3-3中，τ国代表性厂商α在进口贸易活动中，在不考虑其他因素的情况下，其在进口产品贸易计价与结算货币选择时仍然以追求自身收益最大化为目标，同样会对可选择的各种贸易计价及结算货币进行收益估算与排序，会优先选择排序靠前的货币作为贸易计价与结算货币。毫无疑问，进口贸易计价与结算最终的货币选择也必须考虑国际贸易条件、国际贸易关系及国际货币体系等因素。

第四节 厂商跨国经济活动中的货币选择

从前面的分析可以看出，理性厂商从事跨国贸易与投资活动时，选择何种货币作为贸易计价、投资结算工具的一个重要出发点在于获得最大化的经济利益，厂商在进行贸易与投资决策时会对各种可能的货币工具可能带来的收益进行估算、比较与排序，在综合其他因素的情况下做出货币选择决策，而贸易商品与投资行业的市场结构则是最为重要的影响因素。对于代表性国家τ的代表性厂商α而言，其跨国经济活动必然会受到国际货币体系的影响，其行为也必然对相关国家货币的国际化产生影响，如果其只在本国进行经济活动，则其行为对相关国家货币国际化的直接影响受到限制，国际货币体系对其行为的影响也相对较为有限。现分析开放条件下，代表性国家 τ 的代表性厂商 α 从事跨国经济活动特别是跨国贸易活动、跨国投资活动对国际货币及相关国家货币国际化的影响效应，主要分析该厂商从事出口贸易与进口贸易计价货币选择的影响因素与影响效应。如表 3-4 所示：

表 3-4　　基于市场结构与货币体系的 τ 国代表性厂商 α 跨国经济活动的市场结构与货币选择

贸易类型	市场结构	α 的贸易与投资货币选择	国际货币与货币国际化影响	国际货币体系影响
出口贸易	完全竞争市场	贸易货币出口方接受者	微观共同接受者	体系接受者
	垄断竞争市场	贸易货币出口方准接受者	微观准共同接受者	体系接受者
	寡头垄断市场	贸易货币出口方寡头选择者	出口行业寡头影响者	出口行业影响者
	完全垄断市场	贸易货币出口方垄断决定者	出口行业垄断影响者	出口行业影响者
进口贸易	完全竞争市场	贸易货币进口方接受者	微观共同接受者	体系接受者
	垄断竞争市场	贸易货币进口方准接受者	微观准共同接受者	体系接受者
	寡头垄断市场	贸易货币进口方寡头选择者	进口行业寡头影响者	进口行业影响者
	完全垄断市场	贸易货币进口方垄断决定者	进口行业垄断影响者	进口行业影响者
跨国投资	完全竞争市场	投资货币接受者	微观共同接受者	体系接受者
	垄断竞争市场	投资货币准接受者	微观准共同接受者	体系接受者
	寡头垄断市场	投资货币寡头选择者	跨国投资寡头影响者	投资行业影响者
	完全垄断市场	投资货币垄断决定者	跨国投资垄断影响者	投资行业影响者

从上表可以看出，从事跨国经济活动的厂商在贸易货币与投资货币选择时，受到市场结构的影响，在不同的贸易市场结构与投资市场结构中，代表性厂商在贸易货币与投资货币选择中的地位不同，对国际货币体系的影响也显示出显著差异性。

除了市场因素以外，货币的网络外部性（currency network externalities，CNE）也是厂商跨国贸易与投资活动中的货币选择的重要影响因素。网络外部性涉及国际政治经济秩序和国际关系的多个方面，是多种复杂因素共同作用的结果。本文中的国际货币的网络外部性是指因为货币交易历史惯性、货币交易市场规模扩大与交易网络扩展引起的货币交易成本递减、货币收益递增而在国际社会吸引更多货币交易者使用该国际货币的现象。一种货币在国际社会的网络外部性可以用五个指标衡量：

其一，该货币作为国际货币特别是国际关键货币的持续时间，也就是该货币的历史惯性与历史影响，一国货币持续作为国际主要交易货币的历史越长则该国发行货币的网络外部性也越显著。

其二，货币发行国的经济规模，也就是该货币依托的经济产出大小及其变化，一国经济规模越大、国内生产总值越高则该国货币作为国际货币的网络外部性也越显著。

其三，该货币发行国的对外贸易规模，一国进出口贸易规模越大则该国发行货币的网络外部性也越显著，如果国际社会对该国商品与服务需要越大，则该国发行的货币的网络外部性也越显著。

其四，货币发行国货币政策与汇率政策的稳定性与可预测性，一国宏观货币政策与汇率政策越稳定、可预测程度越高则该国发行的货币在国际社会的网络外部性也越显著。

其五，货币发行国政府信用，一国政府货币承兑能力越强、政府信用越高、政府信用记录越完善则该国发行的货币的网络外部性越显著。

τ 国代表性厂商 α 在从事跨国经济活动时受国际货币网络外部性的影响，在不考虑其他影响因素的情况下，网络外部性越显著的货币越容易被厂商选择作为计价、结算与价值储存工具。事实上，可以根据货币职能类型及差异对网络外部性的类型与表现进行分析。现假定 τ 国代表性厂商 α 从事跨国经济活动时选择的任意其他国家 τ' 国发行的货币作为国际货币，t 时刻 τ' 国发行货币在国际社会作为国际货币给 τ 国代表性厂商 α 带来的

网络外部性收益为 $u_{\alpha m_{\tau'}}(t)$，则可以得到下式：

$$u_{\alpha m_{\tau'}}(t) = f[\theta_{\tau'y}(t), \theta_{\tau'wy}(t), \theta_{\tau'wk}(t), y_{\alpha w}(t), \dot{\varepsilon}_\tau{}'(t), r_\tau{}'(t),$$
$$\pi_\tau{}'(t), ra_\tau{}'(t), tax_\tau{}'(t), nx_\tau{}'(t), \overleftrightarrow{t}_\tau{}', \zeta_\tau{}'(t)]$$

在上式中，$\theta_{\tau'y}(t)$，$\theta_{\tau'wy}(t)$ 和 $\theta_{\tau'wk}(t)$ 分别表示 t 时刻 τ 国的总产出水平占全球总产出水平的比重、τ' 国进出口贸易总额占全球进出口贸易总额的比重和 τ' 国对外投资额占全球对外投资总额的比重，$\dot{\varepsilon}_\tau{}'(t)$ 表示 τ' 国汇率的波动率，$nx_\tau{}'(t)$ 表示 τ' 国的净出口额（net export，正值为贸易顺差，负值为贸易逆差），$\overleftrightarrow{t}_\tau{}'$ 表示 τ' 国发行国际货币的持续时间长度：

$$\theta_{\tau'y}(t) = \frac{t\text{ 时刻 }\tau'\text{ 国总产出水平}}{t\text{ 时刻全球总产出水平}} = \frac{y_\tau{}'(t)}{y_w(t)},$$

$$\theta_{\tau'wy}(t) = \frac{t\text{ 时刻 }\tau'\text{ 国出口贸易量} + t\text{ 时刻 }\tau'\text{ 国进口贸易量}}{t\text{ 时刻全球出口贸易量} + t\text{ 时刻全球进口贸易量}}$$
$$= \frac{y_{\tau'w}(t) + \bar{y}_{\tau'w}(t)}{y_{ww}(t) + \bar{y}_{ww}(t)}$$

$$\theta_{\tau'wk}(t) = \frac{t\text{ 时刻 }\tau'\text{ 国对外投资总额}}{t\text{ 时刻全球对外投资总额}} = \frac{k_\tau{}'(t)}{k_w(t)}$$

$$\dot{\varepsilon}_\tau{}'(t) = \frac{d\varepsilon_\tau{}'(t)}{dt}$$

$$nx_\tau{}'(t) = t\text{ 时刻 }\tau'\text{ 国出口贸易量} - t\text{ 时刻 }\tau'\text{ 国进口贸易量}$$
$$= y_{\tau'w}(t) - \bar{y}_{\tau'w}(t)$$

$\overleftrightarrow{t}_\tau{}'$ = 当前时刻 - τ' 国持续发行国际货币初始时刻 = $t - t_{\tau'0}$，同时，$y_{\alpha w}(t)$ 表示 t 时刻 τ 国代表性厂商 α 跨国经济活动的总交易规模，$r_\tau{}'(t)$ 和 $\pi_\tau{}'(t)$ 分别表示 t 时刻 τ' 国的平均利率水平和通货膨胀率，$ra_\tau{}'(t)$ 表示 τ' 国储备资产规模，$tax_\tau{}'(t)$ 表示 t 时刻 τ' 国的政府税收规模，$\zeta_\tau{}'(t)$ 表示 t 时刻影响 τ' 国货币网络外部性的其他因素。国际货币网络外部性给跨国经济活动厂商带来的收益随着货币发行国经济规模占全球经济规模的比重上升而增加，随着货币发行国进出口贸易额占全球进出口贸易总额的上升而增加，随着货币发行国对外投资额占全球对外投资总额比重的上升而增加，则有如下式子：

第三章 货币国际化与世界化的微观基础:厂商行为及货币选择

$$\frac{\partial u_{\alpha m_{\tau}'}(t)}{\partial \theta_{\tau'y}(t)} = \frac{\partial f[\theta_{\tau'y}(t), \theta_{\tau'wy}(t), \theta_{\tau'wk}(t), y_{\alpha w}(t), \varepsilon_{\tau}'(t), r_{\tau}'(t), \pi_{\tau}'(t), tax_{\tau}'(t), nx_{\tau}'(t), \overleftrightarrow{t_{\tau}}', \zeta_{\tau}'(t)]}{\partial \theta_{\tau'y}(t)}$$

$$= \frac{\partial f(\cdot)}{\partial \theta_{\tau'y}(t)} \geq 0$$

$$\frac{\partial u_{\alpha m_{\tau}'}(t)}{\partial \theta_{\tau'wy}(t)} = \frac{\partial f[\theta_{\tau'y}(t), \theta_{\tau'wy}(t), \theta_{\tau'wk}(t), y_{\alpha w}(t), \varepsilon_{\tau}'(t), r_{\tau}'(t), \pi_{\tau}'(t), tax_{\tau}'(t), nx_{\tau}'(t), \overleftrightarrow{t_{\tau}}', \zeta_{\tau}'(t)]}{\partial \theta_{\tau'wy}(t)}$$

$$= \frac{\partial f(\cdot)}{\partial \theta_{\tau'wy}(t)} \geq 0$$

$$\frac{\partial u_{\alpha m_{\tau}'}(t)}{\partial \theta_{\tau'wk}(t)} = \frac{\partial f[\theta_{\tau'y}(t), \theta_{\tau'wy}(t), \theta_{\tau'wk}(t), y_{\alpha w}(t), \varepsilon_{\tau}'(t), r_{\tau}'(t), \pi_{\tau}'(t), tax_{\tau}'(t), nx_{\tau}'(t), \overleftrightarrow{t_{\tau}}', \zeta_{\tau}'(t)]}{\partial \theta_{\tau'wk}(t)}$$

$$= \frac{\partial f(\cdot)}{\partial \theta_{\tau'wk}(t)} \geq 0$$

当然,国际货币发行国经济规模、贸易规模与投资规模增减变动对厂商外币交易活动的收益的影响具有滞后效应,这本身就是导致国际货币使用网络外部性的原因,有下面式子成立:

$$\frac{\partial^2 u_{\alpha m_{\tau}'}(t)}{\partial \theta_{\tau'y}(t)^2} = \frac{\partial^2 f(\cdot)}{\partial \theta_{\tau'y}(t)^2} < 0,$$

$$\frac{\partial^2 u_{\alpha m_{\tau}'}(t)}{\partial \theta_{\tau'wy}(t)^2} = \frac{\partial^2 f(\cdot)}{\partial \theta_{\tau'wy}(t)^2} < 0,$$

$$\frac{\partial^2 u_{\alpha m_{\tau}'}(t)}{\partial \theta_{\tau'wk}(t)^2} = \frac{\partial^2 f(\cdot)}{\partial \theta_{\tau'wk}(t)^2} < 0$$

同样,净出口贸易额为正数是表明该国存在贸易顺差,如果为负数则表明该国存在贸易逆差,t 时刻 τ 国代表性厂商 α 跨国经济活动的总交易规模 $y_{\alpha w}(t)$ 越大则使用 τ' 发行货币获得的网络外部收益也越大,$r_{\tau}'(t)$、$ra_{\tau}'(t)$、$tax_{\tau}'(t)$、$nx_{\tau}'(t)$、$\overleftrightarrow{t_{\tau}}'$ 与 τ' 国发行国际货币的网络外部收益正相关,可以得到如下式子:

$$\frac{\partial u_{\alpha m_{\tau}'}(t)}{\partial y_{\alpha w}(t)} = \frac{\partial f(\cdot)}{\partial y_{\alpha w}(t)} \geq 0; \frac{\partial u_{\alpha m_{\tau}'}(t)}{\partial r_{\tau}'(t)} = \frac{\partial f(\cdot)}{\partial r_{\tau}'(t)} \geq 0;$$

$$\frac{\partial u_{\alpha m_{\tau}'}(t)}{\partial tax_{\tau}'(t)} = \frac{\partial f(\cdot)}{\partial tax_{\tau}'(t)} \geq 0; \frac{\partial u_{\alpha m_{\tau}'}(t)}{\partial nx_{\tau}'(t)} = \frac{\partial f(\cdot)}{\partial nx_{\tau}'(t)} \geq 0;$$

$$\frac{\partial u_{\alpha m_\tau}(t)}{\partial \overset{\leftrightarrow}{t}} = \frac{\partial f(\cdot)}{\partial \overset{\leftrightarrow}{t}} \geqslant 0$$

一国货币汇率的波动性越大、通货膨胀率越高,则该国货币的负网络外部性越显著,导致使用该国货币进行跨国经济活动的厂商的网络外部收益正收益递减或者说负收益递增,可以得到如下式子:

$$\frac{\partial u_{\alpha m_\tau'}(t)}{\partial \varepsilon_\tau'(t)} = \frac{\partial f(\cdot)}{\partial \varepsilon_\tau'(t)} < 0; \frac{\partial u_{\alpha m_\tau'}(t)}{\partial \pi_\tau'(t)} = \frac{\partial f(\cdot)}{\partial \pi_\tau'(t)} < 0$$

事实上,一国经济规模、贸易规模、投资规模和本币持续作为国际货币的历史时间是该货币网络外部性的关键变量,经济大国、贸易大国、金融大国和长期持续发展大国发行的货币的网络外部性最为显著,一国货币作为国际货币的网络外部效应会随着该国经济规模、贸易规模、投资规模的变化而变化,但这种变化具有时滞效应和历史惯性。τ 国代表性厂商 α 在从事跨国经济活动时,基于货币在国际社会的网络外部性选择贸易与投资的计价与结算货币,本国货币、贸易与投资对象国货币、第三方货币和以黄金为代表的贵金属货币都可以进行选择,同样也可以根据如上式子对这些货币的网络外部性收益进行估算和比较。假定本国、跨国经济活动对象国、第三国的货币与以黄金为代表的贵金属货币分别为 m_τ、m_τ'、m_τ'' 和 m_g,对 τ 国的代表性厂商 α 而言,本国、跨国经济活动对象国、第三国的货币的网络外部性收益分别为:

$$u_{\alpha m_\tau}(t) = f[\theta_{\tau y}(t), \theta_{\tau w y}(t), \theta_{\tau w k}(t), y_{\alpha w}(t), \varepsilon_\tau(t), r_\tau(t), \pi_\tau(t),$$
$$ra_\tau(t), tax_\tau(t), nx_\tau(t), \overset{\leftrightarrow}{t}_\tau, \zeta_\tau(t)]$$

$$u_{\alpha m_\tau'}(t) = f[\theta_{\tau' y}(t), \theta_{\tau' w y}(t), \theta_{\tau' w k}(t), y_{\alpha w}(t), \varepsilon_\tau'(t), r_\tau'(t),$$
$$\pi_\tau'(t), ra_\tau'(t), tax_\tau'(t), nx_\tau'(t), \overset{\leftrightarrow}{t}_\tau', \zeta_\tau'(t)]$$

$$u_{\alpha m_\tau''}(t) = f[\theta_{\tau'' y}(t), \theta_{\tau'' w y}(t), \theta_{\tau'' w k}(t), y_{\alpha w}(t), \varepsilon_\tau''(t), r_\tau''(t),$$
$$\pi_\tau''(t), ra_\tau''(t), tax_\tau''(t), nx_\tau''(t), \overset{\leftrightarrow}{t}_\tau'', \zeta_\tau''(t)]$$

黄金的网络外部性收益可以用下式描述:

$$u_{\alpha m_g}(t) = f[\theta_{m_g w y}(t), \theta_{m_g w k}(t), y_{\alpha w}(t), \zeta_{m_g}(t)]$$

上式中,$\theta_{m_g w y}(t)$ 表示 t 时刻用黄金计价和结算的全球贸易量占全球总贸易量的比重，$\theta_{m_g uk}(t)$ 表示 t 时刻用黄金计价和结算的全球投资量占全球总投资量的比重，$\zeta_{m_g}(t)$ 表示 t 时刻影响黄金货币网络外部性的其他变量的总体影响，同样有：

$$\theta_{m_g uy}(t) = \frac{t\text{时刻全球用黄金计价的出口贸易量} + t\text{时刻全球用黄金计价的进口贸易量}}{t\text{时刻全球出口贸易量} + t\text{时刻全球进口贸易量}}$$

$$= \frac{y_{m_g w}(t) + \bar{y}_{m_g w}(t)}{y_{ww}(t) + \bar{y}_{ww}(t)}$$

$$\theta_{m_g uk}(t) = \frac{t\text{时刻全球用黄金计价对外投资总额}}{t\text{时刻全球对外投资总额}}$$

$$= \frac{k_{m_g}(t)}{k_w(t)}$$

同样，如果不考虑其他因素，从网络外部性收益大小估算角度分析 τ 国代表性厂商 α 的跨国经济活动的货币选择顺序如表 3-5 所示。

表 3-5　τ 国代表性厂商 基于网络外部性的跨国经济活动货币选择

编号	条件	货币选择顺序
1	$u_{\alpha m_\tau}(t) > u_{\alpha m_\tau'}(t) > u_{\alpha m_\tau''}(t) > u_{\alpha m_g}(t)$	$m_\tau > m_\tau' > m_\tau'' > m_g$
2	$u_{\alpha m_\tau'}(t) > u_{\alpha m_\tau''}(t) > u_{\alpha m_g}(t) > u_{\alpha m_\tau}(t)$	$m_\tau' > m_\tau'' > m_g > m_\tau$
3	$u_{\alpha m_\tau''}(t) > u_{\alpha m_g}(t) > u_{\alpha m_\tau}(t) > u_{\alpha m_\tau'}(t)$	$m_\tau'' > m_g > m_\tau > m_\tau'$
4	$u_{\alpha m_g}(t) > u_{\alpha m_\tau}(t) > u_{\alpha m_\tau'}(t) > u_{\alpha m_\tau''}(t)$	$m_\tau'' > m_g > m_\tau > m_\tau'$
5	$u_{\alpha m_\tau}(t) = u_{\alpha m_\tau'}(t) = u_{\alpha m_\tau''}(t) = u_{\alpha m_g}(t)$	$m_\tau \sim m_\tau' \sim m_\tau'' \sim m_g$

从表 3-5 可以看出，如果不考虑其他因素，厂商对本国货币、跨国经济活动对象国货币、第三方货币和黄金的网络外部性收益的估算比较是其选择贸易与投资的计价和结算货币的主要影响因素，同一厂商在不同时刻和不同期间对货币外部性收益估算比较会存在差异，不同厂商在同一时刻或者同一时期对货币网络外部性收益的估算比较也存在差异。因此，仅仅从网络外部性收益角度分析产商跨国经济活动的货币选择也受多种因素的影响和制约，也存在着不确定性。

概言之，产商在跨国经济活动中的货币选择涉及货币收益的价值估算、国际贸易与投资的市场结构、货币的网络外部性收益与货币发行国的货币信用等多方面的因素，货币的国际化与国际货币体系的演化过程是全球政治经济与社会体系演化的重要内容,需要从全球视角对其进行系统分析。人民币国际化与国际货币体系改革作为后金融危机时期货币国际化与国际货币体系演化的重要内容,需要从世界公共货币体系构建角度进行审视和研究。

第五节　结论

本章探讨了国际货币与国际货币体系形成的微观基础。并不是任何货币都可能成为国际货币,国际货币是在一定条件下形成的。一国货币需要具备一定的信用基础、流通范围、交易规模、币值稳定与正外部性才可能成为国际货币,只有开放大国或者开放强国发行的货币才可能在国际社会中持续、长期扮演国际货币角色。国际货币竞争主要表现为大国或者强国货币之间的市场竞争。

理性厂商从事跨国贸易与投资活动时,选择何种货币作为贸易计价和投资结算工具的一个重要出发点在于获得最大化的经济利益,厂商在进行贸易与投资决策时会对各种可能的货币工具可能带来的收益进行估算、比较与排序,在综合其他因素的情况下做出货币选择决策,而贸易商品与投资行业的市场结构则是最为重要的影响因素。产商在跨国经济活动中的货币选择涉及货币收益的价值估算、国际贸易与投资的市场结构、货币的网络外部性收益与货币发行国的货币信用等多方面的因素。

概言之,货币国际化必须同时具备国内信用基础和国际信用条件,货币国际化是国际货币体系形成的前提条件,国际货币体系的形成与演变依赖于国际货币的组成及其职能发挥。货币国际化与国际货币体系形成及演化是国际政治经济秩序的重要构成内容。国际货币形成与国际货币体系运行的微观基础,是研究国际货币体系改革与人民币世界化的逻辑起点。

第四章

货币国际化与世界化的竞争均衡：大国货币博弈及国际货币替代

第一节　引言

货币国际化及世界化的过程伴随着大国货币博弈与国际货币替代。大国之间的战略博弈，特别是少数主导大国之间的发展竞争与战略博弈已经成为当代国际货币制度（国际货币体系）选择的关键因素，少数主导大国之间的货币竞争与货币博弈均衡结果直接决定了国际货币制度（国际货币体系）的类型及特征。要推动国际货币制度改革，必须深刻了解国际货币体系功能、形成条件与演变规律。虽然国际社会由不同类型的所有国家与非国家行为体共同构成，但并不是每个国家行为体对国际制度安排特别是国际货币制度安排的影响都相同，国际货币制度选择主要由少数主导大国之间的竞争与战略博弈决定。国际货币制度也是国际贸易与国际金融发展的要求和必然产物，其产生有着复杂的政治经济动因。大国战略博弈始终是主导国际货币制度选择的决定性力量。国际货币制度需要不断调整与改革，才能够适应不断变化的国际政治经济格局。因此，我们需要对国际货币体系的形成条件与演变规律进行系统研究，同时对影响国际货币体系调整与变革的重大政治经济现象进行分析，才能够为国际货币体系的构建提供理论支持和决策依据。本章从大国战略博弈与主导大国国际发展战略选择角度分析国际货币信用、大国货币博弈与国际货币体系问题。

第二节 国家货币信用、国际货币信用分异与国际储备货币选择

国际储备货币选择、汇率体系与国际收支平衡机制是国际货币制度（国际货币体系）的三大核心制度基础，也是大国战略博弈特别是经济与货币博弈的主要领域。本文中的国际货币制度（International Monetary Institution）又称为国际货币体系（International Monetary System），国际货币体系与国际货币制度为同一概念的不同表述，是指作为不同货币间兑换关系、国际价值储存、国际借贷、国际收支平衡的总体性制度安排，是人类社会发展到一定阶段、国内货币体系及其制度安排国际化发展的必然结果。国际货币关系及汇率制度、国际储备资产及主导货币选择、汇率制度、国际收支平衡机制及组织机构是国际货币体系的核心内容。国际货币制度的形成需要一定的国际政治经济条件，随着国际政治经济格局的演变不断调整，国际货币制度选择与演变具有一定的规律性。任何国际货币制度都不可能满足所有国家的需要和利益，有的国家获得更多利益，有的国家的利益可能会受到损害。相对于国际经济与政治格局的变化，国际货币制度变化具有滞后性。

国际储备货币制度（International Reserve Currency Institution）作为国际货币制度的核心基础，是指国际社会选择何种货币或者清偿工具作为国际社会通用、标准的计价、支付、结算与价值储藏工具的规则体系与制度安排，而国际储备货币则是指一国政府持有、被国际社会普遍接受、可以作为国际支付与国际收支平衡工具的货币资金及相关清偿手段。国际储备货币选择是国际货币制度形成的基础，更是国际货币体系稳定运行的基石，故又称其为锚货币（anchor currency）。一国货币能够成为国际储备货币，关键在于该国货币必须具有被国际社会普遍认可或者接受的信用基础，而一国的货币信用主要由该国的经济实力、政治影响力和军事强制力共同决定。现假定国际社会由 n 个国家构成，任意国家 i 的货币信用 ξ_i，经济实力、政治影响力、军事强制力及其他影响货币信用的因素分别为 x_1、x_2、x_3 和 $\tilde{x}_i$，则可以构建该国货币信用函数：

第四章 货币国际化与世界化的竞争均衡：大国货币博弈及国际货币替代

$$\xi_i = f(x_{i1}, x_{i2}, x_{i3}, \tilde{x}_i)$$

当影响该国货币信用的其他因素 $\tilde{x}_i$ 保持不变时，该国的经济实力越强、政治影响力越大、军事强制力越强，则该国货币信用也越强，可以得到下式：

$$\frac{\partial \xi_i}{\partial x_{i1}} = \frac{\partial f(x_{i1}, x_{i2}, x_{i3}, \tilde{x}_i)}{\partial x_{i1}} \geq 0;$$

$$\frac{\partial \xi_i}{\partial x_{i2}} = \frac{\partial f(x_{i1}, x_{i2}, x_{i3}, \tilde{x}_i)}{\partial x_{i2}} \geq 0;$$

$$\frac{\partial \xi_i}{\partial x_{i3}} = \frac{\partial f(x_{i1}, x_{i2}, x_{i3}, \tilde{x}_i)}{\partial x_{i3}} \geq 0$$

可以计算整个国际社会的货币信用规模（Monetary Credit Scale）为：

$$\xi = \sum_{i=1}^{n} \xi_i = \sum_{i=1}^{n} f(x_{i1}, x_{i2}, x_{i3}, \tilde{x}_i)$$

因为构成国际社会的不同国家的经济实力、政治影响力和军事强制力表现出较大的差异性，各个国家的货币信用也表现出较大的差异性，经济大国、政治大国与军事大国的货币信用高于经济小国、政治小国与军事小国。可以根据一国货币信用规模占整个国际社会货币信用规模的比重大小，把各国区分为货币信用大国与货币信用小国。任意国家 i 在国际社会中的货币信用比重（Monetary Credit Proportion，MCP），或者货币信用权重（Monetary Credit Weight，MCW）为 r_{ξ_i}，可以用下面公式计算：

$$r_{\xi_i} = \frac{\xi_i}{\xi} = \frac{\xi_i}{\sum_{i=1}^{n} \xi_i}$$

同理可以计算某些国家集团的货币信用规模及其在国际社会中的货币信用权重，根据国家数量占整个国际社会国家数量的比重、货币信用规模占整个国际社会信用规模比重的累积变化，可以画出如下描述国际社会货币信用分布特征的国际货币信用分布曲线（International Currency Distribution Curve，ICDC）：

在图 4-1 中，ON 表示国际社会由低到高即从 0 到 100% 的累积国家数量比例，OM 表示国际社会由低到高即由 0 到 100% 的累积国家货币信用比例，直线 OQ 表示国际社会各国货币信用绝对平均分布，折线 ONQ 表示

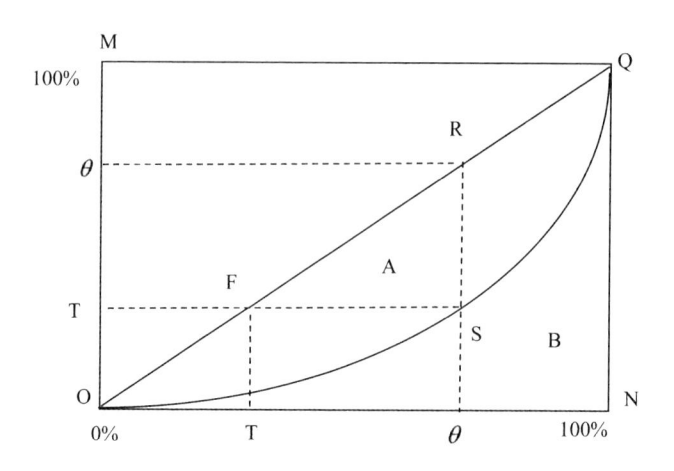

图 4-1 国际社会货币信用分布曲线图

国际社会货币信用绝对不平均分布,一个国家占用国际社会全部货币信用,曲线 OSQ 表示一般情况下国际社会货币信用分布曲线,曲线 OSQ 与直线 OQ 所围面积为 A,曲线 OSQ 与折线 ONQ 所围面积为 B,国际社会货币信用分布曲线 OSQ 越靠近斜线 OQ 则表示国际社会的货币信用分布越平均,越靠近折线 ONQ 则表示国际社会货币信用分布越不平均。因此,通过面积 A 与 B 的比较对国际社会不同国家之间货币信用分布特征进行评估,现构造国际社会货币信用分异系数(International Differential Coefficient of Currency Credit,IDCCC)φ_ξ 为:

$$\varphi_\xi = \frac{A}{A+B}, \varphi_\xi \in [0,1]$$

可见,当 $\varphi_\xi = 0$ 时表示国际社会货币信用分布绝对平均,当 $\varphi_\xi = 1$ 时表示国际社会货币信用分布绝对不平均,φ_ξ 越大,表示国际社会货币信用分布不平均程度越高;φ_ξ 越小,表示国际社会货币信用分布平均程度越高。国际社会货币分布的不平均程度越高,则少数大国影响或者控制国际货币制度选择或者国际货币体系运行的可能性越高。一般而言,一国或某些国家集团在国际社会中的货币信用权重越高,则该国或者该国家集团的货币越可能成为国际储备货币,国际货币信用分异系数越高,则少数大国货币越可能成为全球储备货币。当国际货币信用分异系数 $\varphi_\xi = 1$ 时,国际货币信用由单一大国的货币承担,该大国货币必然成为国际社会唯一的储备货币，国际货币体系由单一大国绝对主导，最为典型的便是第二次世界大战结束后建立的美国主导的以美元和黄金为主要储备货币的布雷顿森林体系。当国际货币信用分异系数 $\varphi_\xi = 0$ 时，任何一个单一大国货币都不可能主导国际货币信用，没有任何国家货币能够单独成为国际社会唯一的储备货币，由所有国家通过协商通过创造的货币单位成为国际社会或者本地区储备货币成为可能，最为典型的便是欧元成为欧元区国家共同使用的货币单位。据此，可以根据代表性国家 i 在国际社会的货币信用权重（MCW）r_{ξ_i} 和国际社会货币信用分异系数（IDCCC）φ_ξ 的大小分析国际社会储备货币选择及储备货币制度的类型及特征，如下表所示：

表 4-1　货币信用权重（MCW）、国际货币信用分异系数（DCICC）与储备货币选择

序号	国际社会（n 国构成）中国家 i 的货币信用权重（Monetary Credit Weight，MCW）r_{ξ_i}	国际货币信用分异系数（International Differential Coefficient of Currency Credit，IDCCC，DCICC）φ_ξ	国际货币信用结构（International Currency Credit Structure，ICCS）	储备货币选择（Reserve Currency Choice，RCC）
1	$r_{\xi_i} = \dfrac{1}{n}$	$\varphi_\xi = 0$	国际货币信用各国平均分配	各国平等协商确定共同决定区域或者国际储备货币
2	$r_{\xi_i} > \dfrac{1}{n}$	$0 < \varphi_\xi < 0.25$	国际货币信用由国家间绝对平均配置向多数国家控制转化	绝对多数国家共同协商确定区域或者国际储备货币，绝对少数国家失去储备货币选择权
3	$r_{\xi_i} < \dfrac{1}{n}$			
4	$r_{\xi_i} \geq \dfrac{4}{3n}$	$\varphi_\xi = 0.25$	国际货币信用 $\dfrac{3}{4}$ 国家控制	$\dfrac{3}{4}$ 国家共同决定区域与国际储备货币，$\dfrac{1}{4}$ 国家失去储备货币选择权
5	$r_{\xi_i} = 0$			

续表

序号	国际社会（n 国构成）中国家 i 的货币信用权重（Monetary Credit Weight, MCW）r_{ξ_i}	国际货币信用分异系数（International Differential Coefficient of Currency Credit, IDCCC, DCICC）φ_ξ	国际货币信用结构（International Currency Credit Structure, ICCS）	储备货币选择（Reserve Currency Choice, RCC）
6	$\frac{2}{n} > r_{\xi_i} \geqslant \frac{4}{3n}$	$0.25 < \varphi_\xi < 0.5$	国际货币信用由绝对多数国家控制向相对多数国家控制转化	相对多数国家共同决定区域或者国际储备货币，相对少数国家缺乏国际储备货币选择权
7	$r_{\xi_i} = 0$			
8	$r_{\xi_i} = \frac{2}{n}$	$\varphi_\xi = 0.5$	国际货币信用 $\frac{1}{2}$ 国家控制	$\frac{1}{2}$ 国家决定区域与国际储备货币，$\frac{1}{2}$ 国家失去储备货币选择权，国际储备货币选择的二元分化
9	$r_{\xi_i} = 0$			
10	$\frac{2}{n} < r_{\xi_i} < \frac{4}{n}$	$0.5 < \varphi_\xi < 0.75$	国际货币信用由半数国家控制向少数国家控制转化	相对少数国家决定区域与国际储备货币，相对多数国家失去储备货币选择权
11	$r_{\xi_i} = 0$			
12	$r_{\xi_i} = \frac{4}{n}$	$\varphi_\xi = 0.75$	国际货币信用 $\frac{1}{4}$ 国家控制	$\frac{1}{4}$ 国家共同决定区域与国际储备货币，$\frac{3}{4}$ 国家失去储备货币选择权
13	$r_{\xi_i} = 0$			
14	$\frac{4}{n} < r_{\xi_i} < 1$	$0.74 < \varphi_\xi < 1$	国际货币信用结构由少数国家控制向寡头垄断结构转化	绝对少数国家决定区域与国际储备货币，绝对多数国家失去储备货币选择权，区域与国际储备货币选择的寡头垄断结构形成
15	$r_{\xi_i} = 0$			
16	$r_{\xi_i} = 1$	$\varphi_\xi = 1$	国际货币信用单一国家垄断	单一国家决定区域与国际储备货币选择，其他所有国家失去储备货币选择权，储备货币霸权国家形成
17	$r_{\xi_i} = 0$			

从表 4-1 可以看出，随着国际货币信用分异系数的增加，区域性与国际性储备货币选择权由全体国家、绝对多数国家、相对多数国家向相对少数国家、绝对少数国家、货币寡头国家与单一货币霸权国家转移。如果一个国际社会的货币信用分异系数为 0，则国际储备货币由各国通过协商共同决定，一种新货币可能被创造出来并成为区域性与全球性的储备货币，如果一个国际社会的货币信用系数为 1，则占用整个国际社会货币信用的单一大国货币必然成为区域性与全球性储备货币。

但国际货币信用分异系数 $\varphi_\xi = 1$ 与 $\varphi_\xi = 0$ 都是特殊情况，在现实的国际社会中，大国与小国的货币信用差异显著，少数大国成为国际储备货币选择的领导者（leader），大多数中小国家往往成为国际储备货币选择的跟随者（follower），国际储备货币选择往往由少数大国或者大国集团决定，例如金本位体系下英镑与黄金成为国际主要储备货币的一个重要原因在于英国强大的经济、政治与军事影响力所决定的英镑在国际社会中的强大货币信用基础，布雷顿森林体系下美元与黄金成为国际主要储备货币的一个重要原因在于美国强大的经济、政治与军事影响力所决定的美元在国际社会的强大货币信用基础。在牙买加货币体系或者后布雷顿森林体系下，美元、欧元、英镑、日元、黄金和特别提款权（special drawing right，SDR）成为国际主要储备货币的一个重要原因在于美国、欧元区、英国、日本和国际货币基金组织成为国际货币信用的主要提供者。

事实上，由少数大规模经济体的货币共同构成的储备货币寡头市场结构是国际储备货币体系的重要特征，大国经济、政治与军事影响力的增减变化直接影响到国际储备货币币种结构的变化，成为国际货币体系变革的主要影响因素。

第三节 汇率制度选择、货币替代与大国货币博弈：三元四阶段动态博弈模型

除储备货币选择外，汇率制度选择与国际收支平衡机制是构成国际货币制度或者国际货币体系的核心，也是大国之间的货币与金融博弈最为显著的领域。国际社会选择固定汇率制还是浮动汇率制，最终都由大国货币

与金融博弈决定。如果国际货币与金融的主导大国出现变更国际储备货币也可能发生替代，也就是新崛起大国货币替代衰落大国货币成为国际储备货币，但这样的储备货币替代存在着时滞效应，也就是说并不是新崛起大国实力一旦超过衰落大国便必然出现储备货币替代现象，传统大国货币有可能在该大国衰落后的相当长历史阶段仍然作为国际储备货币而被国际社会接受，最为典型的便是美元替代英镑成为国际主要储备货币，而这是在美国取代英国成为全球第一经济大国后的相对长历史阶段才发生的。汇率制度选择与国际收支平衡机制构建过程本身就是一个大国货币与金融博弈的过程。

国际社会选择何种汇率制度是由国际储备货币主要提供大国的利益决定的，如果选择固定汇率制有利于维护或者增加储备货币提供大国的利益，则该大国不可能选择浮动汇率制，但如果固定汇率制不利于维护或者增进储备货币提供大国的利益时，则该大国不可能继续维护固定汇率制。当然，固定汇率制与浮动汇率制的界限并不是完全清晰的，二者之间可以相互转换，彼此都可以再划分为不同的子类型。国际收支平衡机制是指当一国出现国际收支不平衡时，国际社会平衡国际收支的职责划分、决策过程、工具选择、风险防范及相关活动的规定与安排。现假定国际社会的储备货币由 i 国提供，其他国家为 $-i$，i 国经济运行存在着繁荣的景气周期和衰退的萧条周期两种状态，如果 i 国经济运行处于景气周期的概率为 p，则 i 国经济运行处于萧条周期的概率为 $1-p$，无论是在景气运行周期还是在萧条运行周期，储备货币提供国 i 既可以选择固定汇率制也可以选择浮动汇率制，而非储备货币提供国 $-i$ 则可以选择接受或者拒绝 i 国货币作为本国的储备货币，如果所有的非储备货币提供国 $-i$ 都接受 i 国货币为国际储备货币，则 i 国能够维持本国的货币信用，如果其他国家都拒绝 i 国际货币为国际储备货币则 i 国不能够维持其货币信用，有可能产生储备货币替代效应，也就是潜在货币大国 $\bar{i}$ 的货币替代 i 国货币成为新的国际储备货币，则出现国际货币体系变革。汇率制度的选择过程就是一个国际储备货币提供国 i、非储备货币提供国家 $-i$ 和潜在货币大国 $\bar{i}$ 之间的动态博弈过程，其博弈过程可以用如下博弈树描述：

在图4-2中，N表示虚拟博弈参与人（Nature），A（Acceptance）表示代表性非储备货币提供国 $-i$ 接受 i 国货币为储备货币，R（Refuse）表

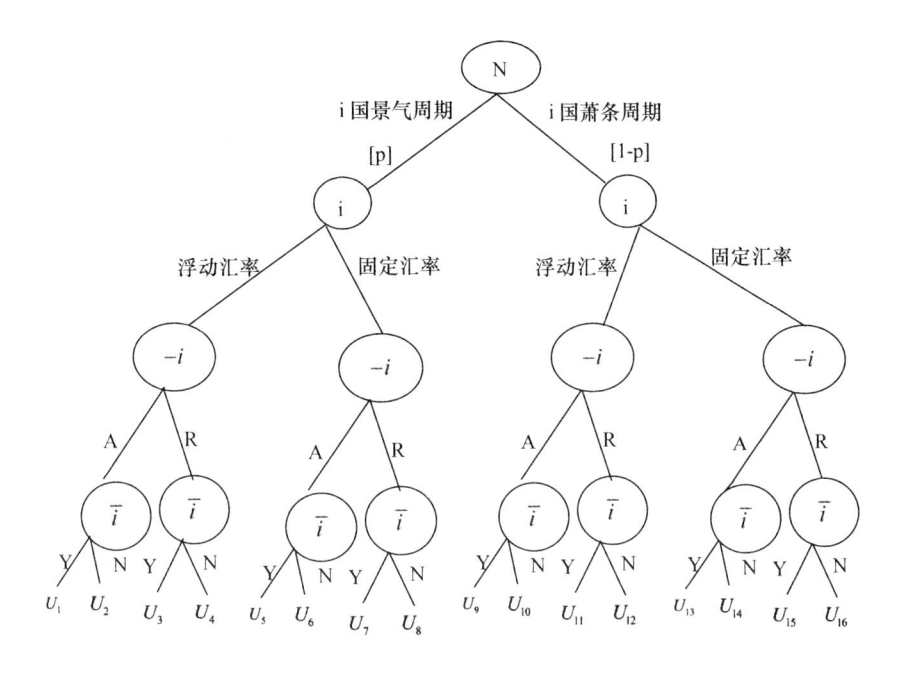

第四章 货币国际化与世界化的竞争均衡:大国货币博弈及国际货币替代   79

图 4-2 汇率制度选择与国际货币替代的三元四阶段动态博弈

示代表性非储备货币提供国 $-i$ 不接受 i 国货币为储备货币,Y(Yes)表示潜在货币大国 i 认可 i 国货币地位及汇率制度,N(No)表示潜在货币大国 i 不认可 i 国货币地位及汇率制度,U_j(其中自然数 $j=1,2,3,\cdots,16$)表示动态博弈的最终支付向量(Payoff Vector),有:

$$U_j = \begin{pmatrix} u_{i_j} \\ u_{-i_j} \\ u_{\bar{i}_j} \end{pmatrix}, j = 1,2,3,\cdots,16$$

其中 u_{i_j} 表示储备货币提供大国 i 在 j 情景下的最终受益,u_{-i_j} 表示代表性非储备货币提供国 $-i$ 的 j 情景下的最终受益,$u_{\bar{i}_j}$ 表示潜在的储备货币提供大国 $\bar{i}$ 在 j 情景下的最终受益。在图 4-2 的三元四阶段动态博弈当中,第 1 阶段,虚拟博弈参与人 N 首先选择行动确定储备货币大国 i 经济处于景气周期还是萧条周期,第 2 阶段储备货币大国 i 则选择储备货币的固定汇率制(Fixed Exchange Rate System)还是浮动汇率制(Floating Exchange Rate System),第 3 阶段代表性非储备货币提供国 $-i$ 选择接受(A)还是拒绝（R）把 i 国货币作为储备货币，第4阶段潜在储备货币提供大国 $\bar{i}$ 选择认可（Yes）并维持现有的储备货币与汇率制度还是否定（No）并推动本国货币替代 i 国货币作为国际储备货币。图4-2中的动态博弈的纳什均衡（Nash equilibrium）如表4-2所示：

表4-2　　　储备货币提供国 i 经济景气阶段汇率制度选择与货币替代动态博弈的纳什均衡（NE）结果

储备货币提供大国 i 汇率制度	代表性国家 $-i$ 储备货币选择	序号	收益比较	潜在储备货币提供大国 $\bar{i}$ 策略选择	国际货币体系特征
浮动汇率制	A	1	$u_{i_1} \geqslant u_{i_2}$ $u_{-i_1} \geqslant u_{-i_2}$ $u_{\bar{i}_1} \geqslant u_{\bar{i}_2}$	Y	i 国货币为国际储备货币且实行浮动汇率制，i 国满意，$-i$ 国认可，$\bar{i}$ 国接受
浮动汇率制	A	2	$u_{i_1} < u_{i_2}$ $u_{-i_1} < u_{-i_2}$ $u_{\bar{i}_1} < u_{\bar{i}_2}$	N	i 国货币为国际储备货币且实行浮动汇率制，i 国不满意，$-i$ 国认可，$\bar{i}$ 国不接受
浮动汇率制	R	3	$u_{i_3} \geqslant u_{i_4}$ $u_{-i_3} \geqslant u_{-i_4}$ $u_{\bar{i}_3} \geqslant u_{\bar{i}_4}$	Y	i 国货币为国际储备货币且实行浮动汇率制，i 国满意，$-i$ 国不认可，$\bar{i}$ 国接受
浮动汇率制	R	4	$u_{i_3} < u_{i_4}$ $u_{-i_3} < u_{-i_4}$ $u_{\bar{i}_3} < u_{\bar{i}_4}$	N	i 国货币为国际储备货币且实行浮动汇率制，i 国不满意，$-i$ 国不认可，$\bar{i}$ 国不接受
固定汇率制	A	5	$u_{i_5} \geqslant u_{i_6}$ $u_{-i_5} \geqslant u_{-i_6}$ $u_{\bar{i}_5} \geqslant u_{\bar{i}_6}$	Y	i 国货币为国际储备货币且实行固定汇率制，i 国满意，$-i$ 国认可，$\bar{i}$ 国接受
固定汇率制	A	6	$u_{i_1} < u_{i_2}$ $u_{-i_1} < u_{-i_2}$ $u_{\bar{i}_1} < u_{\bar{i}_2}$	N	i 国货币为国际储备货币且实行固定汇率制，i 国不满意，$-i$ 国认可，$\bar{i}$ 国不接受
固定汇率制	R	7	$u_{i_3} \geqslant u_{i_4}$ $u_{-i_3} \geqslant u_{-i_4}$ $u_{\bar{i}_3} \geqslant u_{\bar{i}_4}$	Y	i 国货币为国际储备货币且实行固定汇率制，i 国满意，$-i$ 国不认可，$\bar{i}$ 国接受
固定汇率制	R	8	$u_{i_3} < u_{i_4}$ $u_{-i_3} < u_{-i_4}$ $u_{\bar{i}_3} < u_{\bar{i}_4}$	N	i 国货币为国际储备货币且实行固定汇率制，i 国不满意，$-i$ 国不认可，$\bar{i}$ 国不接受

从表 4-2 可以看出，在储备货币提供大国 i 处于经济景气运行阶段，第 1、5 种情况下，现存国际货币体系能够得到各国认可并继续维持运行，第 4、8 种情况下，现存国际货币体系得不到各国认可，其存在国际货币体系变革的最大可能性，第 2、6 种情况下，虽然小国接受现存国际货币体系但存在储备货币提供大国与潜在大国共同推行国际货币体系的可能性，在第 3、7 种情况下，虽然小国对现存国际货币体系不满但储备货币提供大国和潜在大国都没有推动改革国际货币体系的积极性。当储备货币提供大国 i 经济处于萧条阶段时，则国际汇率制度选择与国际货币替代动态博弈的纳什均衡（Nash equilibrium）结果如表 4-3 所示：

表 4-3　　储备货币提供国 i 经济萧条阶段汇率制度选择与货币替代动态博弈的纳什均衡（NE）结果

储备货币提供大国 i 汇率制度	代表性国家 $-i$ 储备货币选择	序号	收益比较	潜在储备货币提供大国 $\bar{i}$ 策略选择	国际货币体系特征
浮动汇率制	A	9	$u_{i9} \geq u_{i10}$ $u_{-i9} \geq u_{-i10}$ $u_{\bar{i}9} \geq u_{\bar{i}10}$	Y	i 国货币为国际储备货币且实行浮动汇率制，i 国满意，$-i$ 国认可，$\bar{i}$ 国接受
		10	$u_{i9} < u_{i10}$ $u_{-i9} < u_{-i10}$ $u_{\bar{i}9} < u_{\bar{i}10}$	N	i 国货币为国际储备货币且实行浮动汇率制，i 国不满意，$-i$ 国认可，$\bar{i}$ 国不接受
	R	11	$u_{i11} \geq u_{i12}$ $u_{-i11} \geq u_{-i12}$ $u_{\bar{i}11} \geq u_{\bar{i}12}$	Y	i 国货币为国际储备货币且实行浮动汇率制，i 国满意，$-i$ 国不认可，$\bar{i}$ 国接受
		12	$u_{i11} < u_{i12}$ $u_{-i11} < u_{-i12}$ $u_{\bar{i}11} < u_{\bar{i}12}$	N	i 国货币为国际储备货币且实行浮动汇率制，i 国不满意，$-i$ 国不认可，$\bar{i}$ 国不接受
固定汇率制	A	13	$u_{i13} \geq u_{i14}$ $u_{-i13} \geq u_{-i14}$ $u_{\bar{i}13} \geq u_{\bar{i}14}$	Y	i 国货币为国际储备货币且实行固定汇率制，i 国满意，$-i$ 国认可，$\bar{i}$ 国接受
		14	$u_{i13} < u_{i14}$ $u_{-i13} < u_{-i14}$ $u_{\bar{i}13} < u_{\bar{i}14}$	N	i 国货币为国际储备货币且实行固定汇率制，i 国不满意，$-i$ 国认可，$\bar{i}$ 国不接受

续表

储备货币提供大国 i 汇率制度	代表性国家 $-i$ 储备货币选择	序号	收益比较	潜在储备货币提供大国 $\bar{i}$ 策略选择	国际货币体系特征
固定汇率制	R	15	$u_{i15} \geq u_{i16}$ $u_{-i15} \geq u_{-i16}$ $u_{\bar{i}15} \geq u_{\bar{i}16}$	Y	i 国货币为国际储备货币且实行固定汇率制，i 国满意，$-i$ 国不认可，$\bar{i}$ 国接受
		16	$u_{i15} < u_{i16}$ $u_{-i15} < u_{-i16}$ $u_{\bar{i}15} < u_{\bar{i}16}$	N	i 国货币为国际储备货币且实行固定汇率制，i 国不满意，$-i$ 国不认可，$\bar{i}$ 国不接受

从表4-3可以看出，在储备货币提供大国 i 处于经济萧条运行阶段，第9、13种情况下，现存国际货币体系能够得到各国认可并继续维持运行，第12、16种情况下，现存国际货币体系得不到各国认可，其存在国际货币体系变革的最大可能性，第10、14种情况下，虽然小国接受现存国际货币体系但存在储备货币提供大国与潜在大国共同推行国际货币体系的可能性，在第11、15种情况下，虽然小国对现存国际货币体系不满但储备货币提供大国和潜在大国都没有推动改革国际货币体系的积极性。

第四节 结论

大国之间的经济实力与货币信用变化是推动国际货币体系演变的关键因素，如果储备货币提供大国与潜在经济与货币大国都不能够从现存国际货币体系获得递增收益，则大国推动下的国际货币体系改革便会出现。当现存国际储备货币提供大国经济与金融势力下降到不能够阻止潜在大国货币对本国货币的替代，则由新兴大国推动的以新兴大国货币为主要国际储备货币的国际货币体系改革便会出现。当传统大国处于经济景气阶段，传统大国与新兴大国之间能够在维持现存国际货币体系稳定运行方面取得共识，并共同分享国际货币体系稳定带来的利益。但当传统大国处于衰退阶段，新兴大国与传统大国之间的货币与金融博弈便是推动国际货币体系改革的主导力量，新兴大国货币便可能取代传统大国货币成为国际主要储备货币，新兴大国的汇率选择也必然影响到国际汇率制度选择，新兴大国也必然成为国际收支平衡机制的主要调控者。在国际货币、金融与经济力量格局发生急剧变化的国际社会中，新兴大国会通过制定和实施相应的国际发展战略推动国际货币体系改革，在与传统大国的货币与金融博弈中确定自身在新国际货币体系中的主导地位。在当今国际社会中，以中国为代表的新兴国家和广大发展中国家在全球经济体系中的影响和地位逐渐上升，以美国、欧洲和日本为代表的西方发达经济体在全球经济体系中的地位和影响不断下降，以美元、欧元、日元和英镑为主导储备货币的国际货币体系（牙买加体系或者后布雷顿森林体系）也必须进行改革，以人民币为代表的新兴国家货币在国际储备货币体系中的地位不断上升。

第五章

货币国际化与世界化的制度环境：
国际货币体系与国家货币体系

第一节 引言

货币国际化与世界化不可能脱离国际货币体系，国际货币体系与国家货币体系紧密相关，而当代国际社会中的国际货币体系改革与人民币国际化是国际货币体系演化与货币国际化发展到一定历史阶段的产物，是在一定国内政治经济基础和国际政治经济环境下进行的。国际货币体系（international monetary system）作为不同货币间兑换关系、国际价值储存、国际借贷、国际收支平衡的总体性制度安排，是人类社会发展到一定阶段、国内货币体系及其制度安排国际化发展的必然结果。本章中的国际货币体系（international monetary system）与国际货币制度（international monetary institution）为同一概念的不同表述。

如果国际货币体系运行出现问题，则会产生国际金融危机或者主权债务危机，不仅会导致国际货币与金融市场的动荡，甚至会出现全球性经济衰退与经济危机。2008年国际金融及债务危机爆发后，发展中国家抵御国际金融与债务危机风险能力最弱，受到的伤害也最大，特别是产生大量的失业人口。如表5-1所示：

表5-1 国际金融危机发生后（2008—2016年）部分发展中经济体失业率 （%）

经济体	2008年	2009年	2010年	2011年	2012年	2013年	2014年	2015年	2016年
阿尔及利亚	11.33	10.17	9.96	9.97	11.00	9.83	10.60	11.21	10.50
阿根廷	7.88	8.68	7.75	7.15	7.20	7.08	7.25	n/a	8.47

第五章 货币国际化与世界化的制度环境:国际货币体系与国家货币体系　85

续表

经济体	2008 年	2009 年	2010 年	2011 年	2012 年	2013 年	2014 年	2015 年	2016 年
巴西	8.88	9.58	8.56	7.77	7.42	7.20	6.79	8.30	11.27
智利	7.75	10.83	8.15	7.12	6.43	5.93	6.39	6.21	6.49
中国	4.20	4.30	4.14	4.09	4.09	4.05	4.09	4.05	4.02
哥伦比亚	11.25	12.02	11.79	10.84	10.38	9.65	9.13	8.93	9.20
埃及	8.68	9.37	9.21	10.38	12.37	12.99	13.37	12.86	12.70
印度尼西亚	8.39	7.87	7.14	6.56	6.14	6.25	5.94	6.18	5.61
伊朗	10.40	11.90	13.50	12.30	12.10	10.40	10.60	11.00	12.45
哈萨克斯坦	6.63	6.58	5.78	5.40	5.29	5.23	5.04	4.97	4.95
马来西亚	3.33	3.68	3.03	3.08	2.93	3.30	2.85	3.15	3.45
墨西哥	3.89	5.33	5.27	5.17	4.89	4.90	4.82	4.35	3.88
巴基斯坦	5.20	5.46	5.55	5.95	5.95	5.98	6.00	5.90	5.96
秘鲁	8.38	8.39	7.88	7.73	6.80	5.95	6.03	6.44	6.71
菲律宾	7.40	7.48	7.33	7.03	6.98	7.08	6.80	6.28	5.50
波兰	7.12	8.17	9.64	9.63	10.09	10.33	8.99	7.50	6.16
罗马尼亚	5.54	6.25	6.94	7.16	6.79	7.10	6.80	6.81	5.90
俄罗斯	6.20	8.20	7.30	6.50	5.50	5.50	5.20	5.58	5.51
沙特阿拉伯	5.18	5.38	5.55	5.77	5.52	5.57	5.72	5.59	5.60
南非	22.53	23.70	24.88	24.80	24.88	24.73	25.10	25.35	26.73
苏丹	16.04	14.89	13.73	12.03	14.80	15.20	19.80	21.60	20.60
泰国	1.37	1.50	1.05	0.66	0.68	0.74	0.84	0.89	0.75
土耳其	10.02	13.05	11.13	9.10	8.43	9.04	9.92	10.28	10.91
越南	4.65	4.60	4.29	4.51	2.74	2.75	2.10	2.33	2.33

资料来源:笔者根据国际货币基金组织(IMF)数据整理,http://www.imf.org/external/pubs/ft/weo/2017/01/weodata/index.aspx,访问日期:2017 年 11 月 4 日。

　　从表 5-1 可以看出,2008 年国际金融危机产生后,大多数发展中国家的失业率都上升,例如南非的失业率从 2008 年的 22.53% 上升到 2016 年的 26.73%,苏丹的失业率从 2008 年的 16.04% 上升到 2015 年的 21.60%。大量失业人口的存在表明劳动力和经济资源没有得到充分利用,也表明现存国际货币体系的资源配置功能受到扭曲,需要对其进行改革。

　　国际货币体系也是国际贸易与国际金融发展的要求和必然产物。国际货币体系的形成需要一定的国际政治经济条件，随着国际政治经济格局的演变不断调整。国际货币体系的形成与演变具有一定的规律性。任何国际货币体系都不可能满足所有国家的需要和利益，有的国家获得更多利益，有的国家的利益可能会受到损害。相对于国际经济与政治格局的变化，国际货币体系变化具有滞后性。国际货币体系需要不断调整与改革，才能适应不断变化的国际政治经济格局。要推动国际货币体系改革，必须深刻了解国际货币体系功能、形成条件与演变规律。因此，需要对国际货币体系的形成、演变与运行的国内基础与国际条件进行系统研究。

第二节 国际货币体系职能与类型

在本章中，国际货币体系也称为国际货币制度，是指国际社会发展到一定历史阶段而形成的关于不同货币间汇兑、国际本位货币及储备资产、国际支付与国际收支平衡、国际借贷及相关信用安排的规则、机制及组织机构的总称。国际货币关系及汇率制度、国际储备资产及主导货币选择、国际收支平衡机制及组织机构是国际货币体系的核心内容。国际社会先后出现过金本位货币体系、布雷顿森林体系与牙买加体系。本章中的世界货币体系（World Montary System，WMS）则是指能够在世界范围内运行的国际货币体系，是国际货币体系拓展到全球范围的结果，也是国际货币体系发展到一定历史阶段的产物。世界货币体系虽然是国际货币体系在全球范围内拓展与运行的产物，但其影响范围更广，对人类社会经济活动的影响更为深远，其形成的信用条件和微观基础更为复杂，同时受国际政治经济格局的影响更为显著。

就国际社会而言，国际货币体系具有九个方面的主要功能：一是确定国际社会中不同国家之间进行债权债务结算的计价标准、结算方法、规则体系及相关制度安排；二是确定国际贸易的计价货币与结算工具选择的原则、方法与标准；三是确定国际货币与储备资产的选择标准、币种结构、发行与流通规则及相关制度安排；四是确定国际社会不同国家或者经济体的本位货币之间的相互关系、汇率制度及相关规则体系；五是针对国际社会中的某些国家或者经济体出现的国际收支不平衡，确定平衡国际收支的方式、标准、工具及相关规则体系;六是针对国际社会中的某些国家或者成员可能出现的政府信用违约或者政府债务危机,确定国际救助的方式、标准、程序及相关制度安排;七是针对全球性或者区域性国际金融危机,确定预防和控制国际金融危机的方式、标准、程序及相关制度安排;八是确定各国政府或者经济体在全球金融市场和货币体系运行中的权利与义务关系,确定国际货币机构或者相关组织的创建、运行、治理结构及相关权利与义务关系;九是规范国际社会中各类社会行为体特别是金融机构、企业的跨国货币交易与金融活动,稳定国际货币交易与金融市场秩序。可以用表5-2描述国际货币体系的主要功能,进行进一步总结:

表5-2　　　　　　　**国际货币体系的主要职能及制度化形式**

序号	主要职能	制度化形式
1	确定国际债权债务结算原则、方法与工具	构建国际债权债务清算体系
2	确定国际贸易计价货币与交易工具	构建国际商品交易与结算体系
3	确定国际储备资产构成、标准及币种结构	构建国际储备货币体系
4	确定汇率制度及不同本位货币交易原则	构建国际汇率制度与汇率体系
5	确定国际收支平衡原则、方式及规则体系	构建国际收支平衡机制
6	确定国际金融与债务危机的应对措施与救助机制	构建国际危机应对与救助机制
7	确定国际金融与货币组织的建立原则、治理机制及职能	构建国际金融与货币组织
8	确定各国政府在国际货币体系中的权利与义务关系	构建政府间金融与货币关系
9	确定企业及非政府社会行为体在国际货币体系中权利与义务关系	构建企业间货币与金融关系

从表5-3可以看出,国际货币体系的不同职能是通过其制度化形式实现的,制度化形式的差异则直接决定了国际货币体系的不同类型及其差异。可以根据制度化形式的不同,把国际货币体系区分为不同的类型。根据国际货币体系的不同职能的制度化形式的差异,从不同的角度和标准把国际货币体系划分为不同的类型。一般而言,主要根据储备货币体系、汇率制度与国际收支平衡方式的差异划分国际货币体系类型。本书认为,根据储备货币体系与储备货币工具的不同,可以把国际货币体系区分为贵金

属本位货币体系、纸币本位货币体系、电子数码本位货币体系,而根据储备货币信用不同可以区分为信用本位国际货币体系与非信用本位国际货币体系。根据信用货币提供者差异,信用本位国际货币体系又可以区分为单一国家信用本位货币体系与多国联合信用本位货币体系。根据汇率制度与汇率体系的不同,可以把国际货币体系区分为固定汇率国际货币体系、浮动汇率国际货币体系。浮动汇率国际货币体系又可以区分为完全浮动汇率国际货币体系、有限浮动汇率国际货币体系、管理浮动汇率国际货币体系、篮子货币浮动汇率国际货币体系等。同样,根据国际收支平衡方式与债权债务清偿方式,可以把国际货币体系区分为集中平衡国际货币体系与分散平衡国际货币体系,也可以区分为自动平衡国际货币体系与干预平衡国际货币体系。此外,还可以根据主导国家数量的多少,把国际货币体系区分为单一国家主导的国际货币体系、少数国家主导的国际货币体系与多数国家主导的国际货币体系。可以用表5-3描述国际货币的类型及衡量标准:

表5-3　　　　　国际货币体系的衡量标准、类型及说明

编序	衡量标准	序号	国际货币体系类型	说明
A	储备货币类型	1	贵金属本位货币体系	以黄金、白银等贵金属为国际本位货币,例如金本位制国际货币体系
		2	纸币本位货币体系	以纸币为国际本位货币
		3	电子-数码本位货币体系	以电子-数码货币为国际本位货币
		4	混合本位货币体系	同时以贵金属、纸币和电子货币作为国际本位货币
B	货币信用差异	5	信用本位国际货币体系	以政府信用、非政府信用或者混合信用为担保的国际货币体系
		6	非信用本位国际货币体系	以给信用货币为国际货币
		7	商品本位国际货币体系	以实物或者商品为货币担保的国际货币体系
C	信用货币提供者差异	8	单一国家信用本位货币体系	以单一国家信用作为国际货币的担保
		9	多国联合信用本位货币体系	以多国信用作为国际货币担保

续表

编序	衡量标准	序号	国际货币体系类型	说明
D	汇率制度差异	10	固定汇率国际货币体系	汇率固定不变的国际货币体系
		11	完全固定汇率国际货币体系	所以货币汇率完全固定
		12	篮子货币固定汇率国际货币体系	篮子货币汇率固定
		13	浮动汇率国际货币体系	汇率可以浮动的国际货币体系
		14	完全浮动汇率国际货币体系	汇率完全自由浮动
		15	有限浮动汇率国际货币体系	汇率浮动受到限制
		16	管理浮动汇率国际货币体系	政府对汇率浮动期间、幅度等进行管理
		17	篮子货币浮动汇率国际货币体系	篮子货币汇率自由浮动
E	国际收支平衡方式	18	集中平衡国际货币体系	有集中统一的国际收支平衡机制
		19	分散平衡国际货币体系	无集中统一的国际收支平衡机制
		20	自动平衡国际货币体系	通过市场自动平衡机制平衡国际收支
		21	干预平衡国际货币体系	通过政府或者国际组织干预平衡国际收支
F	国际债权债务清偿方式	22	集中清偿国际货币体系	有集中统一的国际债权债务清偿机制
		23	分散清偿国际货币体系	无集中统一的国际债权债务清偿机制
		24	自动清偿国际货币体系	通过市场机制自动清偿国际债权债务
		25	干预清偿国际货币体系	通过政府或者国际组织干预清偿国际债权债务
G	主导国家数量	26	单一国家主导国际货币体系	由单一强国或者霸权国家主导
		27	少数国家主导国际货币体系	由少数大国联合主导
		28	多数国家主导国际货币体系	由多数国家共同主导

从表 5-3 可以看出，虽然根据不同的标准可以把国际货币体系区分为不同的类型，但储备货币标准、国际收支平衡方式和主导国家类型是关键。事实上，储备货币选择和国际收支平衡方式是国际社会中不同国家或

者利益集团金融与货币利益博弈的结果，涉及复杂的国际政治与国际经济关系及相关制度安排。主导国家不同，其主导的国际货币体系的制度形式也必然存在着差异，因为不同的主导国家的金融与货币利益存在着差异。如果不理解现代国际经济关系的背后的金融与货币利益博弈，就不能够合理解释国际货币体系的形成类型及其演变规律。

第三节　国际经济关系发展与国际货币体系

事实上，国际货币体系的出现是国际经济关系发展与演变到一定历史阶段的产物，国际货币体系则成为现代国际经济关系发展与演变的基础性制度安排。国际贸易、国际金融、国际投资已经成为现代国际经济体系运行的主要内容和核心基础，也是推动国际经济关系演变的主要因素。国际贸易的出现和国际贸易体系的形成与演变是国际货币体系形成的贸易基础，国际贸易的出现则是人类推动资源跨国配置经济活动的产物。国际货币体系是作为国际金融市场稳定运行的制度基础而存在的，如果缺乏一个规范有序的国际货币体系作为制度基础，则资本跨国流动与国际金融市场交易会面临各种系统性与非系统性风险和不确定性。国际货币体系也是国际投资即外商直接投资（FDI）及相关规则体系建立的制度基础，因为不同国家或者经济体之间债权债务结算需要一个稳定方式、工具和程序性的制度安排，而成熟稳定的国际货币体系能够为此提供规范化和标准化的工具和相关规则体系。国际货币体系是现代国际经济关系，图5-1表示资源跨国配置导致的国际分工合作、商品跨国流动导致的国际贸易及国际商品市场体系的形成、资本跨国转移导致的国际投融资活动及国际金融市场体系的形成、产业跨国转移导致的外商直接投资及国际投资体系的形成，这些共同构成现代国际经济关系的主要内容和核心基础。

从图5-1可以看出，以资源跨国配置、资本跨国流动、商品跨国交易和产业跨国转移为主要内容的现代国际经济关系的发展和演变是在一定的制度条件下进行的，国家之间的政治关系和国际货币体系无疑是重要的制度条件。国际货币体系作为现代国际经济关系发展的重要制度条件和制度

第五章 货币国际化与世界化的制度环境:国际货币体系与国家货币体系

图中文字(顺时针从左上):
- 全球性与区域性的国际专业化分工与合作体系形成
- 国际通融资活动及国际金融市场体系的形成与发展
- 国际直接投资或者外资直接投资市场体系形成与发展
- 国际商品贸易与国际商品市场体系的形成与发展

圆内四象限:资源跨国配置 | 资本跨国流动 | 商品跨国交易 | 产业跨国转移

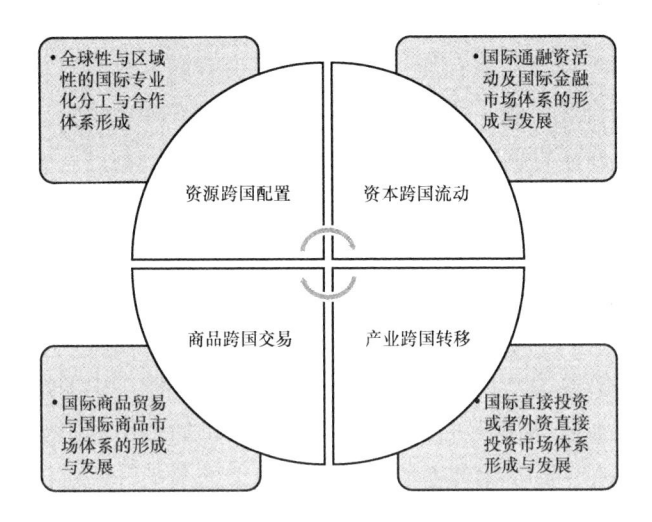

图 5-1 现代国际经济关系的主要内容和影响因素

安排,具有多方面的功能。

国际货币体系既是国际经济关系发展到一定历史阶段的产物,又是现代国际经济关系发展和演变的制度条件和制度基础。国际货币体系对现代国际经济关系发展的影响表现在五个方面:一是国际货币体系成为资源跨国配置的货币纽带,所谓资源跨国配置是指经济资源跨越一个国境在国际社会中进行分配及调整,在市场机制下的主要目标是提高资源配置效率,在非市场机制下的目标则较为广泛,例如政治目标、公平目标、文化价值目标、意识形态目标等,通过跨国货币支付原则的确定和跨国支付工具的选择,通过国际货币纽带实现经济资源在不同国家或者经济体之间的流动与配置;二是国际货币体系为资本跨国流动的创造制度基础,一个稳定运行的国际货币体系能够降低资本跨国流动的不确定性风险和成本,为资本跨国流动提供稳定的预期条件和规则体系;三是国际货币体系为商品跨国流动创造交易基础与支付工具,如果没有稳定的国际交易计价与支付工具,商品跨国流动的速度、规模和结构会受到物理条件和地理空间的严格约束,甚至可能退化到跨国易货贸易状态;四是国际货币体系为产业跨国转移提供了投融资条件和平台,跨国直接投资是产业跨国转移与布局的重要推动力量,但跨国直接投资需要稳定的国际金融市场环境,稳定的金融市场环境需要一个稳定的国际货币体系作为制度基础;五是国际货币体系能够为协调不同国家的经济利益关系提供制度化平台和机制，因为国际货币体系作为国际社会的具有某些公共产品属性的制度化的货币交易、利益协调与博弈平台和机制，能够为相关国家或者经济体之间金融与货币利益关系的协调提供条件和机制。

国际经济关系也必然影响到国际货币体系的运行、各国在国际货币体系中的权利义务和利益关系，国际经济格局和国际经济关系任何重大调整和演变都可能对国际货币体系运行产生影响。国际经济关系发展与演变对国际货币体系的影响表现在五个方面：一是一国或者经济体在国际经济体系中的地位与影响力与该国或者经济体在国际货币体系中的地位和影响力正相关，一国或者某一经济体在国际经济体系中的地位和影响力，是该国或者该经济体在国际货币体系的地位和影响力的基础和关键因素，一国在国际经济体系中的地位越重要、影响力越大，则该国或者该经济体在国际货币体系的中地位和影响力也越大；二是国际经济关系的任何重大调整和变化都会影响到国际货币体系的影响，与国际经济格局的调整和变化相比，国际货币体系具有相对稳定性，但如果国际经济关系出现了较大的调整和变化，则必然会对国际货币体系的长期运行产生显著的影响，甚至成为推动国际货币体系调整与变迁的关键性因素；三是国际经济关系的基本格局决定了国际货币体系的调整和变化的范围和程度，任何国际货币体系调整、改革与变迁都不可能完全脱离国际经济关系基本格局，没有国际经济格局和国际经济关系的重大变革和调整则就不会有国际货币体系的重要变革和调整。

事实上，国际货币体系不仅是世界经济发展到一定历史阶段的产物，也是国际经济关系发展和演变到一定历史阶段的产物，彼此之间存在着密切的互动影响效应，国际货币体系本身就是国际经济关系的重要内容和表现，而国际经济关系则影响和制约着国际货币体系的运行和变化。二者之间的关系可以用图 5-2 描述。

从图 5-2 可以看出，国际经济关系与国际货币体系之间存着密切的相互联系，国际货币体系作为国际经济关系的重要内容，能够为国际经济关系的发展提供货币工具、规则体系、组织体系及其他相关制度安排。

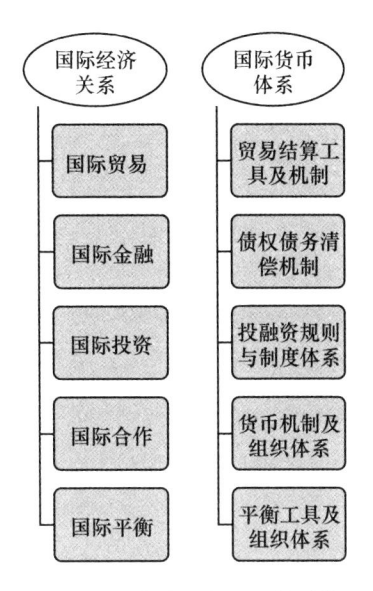

图 5-2　国际经济关系与国际货币体系联系

第四节　国家货币体系（国内货币体系）形成与演变的影响因素

国际货币体系的产生有着复杂的政治经济动因，可以从不同角度解释国际货币体系产生的原因，可以从主权国家内部与外部两个层面分析国际货币体系产生的内在动因与外部条件。

就国际货币体系产生的国内原因，涉及一国消费者偏好的多样化、可变性，一国资源的有限性、产品供给品种和数量的有限性、消费者偏好困境、厂商利润困境等多个方面。就主权国外部条件或者国际环境而言，涉及国际贸易、国际金融、国际投资等多方面的领域。就主权国家内部的社会行为体而言，可以区分为主导者、主动参与者、主动追随者、被动跟随者、被动接受者、反对者与中性者，所谓中性者是指国际货币体系形成与演变不对其产生利益影响且其对国际货币体系的建立与演变持中立立场的社会行为体或者个人。就国内环境而言，在国际货币体系形成与演变过程中，不同国家扮演着不同的角色，发挥着不同的影响，可以区分为主导国、主动参与国、主动追随国、被动跟随国、接受国、反对国及参数国。本节中的参数国是指其存在和行为对国际货币体系形成与演变的影响较小甚至没有影响,只是作为其他国家或者社会行为体决策参数而存在的国家,参数国主要涉及一些小国、微型国或者弱国。本节现从国内与国际两个层面分析国际货币体系的形成与演变。影响国际货币体系的国内社会行为体、国家行为体和国际组织的类型可以用表5-4表示。

表5-4　　　　　影响国家及国际货币体系的社会行为体

按社会行为和影响力划分				按组织类型划分			
序号	国内社会行为体	序号	国际社会行为体	序号	国内社会行为体	序号	国际社会行为体
1	主导者	9	主导国	17	中央政府	22	主权国家
2	主动参与者	10	主动参与国	18	地方政府	23	跨国公司
3	主导追随者	11	主动追随国	19	企业	24	国际组织
4	被动跟随者	12	被动跟随国	20	非政府社会组织	25	跨国非政府组织
5	被动接受者	13	被动接受国	21	国内民众	26	跨国民众
6	反对者	14	反对国				
7	中性者	15	中性国				
8	其他社会行为体	16	国际组织				

国际货币体系作为各国国内货币体系之间相互联系与相互影响的规则体系及相关制度安排的总称,是各国国内货币体系跨越国界相互联系与相互影响的产物。主权国家的国家货币体系(National Monetary System)也可以称为国内货币体系(Domestic Monetary System),又可称为主权国家的国家货币制度(National Monetary Institution)或者国内货币制度(Domestic Monetary Institution),是主权国家对货币发行、流通及调整的规则体系及制度安排的统称,根据主权国家发行和流通的货币类型,可以区分为金属货币体系、非兑现信用货币体系及混合货币体系。由少数主权国家或者经济体共同确定货币在这些国家或者经济体发行、流通和调整的规则体系及制度安排总称为区域货币体系(Regional Monetary System)。由全球大多数国家或者经济体共同参与确定的货币发行、流通与调整的规则体系及相关制度安排则构成国际货币体系(International Monetary System)。国内货币体

系、区域货币体系与国际货币体系存在着如下关系（见图 5-3）：

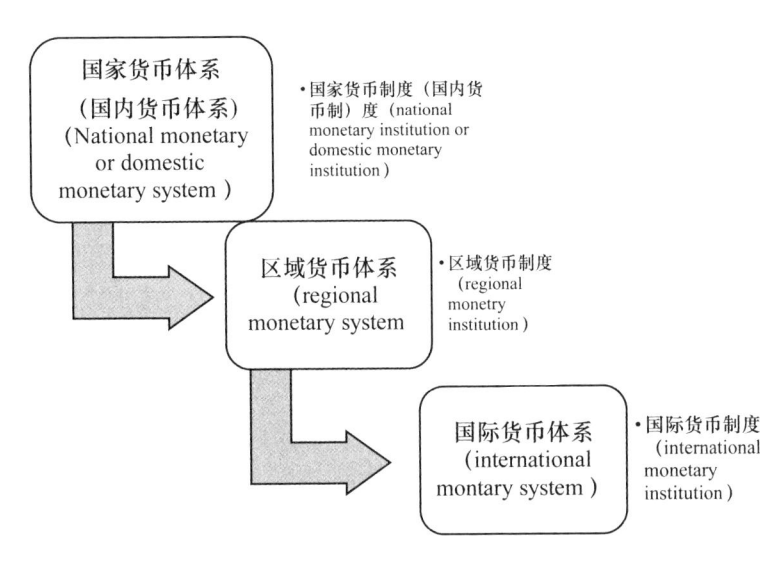

图 5-3 国内货币体系、区域货币体系与国际货币体系之间的演化方向

从图 5-3 可以看出，国际货币体系是从国内货币体系与区域货币体系演化而来，区域货币体系是从国内货币体系演化而来，国内货币体系是区域货币体系和国际货币体系形成的基础，但区域货币体系与国际货币体系也必然对国内货币体系产生影响。在现代国际社会的大多数国家或者经济体都采用非兑现信用货币体系，国内非兑现信用货币体系从国内金属货币体系演化而来。

国际货币体系的产生是各国国内商品交易、信用演变和货币制度演化的必然结果和历史产物。

第五节 国家货币体系（国内货币体系）的形成、演变阶段及类型

国际社会发展过程中，先后出现多种国际货币体系（国际货币制度），主要经历了金本位制（金币本位制、金块本位制、金汇兑本位制：1880—1914 年）、布雷顿森林体系（储备货币汇兑本位制：黄金—美元复本位制：

1944—1972年)、牙买加体系(美元寡头本位制)、欧元诞生以来的(多寡头货币本位制：1999年—) 货币制度。国内货币体系(国内货币制度)经历了银本位制、金银复本位制、金本位制、信用本位(纸币本位)。

国内货币体系(国内货币制度)涉及货币材料选择标准、货币计量单位、流通货币类型、货币的铸造、发行与流通、货币法定支付偿还制度、货币发行准备制度等主要内容。无论是货币材料选择、货币单位规定、货币铸造与流通、货币偿付、货币发行准备等规则体系及相关制度安排，都需要强制性权力作为保证，主权国家的强制性权力来自主权国家控制的暴力工具，非主权国家的经济体的强制力也同样来自该经济体对一定的暴力工具的占用。因此，国内货币体系形成和运行以该国强制力作为保证和基础，一国强制力或者暴力工具的占有、控制与使用主体的不同，是导致该国内货币体系差异的重要原因。货币材料的选择与货币发行准备制度是国内货币体系运行的制度基础。根据货币材料的不同，可以把国内货币体系区分为银本位货币体系、金银复本位货币体系、金本位货币体系、纸币本位货币体系(信用货币体系)，前三者总称为金属本位货币体系。货币发行准备制度主要是指主权国家或者经济体为了维护货币信用、稳定货币流通，在发行货币时规定必须以一定的资产作为货币发行准备和保证。在包括银本位、金银复本位、金本位的金属本位货币体系中，贵金融资产是货币发行的主要准备和保证。在现代纸币本位货币体系中，一国或者一个经济体的储备资产是货币发行的主要准备和保证，而储备资产结构与规模则表现出动态特征，则不同的国家或者经济体、不同的历史发展阶段，储备资本的构成和规模往往表现出差异性，但主要涉及黄金储备资产、外汇储备资产、政府债券、商业票据等。因为黄金储备资产与外汇储备资产的流动性相对较强，我们可以把其称为现金储备资产，而政府债券和商业票据作为证券资产的主要形式，当其作为货币发行的储备资产时我们可以称其为证券准备。当然，除了现金储备资产和证券储备资产以外，也可以用政府控制商品、税收、资产及政府控制的其他支付及信用工具作为货币发行准备资产。在现代国际社会中，大多数国家或者经济体的货币发行准备资产都是多样化的混合储备资产，既有现金储备资产，又有证券储备资产，甚至还存以大宗商品、能源与资源产品为基础的商品储备资产。一个国家或者经济体控制的发行准备资产规模及其变化，直接影响到货币发行的规模及其变化。一般而言，一国或者经济体的发行准备资产规模越大，则该国或者经济体发行的货币信用也越高，发行货币规模及流通范围则也会越大，反之，则发行货币规模及流通范围也较为有限。

对一个主权国家而言，该国发行的货币信用不仅与该国政府拥有或者控制的发行准备资产密切相关，也与该国或者该经济体获得准备资产的能力及社会预期紧密相关，也就是说一国或者一个经济体如果拥有和控制的货币发行准备资产规模有限，但该国或者经济体具有获取货币发行准备资产的能力或者社会对该国或者经济体获取货币发展准备资产的能力具有良好的预期，则该国或者经济体在发行货币时也可能拥有较高的信用保证，推动该国或者该经济体货币发行规模与范围的扩张。因此，一国货币的发行规模与该国货币发行的准备资产正相关，但货币发行规模并不仅由货币发行准备资产的存量规模决定，还受货币发行准备资产增长速度、可能性及预期决定。就主权国家而言，该国占用货币发行准备资产存量规模、获得货币发行增量准备资产的能力及可能性、社会对该国货币发行准备资产变动预期成为影响该国货币信用与货币体系运行的主要影响因素。

货币材料的选择过程也是不同材料货币市场竞争的过程。金属货币体系与信用货币体系的产生过程，就是人类社会商品交易与资源配置机制不断演化过程。本研究认为，人类商品交易演化经历了五个阶段：第一阶段为随机的单一商品直接交易阶段，表现为交易主体的随机性、交易商品的单一性与随机性、交易方式的直接性；第二阶段为经常性的单一商品直接交易阶段，表现交易主体的经常性、交易商品的常用性、交易方式的直接性、交易商品的单一性，交易的直接目标是自己使用；第三个阶段为经常性的多商品直接交易阶段，表现为交易主体的经常性、交易商品的多样化与常用性、交易方式的直接性；第四阶段为经常性的多商品间接交易，表现为交易主体的经常性、交易商品的多样化、交易方式的间接性，产生了不以自己直接使用而是以间接使用为目的的市场交易活动；第五阶段为专业性多商品货币交易阶段，表现为交易主体的专业性与专业化分工、交易商品的多样化、交易方式的间接性；第六阶段为网络化、专业化、商品交易金融化阶段，出现了以货币为交易媒介的专业化多商品间接网络交易，商品交易金融化，货币成为商品交易活动的纽带和主要媒介。据此，可以把人类社会区分为随机单一商品易货贸易社会、经常性单一商品易货贸易社会、经常性多商品直接交易社会、经常性多商品间接贸易社会、专业化多商品货币贸易社会与网络化市场交易社会。现代社会为专业化多商品货币贸易社会，如图5-4所示：

第一阶段
- 随机单一商品易货贸易社会
- 由前商品交易社会演变而来，交易主体与交易商品的随机性与单一性

第二阶段
- 经常性单一商品易货贸易社会
- 交易主体与交易商品的经常性与单一性

第三阶段
- 经常性多商品直接交易社会
- 交易主体经常性、交易商品多样性、交易方式直接性

第四阶段
- 经常性多商品间接交易社会
- 交易主体经常性、交易商品多样性、交易方式间接性

第五阶
- 专业化多商品货币交易社会
- 交易主体专业化、交易商品多样化、交易方式货币化

第六阶段
- 网络化金融社会
- 交易主体网络化、交易商品金融化、交易货币电子化

图5-4　人类商品交易演化的六个阶段及网络化金融社会的形成

从图5-4可以看出，货币的出现与网络化金融社会的形成是人类商品交易与资源配置机制发展到一定历史阶段的产物，货币最初是作为商品交易的一般等价物而出现的。

全球统一市场形成以前的国际社会是由彼此之间缺乏紧密市场联系的相对独立的国家实体、类国家社会实体或者经济体共同构成的，不同国家或者类国家实体、经济体中的商品交易主体、交易商品、交易方式存在着差异，经济发展阶段也存在显著差异，导致不同实体或者经济体中作为商品交易的一般等价物的货币材料选择也存在着多样性，例如有的国家或者地区使用实物商品例如贝壳作为货币，有的国家或者地区使用金属例如

铜、银、金等作为货币。随着人类商品交易品种的增多、交易规模的扩大、交易地理空间范围的扩展、交易主体与交易方式的日益多样化，能够为更为普遍的市场交易主体所接受、携带和交易，方便、容易分割且价值稳定的贵金属便成为大多数经济体中被普遍接受的货币，黄金和白银为代表的贵金属成为大多经济体的本位货币，人类社会进入金属本位货币时代。金属货币替代其他货币成为一国主要货币，也就是金属本位货币体系的出现是人类商品交易与货币选择演化的必然结果，主要原因表现在三个方面：一是以金银为代表的贵金属作为商品用途广泛，能够为更多的生产者和消费者所接受，能够在更多样化的经济区域、更大规模的市场和更为广阔的地理空间扮演一般等价物的角色；二是以金银为代表的贵金属的物理性质稳定性和同质性，其内部物理差异相对较小且同质性相对较高，更适宜作为一般等价物或者货币商品，在现代纸币产生以前，没有其他物品或者商品具有相同或者类似特征；三是以金银为代表的贵金属价值相对稳定，体积相对较小并容易流通，容易进行标准化的精细分割，同时度量方便且便于制定衡量标准。商品本位货币体系、金属本位货币体系与纸币本位货币体系之间的关系可以用图 5-5 描述：

商品本位货币体系	
商品为本位货币	商品交易货币化

↓

金属本位货币体系	
金属为本位货币	商品交易金属货币化

↓

纸币本位货币体系	
纸币为本位货币	商品交易信用化

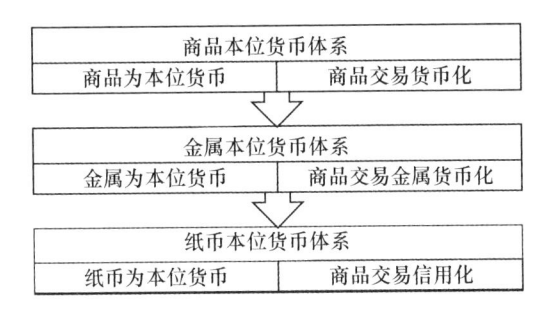

图 5-5　商品本位货币、金属本位货币与信用本位货币

从图 5-5 可以看出，商品本位货币体系为金属本位货币体系取代、金属本位货币体系为纸币本位货币体系取代是人类社会演变和政治经济发展的必然结果。

在金属本位货币体系中，又存在着从银本位制（Silver Standard）、金银复本位制（Gold and Silver Bimetallism）到金本位制（Gold Standard）的演变，这种演变过程也是一个不同金属货币作为本位货币的博弈与社会演变选择过程。金属货币体系演变可以从一国政府行为与交易行为两个方面进行分析。中国自汉代到清朝末年和民国初期长期实行银本位货币体系,西欧国家在金本位货币出现以前也存在过银本位货币体系和金银复本位货币体系,金本位货币体系替代银本位货币体系是多方面的原因造成的。18—19世纪的英国、法国和美国实行了较长时期的金银复本位货币制度。1821—1913年英国实行金本位货币体系。1880—1913年为金本位国际货币体系（金币本位国际货币体系,也称为英镑汇兑本位货币体系,Sterling Exchange Standard System）。1924—1928年为金块本位制与金汇兑本位制。1929—1933年资本主义世界大危机期间产生不兑现信用货币体系。金银复本位制是银本位制演化到金本位制的过渡类型。金本位货币体系取代银本位货币体系的过程可以用图5-6描述：

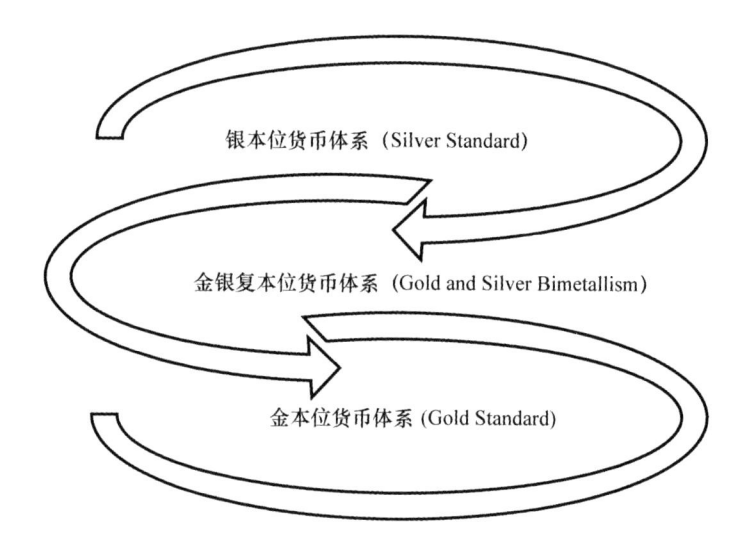

图5-6　银本位货币体系、金银复本位货币体系与金本位货币体系的演变路径

金本位货币体系取代银本位货币体系是一个复杂的历史过程,不同的国家或者经济体的演变路径又呈现出显著的差异性,例如英国早在1821年就通过立法形式构建起金本位货币体系,中国自汉代起采用白银作为本位货币到1935年当时的国民政府进行法币改革才最终结束银本位货币体系。

金本位制替代银本位制的主要原因在如下五个方面：一是黄金价值高于白银,在19世纪,随着银矿的大量发现和开采,白金价格下降,使得以白银作为本位货币的价值下降,而黄金的相对价格和价值则上升;二是黄金的单位流通成本低于白银,白银价格下降导致单位重量的白银价格持续下降,出现白银的高流通成本与低价值现象,不利于大规模的商品交易与投资活动;三是黄金能够满足社会交易扩大的需要,社会经济发展使得市场交易规模扩大,需要更有效的交易工具,随着黄金开采技术发展和黄金存量的增加,黄金在货币流通中能够完全替代白银而满足整个社会的交易与投资需要;四是黄金替代白银成为主要金属货币,能够避免黄金与白银比价变动对货币流通和商品交易造成的不确定性风险,也可以避免金银复本位货币体系运行中出现的劣币驱逐良币现象;五是社会经济发展跨越了适合银本位货币体系运行市场交易环节,在黄金短缺、经济发展水平相对较低、市场交易不发达的国家或者经济体中,白银作为本位货币具有自己的优势,但随着社会经济的发展、市场交易规模扩大、黄金供给增加时,白银作为本位货币的缺陷和不足必然显露出来,而黄金作为本位货币的优势则逐渐显露出来,出现黄金本位货币对白银本位货币的替代便成为社会经济发展的必然选择和结果。金本位替代银本位货币体系的过程可以用图5-7描述:

银本位货币体系	金本位货币体系
白银为本位货币	黄金为本位货币
黄金短缺社会	适应黄金充足社会
小规模分散交易社会	大宗商品交易社会
相对货币流通成本高	相对货币流通成本低
货币价值稳定性相对低	货币价值稳定性相对高

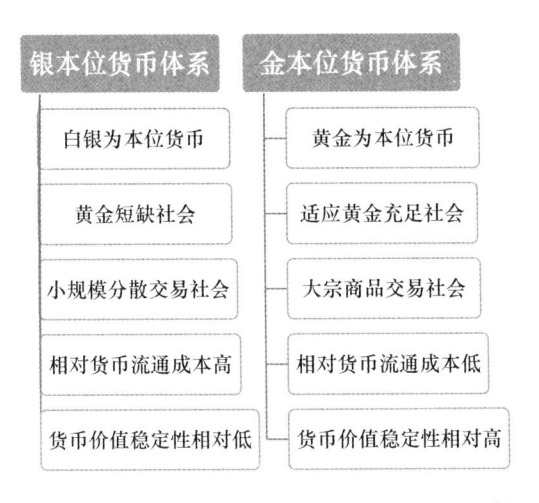

图 5-7 银本位货币体系与金本位货币体系比较

从图5-7可以看出,在同为金属货币体系条件下,金本位货币体系具有显著的优越性,但金本位货币体系必须在社会经济发展到一定历史阶段才可能出现,一个根本原因在于社会对市场商品交易规模的扩大、货币流通成本降低和币值稳定性的需求。

金本位货币体系是指以黄金作为本位货币体系。根据规定的法定含金量的信用货币兑换黄金可能性及渠道差异,我们可以把金本位货币体系区分为金币货币体系、金块本位货币体系与金汇兑货币体系三种类型,也可以称为金币本位制(Gold Currency System)、金块本位制(Gold Bullion Standard)和金汇兑本位制(Gold Exchange Standard),三者之间的关系如图5-8所示:

金币本位制 (Gold Currency System)
- 金币自由流通
- 金币自由铸造
- 黄金自由输出入

金块本位制 (Gold Bullion Standard)
- 金币不能够自由流通
- 金币不能够自由铸造
- 黄金自由输出入
- 银行券有条件兑换金块

金汇兑本位制 (Gold Exchange Standard)
- 金本不能够自由流通
- 金币不能够自由铸造
- 黄金不能够自由输出入
- 银行券不能够兑换黄金但能够兑换外汇

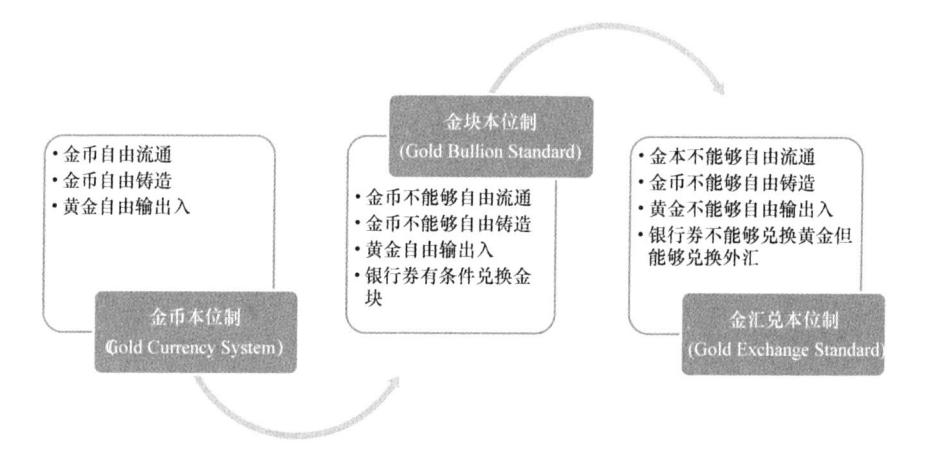

图5-8 金币本位制、金块本位制与金汇兑本位制的比较

从上图可以看出,金币本位制是完全意义上的以黄金为本位货币的货币制度。而金块本位制则是已经逐渐退化了的金本位制,银行券必须达到一定规模才可能兑换黄金也就是具有门槛条件的适应部分社会成员的银行券与黄金自由兑换。金汇兑本位制则已经演变成一种对外国强势货币具有依赖关系的货币制度,本国发行的银行券必须通过外国强势货币与黄金挂钩,黄金的本位货币地位极大地被虚位化了,已经不是完全意义上的金本位货币制度,仅仅是金属货币向不兑现信用货币体系的过渡类型。金汇兑本位货币制度的出现是金属货币体系已经不能够完全适应社会经济发展需要的表现和重要标志。

第六节 国际货币体系演变的国家货币基础

货币选择不仅是国内货币体系的核心内容，也是国际货币体系形成与演变的核心内容。一国货币体系从普通商品货币体系演化到金属货币体系、由金属货币体系演变到纸币货币体系的过程，也是一个相关社会主体的政治经济利益博弈过程。现假定存在一个代表性国家，有 n 个社会行为体，其中 n 为自然数，代表性的社会行为体为 i，这里的社会行为体，既可以是作为生产者的厂商、作为消费者的个人或者家庭户和提供公共产品的政府，也可以是非政府组织等，假定该国家存在 m 种可以作为货币的商品，m 是自然数，可以作为货币的代表性商品为 j，$j \in M = \{1, 2, \cdots, i, \cdots, m\}$，代表性社会行为体 i 持有商品 j 的效用函数为：

$$u_i = u_i(x_{i1}, x_{i2}, x_{i3}, \cdots, x_{ij}, \cdots, x_{im}) \tag{1}$$

其中 $x_{i1}, x_{i2}, x_{i3}, \cdots, x_{ij}, \cdots, x_{im}$ 分别表示社会行为体 i 所拥有的不同类型的商品的数量，其中 i 表示社会行为体 i 持有的可以作为货币的代表性商品 j 的数量，代表性商品 j 的总量为：

$$x_1 = \sum_{i=1}^{n} x_{i1}, x_2 = \sum_{i=1}^{n} x_{i2}, \cdots, x_j = \sum_{i=1}^{n} x_{ij}, \cdots, x_m = \sum_{i=1}^{n} x_{im} \tag{2}$$

对于代表性社会行为体 i 而言，当他持有代表性商品 j 时，持有的数量越多则其获得的总效用也越大，但存在着边际效应递减现象，即如下不等式成立，

$$\frac{\partial u_i(x_{i1}, x_{i2}, x_{i3}, \cdots, x_{ij}, \cdots, x_{im})}{\partial x_{ij}} \geq 0, \frac{\partial^2 u_i(x_{i1}, x_{i2}, x_{i3}, \cdots, x_{ij}, \cdots, x_{im})}{\partial x_{ij}^2} \leq 0 \tag{3}$$

假定代表性社会行为体 i 拥有的除了代表性商品 j 以外的任何类型商品为 $\bar{j}$，且社会行为体拥有的任何两种的商品的边际效用不相同、数量不相同、单位商品的流通成本也不相同，下面式子成立：

$$\frac{\partial u_i(x_{i1}, x_{i2}, x_{i3}, \cdots, x_{ij}, \cdots, x_{im})}{\partial x_{ij}} \neq \frac{\partial u_i(x_{i1}, x_{i2}, x_{i3}, \cdots, x_{ij}, \cdots, x_{im})}{\partial x_{i\bar{j}}},$$

$$x_{ij} \neq x_{i\bar{j}}, c_j \neq c_{\bar{j}} \tag{4}$$

上式中，c_j 和 $c_{\bar{j}}$ 分别表示两种商品的单位价值流通成本。在此条件下，代表性社会行为体 i 面临的问题为：

$$\max_{x_{i1},\cdots,x_{ij},\cdots,x_{im}} u_i = u_i(x_{i1},x_{i2},x_{i3},\cdots,x_{ij},\cdots,x_{im})$$
$$s.t. : x_{i1} \leq x_1, x_{i2} \leq x_2, \cdots, x_{ij} \leq x_j, \cdots, x_{im} \leq x_m \quad (5)$$

在上式中，当代表性社会行为体 i 效用最大化目标实现时，必须满足如下条件：

$$\frac{\partial u_i(x_{i1},x_{i2},x_{i3},\cdots,x_{ij},\cdots,x_{im})}{\partial x_{ij}} = \frac{\partial u_i(x_{i1},x_{i2},x_{i3},\cdots,x_{ij},\cdots,x_{im})}{\partial x_{i\bar{j}}} \quad (6)$$

也即：

$$\frac{\partial u_i(\cdot)}{\partial x_{i1}} = \frac{\partial u_i(\cdot)}{\partial x_{i2}} = \cdots = \frac{\partial u_i(\cdot)}{\partial x_{ij}} = \cdots = \frac{\partial u_i(\cdot)}{\partial x_{im}} \quad (7)$$

但根据前面的假设条件，在初始条件下，在不存在市场交易与资源再配置情况下，上式是不可能成立的。因此，为了实现最大化目标，任何一个社会行为体都需要参与市场交易活动，以改变自己拥有的初始商品的品种和数量，实现商品数量结构的帕里托改进并达到帕里托最优标准（Pareto Optimality），则存在如下两种情况，对于除代表性社会行为体 i 与除 i 以外的任何一个社会行为体 $\bar{i}$ 而言，如果存在如下情况，

$$\begin{cases} ① \dfrac{\partial u_i(x_{i1},x_{i2},x_{i3},\cdots,x_{ij},\cdots,x_{im})}{\partial x_{ij}} < \dfrac{\partial u_i(x_{i1},x_{i2},x_{i3},\cdots,x_{ij},\cdots,x_{im})}{\partial x_{i\bar{j}}} \\ ② \dfrac{\partial u_{\bar{i}}(x_{\bar{i}1},x_{\bar{i}2},x_{\bar{i}3},\cdots,x_{\bar{i}j},\cdots,x_{\bar{i}m})}{\partial x_{\bar{i}\bar{j}}} > \dfrac{u_{\bar{i}}(x_{\bar{i}1},x_{\bar{i}2},x_{\bar{i}3},\cdots,x_{\bar{i}j},\cdots,x_{\bar{i}m})}{\partial x_{\bar{i}\bar{j}}} \end{cases}$$
$$(8)$$

在上式描述的状况和边际效用递减规律，社会行为体 i 和 $\bar{i}$ 都可以通过可货币化商品 j 和 $\bar{j}$ 的交易获得效用水平的帕里托改进，即社会行为体 i 向社会行为体 $\bar{i}$ 出售商品 j 并购买商品 $\bar{j}$，由此在两个社会行为体之间形成商品交易，便产生了国内商品贸易的可能性。如果存在如下情况，

$$\begin{cases} ① \dfrac{\partial u_i(x_{i1},x_{i2},x_{i3},\cdots,x_{ij},\cdots,x_{im})}{\partial x_{ij}} > \dfrac{\partial u_i(x_{i1},x_{i2},x_{i3},\cdots,x_{ij},\cdots,x_{im})}{\partial x_{i\bar{j}}} \\ ② \dfrac{\partial u_{\bar{i}}(x_{\bar{i}1},x_{\bar{i}2},x_{\bar{i}3},\cdots,x_{\bar{i}j},\cdots,x_{\bar{i}m})}{\partial x_{\bar{i}\bar{j}}} < \dfrac{u_{\bar{i}}(x_{\bar{i}1},x_{\bar{i}2},x_{\bar{i}3},\cdots,x_{\bar{i}j},\cdots,x_{\bar{i}m})}{\partial x_{\bar{i}\bar{j}}} \end{cases}$$
$$(9)$$

在上式描述的状况和边际效用递减规律，社会行为体 i 和 $\bar{i}$ 也可以通过可货币化商品 j 和 $\bar{j}$ 的交易获得效用水平的帕里托改进，即社会行为体 i 向社会行为体 $\bar{i}$ 购买商品 j 并出售商品 $\bar{j}$，由此在两个社会行为体之间形成商品交易，便产生了国内商品贸易的可能性。从上面的分析不难看出，在社会行为体存在着边际效用递减的情况下，通过不同社会行为体之间的商品贸易不仅能够提高相关社会行为体的效用水平，而且可以增进整个社会的总效用水平。

但上述描述的一国的社会行为体的商品交易只是一种可能性，要变为现实还需要满足如下五个条件：一是商品出售与购买信息为可能交易的社会行为体的共同信息；二是所有社会行为体从商品交易中获得的递增利益高于商品交易费用；三是社会行为体找到合适的商品交易计价与结算工具；四是完善的商品产权界定与产权保护制度；五是如果社会行为体是理性的经济人，存在追求自身效用或者利益最大化的主观动机和内在激励机制。

第七节 结论

国际货币体系形成与运行必须具备必要的国内政治经济条件，主要包括五个方面：一是世界各国特别是主要大国国内货币体系是国际货币体系构建的基础，国际货币体系以世界主要政治经济大国的国内货币体系及相关金融市场为基础，主要政治经济大国的国际政治经济稳定是国际货币体系稳定运行的基础和前提条件；二是世界各国特别是主要大国国内货币与金融风险是国际货币体系运行风险的主要来源，如果一个或者多个主要政治经济大国的国内货币体系与金融市场出现较大风险与危机，则必然影响到国际货币体系的稳定运行；三是世界各国特别是主要政治经济大国的主权信用是国际货币体系的主要信用来源，如果主要大国的货币与主权信用下降或者出现不确定性，则必然影响到国际货币体系的信用基础；四是世界各国特别是主要大国的国内货币与金融监管体系是国际货币体系监管机制的基础，国际货币体系与国际金融市场监管不可能完全脱离或者不受国际监管制度的影响而完全独立运行；五是国际货币体系改革需要世界各国特别是主要大国的分工合作与共同推进，如果没有主要大国的相互协调配合与分工合作，国际货币体系改革的目标不可能顺利实现。

第六章

货币国际化与世界化的宏观条件：货币大国内生形成及国际货币合作

第一节 引言

货币大国之间的相互竞争与合作构成货币国际化与世界化的宏观条件。国际货币体系改革与人民币国际化的过程，也是一个大国货币竞争的过程，以中国为代表的新兴国家和以美国为代表的传统大国在货币领域的相互竞争已经成为影响国际货币体系改革与人民币国际化的重要因素。在后金融危机时期，改革国际货币体系已经成为全球大多数经济体的共识，但对于如何进行改革且存在较大分歧，特别是以中国为代表的新兴经济体和广大发展中国家与西方发达经济体之间的分歧更为显著，彼此之间在改革目标、改革方式、改革议题、改革日程等多个方面存在不同看法。西方国家金融与债务危机频繁发生的一个重要原因在于现存国际货币体系存在着诸多缺陷，主要表现在五个方面：

其一，储备货币信用下降及体系不健全，以美元、欧元为全球主要储备货币的国际储备货币体系已经不能够完全满足国际储备货币及信用增长的需要，仅仅依靠美国和欧元区各国，已经不能够维持全球储备货币体系稳定运行。

其二，不能够反应世界经济运行新常态。现存国际货币体系不能够适应和反应国际经济格局演变的新特点和新常态，表现为新兴经济体和广大发展中经济体在全球经济体格局中地位不断上升，以美国、欧盟和以美国为代表的西方发达经济体在全球经济体系中的地位相对下降。

其三，监管与平衡机制不健全。现存国际货币体系不能够有效预防和控制国际金融与债务危机的频繁发生和全球性蔓延,监管与国际收支平衡机制失效。

其四,缺乏公平性。现存国际货币体系仍然由以美国、欧盟、日本为代表的发达经济体主导,新兴和发展中经济体缺乏应有的话语权。

其五,低效率和官僚主义。现存国际货币体系运行中的官僚主义、少数大国垄断与操纵、效率低下的弊端日益显露,需要改变官僚主义和低效率的现状。

在新的历史条件下,对现存国际货币体系进行深度改革不仅具有必要性与紧迫性,而且已经具备一定的经济、政治与制度条件。因此,在分析相关研究文献与经验数据的基础上,构建理论模型分析后金融危机时期国际货币体系改革与人民币国际化中的大国竞争与货币合作问题具有理论价值和现实意义。

第二节　背景与数据

后金融危机时期,主要大国的经济实力和市场规模是影响国际货币体系改革与人民币国际化中的大国竞争与货币合作的重要因素,也是国际经济格局演变的重要推动力量。国际经济格局的演变是影响国际货币体系演变的重要因素,国际经济格局的调整与变革是推动国际货币体系调整与改革的关键力量。主要大国与经济体在全球经济体系中的地位和影响力的变化是国际经济各国演变与调整的主要特征,经济规模、贸易与市场规模、货币地位与金融实力的变化则是主要的考察指标。后金融危机时期,国际经济格局演变与调整表现出新的特征,形成新的国际经济格局演变态势,不仅为国际货币体系改革创造了新的经济环境,还成为推动国际货币体系改革的内生经济动因。大国之间经济地位变化与调整导致大国货币信用变化与调整,货币信用下降大国与货币信用上升大国之间的信用竞争推动国际本位货币。以中国为代表的新兴经济大国与货币大国的崛起、以美国为代表的西方经济与货币大国地位的相对下降,是后金融危机时期国际经济与货币体系运行的显著特征(如表6-1所示)。

表6-1　国际金融危机前后（2004—2017年）世界主要大国实际增长率　（单位:%）

国家	2004年	2005年	2006年	2007年	2008年	2009年	2010年	2011年	2012年	2013年	2014年	2015年	2016年
中国	10.10	11.30	12.70	14.20	9.60	9.20	10.61	9.50	7.90	7.80	7.30	6.90	6.70
美国	3.79	3.35	2.67	1.78	-0.29	-2.78	2.53	1.60	2.22	1.68	2.37	2.60	1.62
德国	0.70	0.88	3.87	3.38	0.82	-5.57	3.95	3.72	0.69	0.59	1.60	1.48	1.77
意大利	1.58	0.95	2.01	1.47	-1.05	-5.48	1.69	0.58	-2.82	-1.73	0.11	0.78	0.88
日本	2.21	1.66	1.42	1.65	-1.09	-5.42	4.19	-0.12	1.50	2.00	0.34	1.20	1.00
英国	2.53	2.97	2.50	2.56	-0.63	-4.33	1.92	1.51	1.31	1.91	3.07	2.19	1.81
法国	2.79	1.61	2.38	2.36	0.20	-2.94	1.97	2.08	0.18	0.58	0.64	1.27	1.21
巴西	5.76	3.20	3.96	6.07	5.09	-0.13	7.53	3.97	1.92	3.01	0.50	-3.77	-3.60
印度	7.85	9.29	9.26	9.80	3.89	8.48	10.26	6.64	5.46	6.39	7.51	8.01	7.11
俄罗斯	7.18	6.38	8.15	8.54	5.25	-7.82	4.50	5.07	3.66	1.79	0.74	-2.83	-0.23
南非共和国	4.56	5.28	5.60	5.36	3.19	-1.54	3.04	3.28	2.21	2.49	1.70	1.30	0.28

资料来源：笔者根据国际货币基金组织（IMF）网站发布数据整理，http://www.imf.org/data，访问日期：2017年11月4日。

从上表可以看出，2008年国际金融危机发生以来，在主要大国中，中国与印度的实际经济增长速度最快，巴西和俄罗斯表现出最大的波动性，美国是西方大国中表现最好的经济体，西方国家实际增长速度相对较低。2015年，国际货币基金组织发布了世界经济增长的预测数据，如表6-2所示。

表6-2　　　　　　1980—2020年世界GDP及年增长速度

年份	GDP年增长速度（不变价格计算）（%）	GDP年增长速度（市场汇率计算）（%）	GDP（当期价格计算）（十亿美元）	GDP（基于各国GDP购买力平价估算）（十亿当期国际元）
1980	2.250	1.731	11,137.26	12,990.06
1981	2.287	2.223	11,361.19	14,501.38
1982	0.764	0.501	11,137.57	15,492.80
1983	2.787	2.869	11,416.50	16,527.18
1984	4.826	4.933	11,835.93	17,917.99
1985	3.925	3.879	12,269.91	19,209.03

续表

年份	GDP 年增长速度（不变价格计算）（%）	GDP 年增长速度（市场汇率计算的）（%）	GDP（当期价格计算）（十亿美元）	GDP（基于各国 GDP 购买力平价估算）（十亿当期国际元）
1986	3.370	3.219	14,435.90	20,231.24
1987	3.816	3.671	16,565.10	21,521.06
1988	4.607	4.672	18,592.00	23,264.33
1989	3.874	3.861	19,527.00	25,074.74
1990	3.419	3.125	23,216.15	26,877.56
1991	2.486	1.848	24,538.38	28,406.19
1992	2.348	2.545	24,938.90	32,276.22
1993	2.163	1.521	25,662.75	33,726.80
1994	3.323	3.184	27,547.66	35,495.64
1995	3.368	2.831	30,680.50	37,569.51
1996	3.927	3.283	31,534.62	39,725.85
1997	4.100	3.564	31,476.23	42,110.46
1998	2.562	2.234	31,277.71	43,608.12
1999	3.635	3.203	32,400.63	45,842.29
2000	4.821	4.182	33,455.71	49,143.95
2001	2.515	1.685	33,297.96	51,489.07
2002	2.960	1.979	34,305.49	53,795.14
2003	4.055	2.893	38,573.52	57,031.46
2004	5.185	3.985	43,448.26	61,845.60
2005	4.872	3.516	47,028.26	66,879.75
2006	5.544	4.023	50,946.30	72,672.74
2007	5.702	3.922	57,515.77	78,742.95
2008	3.064	1.510	63,014.31	82,644.27
2009	0.028	-1.994	59,682.89	83,044.76
2010	5.431	4.148	65,338.93	88,523.12
2011	4.225	3.007	72,422.52	94,012.76
2012	3.426	2.446	73,777.26	98,713.55
2013	3.308	2.396	75,467.07	103,554.47
2014	3.428	2.661	77,269.17	108,777.21

续表

年份	GDP 年增长速度（不变价格计算）（%）	GDP 年增长速度（市场汇率计算的）（%）	GDP（当期价格计算）（十亿美元）	GDP（基于各国 GDP 购买力平价估算）（十亿当期国际元）
2015	3.123	2.486	73,506.82	113,162.22
2016	3.560	2.963	76,321.32	118,518.50
2017	3.805	3.207	80,719.60	125,117.83
2018	3.903	3.292	85,436.68	132,615.50
2019	3.957	3.274	90,575.15	140,793.80
2020	3.968	3.235	96,193.50	149,463.95

注：2015—2020 年为预测数据。

资料来源：笔者根据国际货币基金组织（IMF）网站发布数据整理，http://www.imf.org/data，访问日期：2015 年 11 月 15 日。

从表 6-2 可以看出，金融危机最为严重的 2009 年按不变价格计算的世界经济增长速度为 0.028%，2014 年恢复到 3.428%，2015 年则为 3.123%。国际金融与债务危机对世界经济的消极影响已经逐渐减弱，但国际金融与债务危机显示出国际货币体系缺陷及大国间货币竞争不可能消失。

后金融危机时代，大国之间的货币竞争和货币关系调整主要表现在五个方面：一是大国货币竞争的全球产业分工基础发生改变，全球新分工体系替代旧分工体系，以中国为代表的新兴大国在全球产业分工体系中的相对地位不断上升，以美国为代表的西方大国在全球产业分工体系中的相对地位不断下降。如果从工业增加值分析，中国已经成为全球第一制造业大国，美国已经失去全球第一制造业大国的地位，但中国还不是全球制造业强国，以美国为代表的西方大国仍然是全球主要的制造业强国。二是大国货币竞争的国际市场结构发生改变，新市场空间体系替代传统市场空间体系，新市场竞争体系替代传统市场体系，以中国为代表的新兴经济体的市场竞争力不断提高，以美国为代表的西方国家的市场竞争力不断下降。中国从 2013 年开始已经成为全球第一货物贸易大国，把中国作为最大贸易伙伴的经济体数量已经超过把美国作为最大贸易伙伴的经济体数量。三是大国货币竞争的经济地理空间发生了变化。新贸易地理空间替代传统贸易地理空间，亚洲太平洋地区已经成为全球新的经济发展和贸易增长中心，跨大西洋国家在全球经济发展与贸易增长中的地位下降。四是大国货币竞争的信用基础发生了改变，国际金融与债务危机不仅对以美国为代表的相关国家的商业信用产生了冲击，而且对西方国家的政府信用产生了冲击，西方国家货币发行的信用基础出现了动摇，以中国为代表的新兴大国货币的信用基础则相对得到加强。五是大国货币竞争的制度基础发生了改变，传统的国际金融机构特别是国际货币基金组织、世界银行在全球金融市场与货币治理中的缺陷和不足进一步显露出来，以美国为代表的西方国家主导国际金融与货币事务的组织结构和规则体系的不足也充分暴露。

第三节 货币大国的内生形成

货币大国之间的竞争已经成为影响后金融危机时代国际货币体系改革与人民币国际化的重要因素，中国作为新兴经济大国和货币大国的崛起是后金融危机时代的突出事件。国际货币大国是各种因素共同作用的结果，具有内生性。笔者接下来构建一个全球性垄断竞争模型，对新兴经济大国特别是新兴货币大国的崛起进行内生解释。

在一个全球化世界的垄断竞争市场中，消费者对多样性的偏好成为企业规模报酬递增的主要来源，即企业的规模报酬递增内生于消费者的多样化偏好。假设：一个国家生产多种产品，该国潜在的产品种类为 N，每种产品都不完全相同，它们彼此之间存在一定的替代性；用连续变量 s 表示该国生产的产品的种类，有 $s \in [0, N]$；每种产品都只由一个企业生产，企业在生产产品时具有规模报酬递增特征；企业在生产产品时只使用一种生产要素劳动，用 L 表示。

根据迪克西特—斯蒂格利茨的分析框架，生产第 s 种产品的企业的生产函数为：$L_s = \alpha + \beta x_s$。其中，L_s 为投入的劳动，x_s 为产出，α 为单位产出的固定成本（以劳动量来衡量），β 为边际成本（以劳动量来衡量）。假设每个企业的 α 和 β 都相同。规模报酬递增就是在其他条件不变的情况下，企业产出增加的比例大于各种要素投入增加的比例的生产状况。在这个生产函数中，投入的劳动要素增加 $t(t>1)$ 倍，相应的产出增加超过 t 倍，因此该生产函数具有规模收益递增特征。

$$L_s = \alpha + \beta x_s \Rightarrow x_s(L_s) = \frac{L_s}{\beta} - \frac{\alpha}{\beta}$$

任取 $t>1$，

$$x_s(tL_s) = \frac{tL_s}{\beta} - \frac{\alpha}{\beta} = t(\frac{L_s}{\beta} - \frac{\alpha}{\beta}) + \frac{\alpha}{\beta}(t-1)$$

$$x_s(tL_s) = t(\frac{L_s}{\beta} - \frac{\alpha}{\beta}) + \frac{\alpha}{\beta}(t-1) = tx_s(L_s) + \frac{\alpha}{\beta}(t-1) > tx_s(L_s)$$

假设所有消费者对产品 s 都具有相同的偏好，消费者都有多样化的需求，但也不会对某些特定的产品具有特殊的偏好，即消费者对各种产品的偏好程度是相同的。c_s 表示消费者对第 s 种产品的消费量，C_w 表示消费者对全部产品的消费量。可以用不变替代弹性函数（CES）来表示消费者消费的全部产品数量。如果产品之间的差别化程度是连续的，则消费者对全部产品的消费量可以表示为：

$$C_w = [\int_0^N c_s^\rho ds]^{\frac{1}{\rho}} \quad 0 < \rho < 1$$

其中，参数 ρ 为表示多样化偏好的系数。如果 ρ 接近 1，则消费者对多样化的偏好程度很小，此时产品之间完全可以相互替代；如果 ρ 接近 0，则消费者对多样化的偏好程度很大，此时产品之间很难相互替代。如果设：

$$\sigma = \frac{1}{1-\rho},$$

则 σ 表示任意两种产品之间的替代弹性，反映了各种产品之间的相互替代能力，从而反映了消费者对产品多样性的需求强度。σ 越小，多样性需求越弱，σ 越大，多样性需求越强。如果 σ 接近无穷大，则产品之间完全可以相互替代，消费者对多样化的偏好程度很小；如果 σ 接近 1，则产品之间很难相互替代，消费者对多样化的偏好程度很大。消费者对全部产品的消费量还可以表示为：

$$C_w = [\int_0^N c_s^{\frac{\sigma-1}{\sigma}} ds]^{\frac{\sigma}{\sigma-1}} \quad (\sigma > 1)$$

假设每个消费者消费产品时的效用函数都相同，且直接取决于消费者

消费的产品数量,有:

$$U = \left[\int_0^N c_s^\rho ds\right]^{\frac{1}{\rho}}$$

或者:

$$U = \left[\int_0^N c_s^{\frac{\sigma-1}{\sigma}} ds\right]^{\frac{\sigma}{\sigma-1}}$$

假设每个消费者花在产品上的总支出相同,用 y 表示,产品 s 的市场价格用 p_s 表示,消费者面临的效用最大化问题可以表示为:

$$\max_{c_s} U = \left[\int_0^N c_s^{\frac{\sigma-1}{\sigma}} ds\right]^{\frac{\sigma}{\sigma-1}}$$

$$\text{s.t.} \int_0^N p_s c_s ds = y$$

构建拉格朗日函数,并对每一个自变量求一阶偏导数,令偏导数等于0,有:

$$l(c_s, \lambda) = \left[\int_0^N c_s^{\frac{\sigma-1}{\sigma}} ds\right]^{\frac{\sigma}{\sigma-1}} + \lambda\left(y - \int_0^N p_s c_s ds\right)$$

$$\frac{\partial l}{\partial c_s} = \frac{\sigma}{\sigma-1}\left[\int_0^N c_s^{\frac{\sigma-1}{\sigma}} ds\right]\frac{1}{\sigma-1}\frac{\sigma-1}{\sigma}c_s^{-\frac{1}{\sigma}} - \lambda p_s$$

$$= \left[\int_0^N c_s^{\frac{\sigma-1}{\sigma}} ds\right]^{\frac{1}{\sigma-1}} c_s^{-\frac{1}{\sigma}} - \lambda p_s = 0 \ (s = 1, 2, \cdots, N) \quad (1)$$

$$\frac{\partial l}{\partial \lambda} = y - \int_0^N p_s c_s ds = 0 \quad (2)$$

$$MU_s = \frac{\partial U}{\partial c_s} = \left[\int_0^N c_s^{\frac{\sigma-1}{\sigma}} ds\right]^{\frac{1}{\sigma-1}} c_s^{-\frac{1}{\sigma}} = U^{\frac{1}{\sigma}} c_s^{-\frac{1}{\sigma}} \quad (3)$$

由式(1)可得:

$$\left[\int_0^N c_s^{\frac{\sigma-1}{\sigma}} ds\right]^{\frac{1}{\sigma-1}} c_s^{-\frac{1}{\sigma}} = \lambda p_s \quad (4)$$

将式(4)带入式(3)可得:

$$MU_s = U^{\frac{1}{\sigma}} c_s^{-\frac{1}{\sigma}} = \lambda p_s \Rightarrow c_s = \lambda^{-\sigma} p_s^{-\sigma} U$$

其中,λ 与 $U = U_{\max}$ 为常数。令 $\lambda^{-\sigma} U = a$,则消费者对产品 s 的需求函数为:

$$c_s = a p_s^{-\sigma}$$

从供给的角度看,企业根据消费者的需求来供给产品,它面临的利润最大化问题是:

$$\max \pi(x_s) = p_s x_s - wL_s$$
$$\text{s.t.} \ x_s = a p_s^{-\sigma}$$

其中,w 为工人单位劳动的报酬,即工人的单位工资。将式 $L_s = \alpha + \beta x_s$ 代入利润函数可得:

$$\pi(x_s) = p_s x_s - wL_s = p_s x_s - w(\alpha + \beta x_s) = x_s^{1-\frac{1}{\sigma}} - w(\alpha + \beta x_s)$$

企业利润最大化时有:

$$\frac{\partial \pi(x_s)}{\partial x_s} = \frac{\sigma-1}{\sigma} x_s^{-\frac{1}{\sigma}} - w\beta = 0 \Rightarrow x_s = \left(\frac{\sigma w\beta}{\sigma-1}\right)^{-\sigma} \quad (5)$$

将式(5)代入约束条件可得均衡价格:

$$a p_s^{-\sigma} = \left(\frac{\sigma w\beta}{\sigma-1}\right)^{-\sigma} \Rightarrow p_s = a^{\frac{1}{\sigma}} \left(\frac{\sigma w\beta}{\sigma-1}\right)$$

因为是垄断竞争市场,企业的均衡利润为零,有:

$$\pi(x_s) = x_s^{1-\frac{1}{\sigma}} - w(\alpha + \beta x_s) = 0 \Rightarrow$$

$$\left[\left(\frac{\sigma w\beta}{\sigma-1}\right)^{-\sigma}\right]^{1-\frac{1}{\sigma}} - w\left[\alpha + \beta\left(\frac{\sigma w\beta}{\sigma-1}\right)^{-\sigma}\right] = 0 \Rightarrow$$

$$\left(\frac{\sigma w\beta}{\sigma-1}\right)^{-\sigma} = \frac{\alpha(\sigma-1)}{\beta} \quad (6)$$

将式(6)代入企业的均衡产出,

$$x_s = \left(\frac{\sigma w\beta}{\sigma-1}\right)^{-\sigma}$$

可得:

$$x_s = \frac{\alpha(\sigma-1)}{\beta}$$

由于市场上每个企业的情况相同,因此均衡时每个企业的价格和产出都可以表示为:

$$p = a^{\frac{1}{\sigma}}\left(\frac{\sigma w\beta}{\sigma-1}\right), x = \frac{\alpha(\sigma-1)}{\beta}$$

通过均衡时每个企业的平均产出与边际产出的比较,可以判断企业生产是否呈现规模报酬递增特征。

$$\frac{dL}{L} - \frac{x}{L} = \frac{1}{\beta} - \frac{\sigma-1}{\sigma\beta} = \frac{1}{\sigma\beta} > 0 \qquad (7)$$

由于企业的边际成本大于零，$\beta > 0$。式（7）表明，均衡时企业的边际产出大于平均产出，企业生产呈现规模报酬递增特征。令：

$$\theta = \frac{dx}{dL} - \frac{x}{L} = \frac{1}{\sigma\beta} \qquad (8)$$

表示企业生产是边际产出与平均产出的差额，它可以用来衡量企业生产规模报酬递增的程度：

$$\frac{d\theta}{d\sigma} = -\frac{1}{\beta\sigma^2} < 0 \qquad (9)$$

上式表明，θ 与 σ 反方向变动。σ 表示任意两种产品之间的替代弹性，反映了消费者对产品多样性的需求强度。σ 越小，产品之间的替代性越小，消费者的多样性需求越强，企业的规模报酬递增程度也越大。σ 越大，产品之间的替代性越大，消费者的多样性需求越弱，企业的规模报酬递增程度越小。根据马斯洛的需求层次论，随着一国国家经济的增长和消费者收入的提高，消费者的多样性偏好会不断增强，相应地，企业生产的规模报酬程度也会不断提高。这种因果循环关系会累积起来，形成路径依赖现象。

据此，可以发现，在一个开放性的国际社会中，由于各国存在着企业生产规模报酬递增和消费者多样化产品需求偏好，国家人口越多、市场规模越大则越容易形成专业化的产业分工体系，在开放的国际市场体系中形成专业化比较优势和贸易的规模报酬递增效应，在激烈的国际市场竞争中成为制造业大国和贸易大国，最终内生形成具有区域或者全球影响的金融与货币大国。

第四节 国际货币合作（Ⅰ）：理论假设

国际金融与债务危机给全球金融市场与货币体系造成严重的冲击和消极影响，各个经济体之间需要加强货币与金融合作以便化解各种可能的风险。强化经济体之间的跨区域货币合作，是一些新兴体应对国际金融与债务危机的重要政策选择。在全球市场一体化发表特别是全球货币与金融市场一体化发展背景下，不同开放经济体之间货币与金融合作具有内在激励机制，也受到外部条件的约束。现假定存在两个开放经济体1、2，两个经济体之间存在着密切的贸易关系，各自使用本经济体的货币，但贸易结算必须通过第三种货币进行，经常性项目和金融资产必须通过第三经济体的货币和金融市场进行。现以时期$[t,t+T]$为考察期间，t期为考察基期，开放经济体的目标在于通过对外贸易促进本经济体资源优化配置特别是本经济体资源的跨期优化配置[①]，两个经济体的目标函数为：

$$\begin{cases} (i) U_1(t) = \sum_{\tau=t}^{t+T} \rho_1^{\tau-t} u_1(c_1(\tau)) \\ (ii) U_2(t) = \sum_{\tau=t}^{t+T} \rho_2^{\tau-t} u_2(c_2(\tau)) \end{cases} \quad (10)$$

在式（10）中，$\tau \in [t,t+T]$表示有限期界的任意时期，ρ_1、ρ_2表示开放经济体1、2的时间贴现因子（time discount），u_1表示开放经济体1的效用函数，u_2表示开放经济体2的效用函数，$U_1(t)$表示考察基期开放经济体1的总目标值，$U_2(t)$表示考察基期开放经济体2的总目标值。同时假定τ时期开放经济体1、2的生产函数分别为：

$$\begin{cases} (i) y_1(\tau) = a_1(\tau) f_1(k(\tau), l(\tau)) \\ (ii) y_2(\tau) = a_2(\tau) f_2(k(\tau), l(\tau)) \end{cases} \quad (11)$$

在上面式子中，$a_1(\tau)$、$a_2(\tau)$分别表示开放经济体1、2在τ时期的技术系数，$k(\tau)$、$l(\tau)$分别表示t时期的资本投入与劳动力投入。在完全竞争条件下，τ时期开放经济体1、2的资本边际产出等于资本的收益率$r_1(\tau)$、$r_2(\tau)$，τ时期开放经济体1、2的劳动力边际产出等于工资率$w_1(\tau)$、$w_2(\tau)$，即：

$$\begin{cases} (i) r_1(\tau) = a_1(\tau) \dfrac{\partial f_1(k(\tau), l(\tau))}{\partial k(\tau)}, w_1(\tau) = a_1(\tau) \dfrac{\partial f_1(k(\tau), l(\tau))}{\partial l(\tau)} \\ (ii) r_2(\tau) = a_2(\tau) \dfrac{\partial f_2(k(\tau), l(\tau))}{\partial k(\tau)}, w_2(\tau) = a_2(\tau) \dfrac{\partial f_2(k(\tau), l(\tau))}{\partial l(\tau)} \end{cases}$$
$$(12)$$

[①] 本研究中借鉴了MaoriceObstfeld和Kenneth Rogoff发展的研究方法，Maurice Obstfeld and Kenneth Rogoff, *Foundation of International Macroeconomics*, The MIT Press, Cambridge, Massachusetts, 1996, pp. 1 – 124.

在考察的有限期届内,开放经济体不会免费向其他经济体提供可使用的经济资源,也不可能从其他经济体获得不需要偿付的经济资源,但开放经济体之间可以进行跨期贸易与跨期借贷活动。$b_1(\tau+1)$、$b_2(\tau+1)$ 分别表示开放经济体 1、2 在 τ 时期的外汇资产净值,τ 时期开放经济体 1、2 的投资分别为 $i_1(\tau)$、$i_2(\tau)$,时期 τ 存在 $i_1(\tau)=k_1(\tau+1)-k_1(\tau)$,$i_2(\tau)=k_2(\tau+1)-k_2(\tau)$,政府购买支出分别为 $g_1(\tau)$、$g_2(\tau)$,则 τ 时期的开放经济体 1、2 的预算约束为:

$$\begin{cases} (i)(1+r_1(\tau))b_1(\tau)+y_1(\tau)=c_1(\tau)+g_1(\tau)+i_1(\tau) \\ (ii)(1+r_2(\tau))b_2(\tau)+y_2(\tau)=c_2(\tau)+g_2(\tau)+i_2(\tau) \end{cases} \quad (13)$$

同时假定 $r_1(\tau+1)$、$r_2(\tau+1)$ 分别表示开放经济体 1、2 的资本借贷市场上时期 τ 与时期 $\tau+1$ 时期的贷款率。当资本借贷市场上不存在套利交易时,开放经济体 1、2 在时期 τ 的消费在时期 t($t\leqslant\tau$)的折现因子分别为 θ_{1t}^{τ}、θ_{2t}^{τ},也就是开放经济体中以时期 t 的消费物品计算的时期 τ 的消费的市场相对价格,则可以得到下式:

$$\begin{cases} (i)\theta_{1t}^{\tau}=\dfrac{1}{\prod\limits_{\varphi=t+1}^{\tau}[1+r_1(\varphi)]} \\ (ii)\theta_{2t}^{\tau}=\dfrac{1}{\prod\limits_{\varphi=t+1}^{\tau}[1+r_2(\varphi)]} \end{cases} \quad (14)$$

开放经济体 1、2 在时期 τ 至时期 $\tau+1$ 积累的境外净资产分别为 ${}_{1\tau}^{\tau+1}$、${}_{2\tau}^{\tau+1}$,则有下式:

$$\begin{cases} (i)\ {}_{1\tau}^{\tau+1}=b_1(\tau+1)-b_1(\tau)=y_1(\tau)+r_1(\tau)b_1(\tau)-c_1(\tau)-g_1(\tau)-i_1(\tau) \\ (ii)\ {}_{2\tau}^{\tau+1}=b_2(\tau+1)-b_2(\tau)=y_2(\tau)+r_2(\tau)b_2(\tau)-c_2(\tau)-g_2(\tau)-i_2(\tau) \end{cases}$$
$$(15)$$

如果存在如下横截条件(transversality conditions):

$$\begin{cases} (i)\ \dfrac{1}{\prod\limits_{\varphi=t}^{t+T}[1+r_1(\varphi)]}\cdot b_1(t+T+1)=0 \Leftrightarrow \theta_{1t}^{t+T}\cdot b_1(t+T+1)=0 \\ (ii)\ \dfrac{1}{\prod\limits_{\varphi=t}^{t+T}[1+r_2(\varphi)]}\cdot b_2(t+T+1)=0 \Leftrightarrow \theta_{2t}^{t+T}\cdot b_2(t+T+1)=0 \end{cases}$$
$$(16)$$

上面的横截条件表明开放经济体 1、2 在考察期间 $[t, t+T]$ 不存在免费向其他经济体借贷资源，也不存在向其他经济体借入为偿还资源的情况。

第五节 国际货币合作（Ⅱ）：理论模型

利用重复替代方法，可以得到开放经济体 1、2 在研究基期 t 的预算约束条件为：

$$\begin{cases} (i) \sum_{\tau=t}^{t+T} \left\{ \dfrac{[c_1(\tau)+i_1(\tau)]}{\prod\limits_{\varphi=t+1}^{\tau}[1+r_1(\varphi)]} \right\} = [1+r_1(\tau)]b_1(\tau) + \sum_{\tau=t}^{t+T} \left\{ \dfrac{[y_1(\tau)-g_1(\tau)]}{\prod\limits_{\varphi=t+1}^{\tau}[1+r_1(\varphi)]} \right\} \\ \Leftrightarrow \sum_{\tau=t}^{t+T} \theta_{1t}^{\tau} \cdot [c_1(\tau)+i_1(\tau)] = [1+r_1(\tau)]b_1(\tau) + \sum_{\tau=t}^{t+T} \theta_{1t}^{\tau} \cdot [y_1(\tau)-g_1(\tau)] \\ (ii) \sum_{\tau=t}^{t+T} \left\{ \dfrac{[c_2(\tau)+i_2(\tau)]}{\prod\limits_{\varphi=t+1}^{\tau}[1+r_2(\varphi)]} \right\} = [1+r_2(\tau)]b_2(\tau) + \sum_{\tau=t}^{t+T} \left\{ \dfrac{[y_2(\tau)-g_2(\tau)]}{\prod\limits_{\varphi=t+1}^{\tau}[1+r_2(\varphi)]} \right\} \\ \Leftrightarrow \sum_{\tau=t}^{t+T} \theta_{2t}^{\tau} \cdot [c_2(\tau)+i_2(\tau)] = [1+r_2(\tau)]b_2(\tau) + \sum_{\tau=t}^{t+T} \theta_{2t}^{\tau} \cdot [y_2(\tau)-g_2(\tau)] \end{cases}$$

(17)

现分别以（17）中的（i）为约束条件求（10）中的（i）式的极大化值，以（17）中的（ii）为约束条件求（10）中的（ii）式的极大化值，也就是分别求如下两式的极值条件，

$$\begin{cases} (i) \max_{c_1(\tau)} U_1(t) = \max_{c_1(\tau)}\left[\sum_{\tau=t}^{t+T} \rho_1^{\tau-t} u_1(c_1(\tau))\right] \\ (ii)\, \text{s.t.}: \sum_{\tau=t}^{t+T} \theta_{1t}^{\tau} \cdot [c_1(\tau)+i_1(\tau)] = [1+r_1(\tau)]b_1(\tau) \\ \qquad\qquad + \sum_{\tau=t}^{t+T} \theta_{1t}^{\tau} \cdot [y_1(\tau)-g_1(\tau)] \end{cases} \quad (18)$$

$$\begin{cases} (i)\ \max_{c_2(\tau)} U_2(t) = \max_{c_2(\tau)}\Big[\sum_{\tau=t}^{t+T}\rho_2^{\tau-t} u_2(c_2(\tau))\Big] \\ (ii)\ \text{s.t.}: \sum_{\tau=t}^{t+T}\theta_{2t}^{\tau}\cdot[c_2(\tau)+i_2(\tau)] = [1+r_2(\tau)]b_2(\tau) \\ \qquad\qquad + \sum_{\tau=t}^{t+T}\theta_{2t}^{\tau}\cdot[y_2(\tau)-g_2(\tau)] \end{cases} \quad (19)$$

可以得到如下欧拉方程（Euler's equation）：

$$\begin{cases} (i)\ \dfrac{\rho_1 u_1'[c_1(\tau+1)]}{u_1'[c_1(\tau)]} = \dfrac{1}{1+r_1(\tau+1)} \\ (ii)\ \dfrac{\rho_2 u_2'[c_2(\tau+1)]}{u_2'[c_2(\tau)]} = \dfrac{1}{1+r_2(\tau+1)} \end{cases} \quad (20)$$

为了研究的方便，现假定开放经济体 1、2 消费的跨期替代弹性 $\delta_1[c_1(\tau)]$、$\delta_2[c_2(\tau)]$ 保持不变，两个开放经济体的目标效用函数为不变替代弹性效用函数，如下所示：

$$\begin{cases} (i)\ \delta_1[c_1(\tau)] = -\dfrac{u_1'[c_1(\tau)]}{c_1(\tau) u_1''[c_1(\tau)]} \\ (ii)\ \delta_2[c_2(\tau)] = -\dfrac{u_2'[c_2(\tau)]}{c_2(\tau) u_2''[c_2(\tau)]} \end{cases} \quad (21)$$

$$\begin{cases} (i)\ u_1[c_1(\tau)] = \dfrac{c_1(\tau)^{1-\frac{1}{\delta_1}}}{1-\frac{1}{\delta_1}} \\ (ii)\ u_2[c_2(\tau)] = \dfrac{c_2(\tau)^{1-\frac{1}{\delta_2}}}{1-\frac{1}{\delta_2}} \end{cases} \quad (22)$$

当 $\tau \geq t$ 时，把 (21)、(22) 式代入 (20) 式，可以得到开放经济体效用最大化实现的最优消费安排或者说最优消费路径，如下式：

$$\begin{cases} (i) c_t(\tau) = \dfrac{[1+r_1(t)] \cdot b_1(t) + \sum_{\tau=t}^{t+T} \theta_{1t}^{t+T}[y_1(\tau) - i_1(\tau) - g_1(\tau)]}{\sum_{\tau=t}^{t+T} \theta_{1t}^{t+T}[\theta_{1t}^{-\delta_1} \cdot \rho_1^{\delta_1(\tau-t)}]} \\ (ii) c_2(\tau) = \dfrac{[1+r_2(t)] \cdot b_2(t) + \sum_{\tau=t}^{t+T} \theta_{2t}^{t+T}[y_2(\tau) - i_2(\tau) - g_2(\tau)]}{\sum_{\tau=t}^{t+T} \theta_{2t}^{t+T}[\theta_{2t}^{-\delta_2} \cdot \rho_2^{\delta_2(\tau-t)}]} \end{cases}$$

(23)

据此,可以得到下式:

$$\begin{cases} (i) b_1(t) = \dfrac{c_t(\tau) \cdot \sum_{\tau=t}^{t+T} \theta_{1t}^{t+T}[\theta_{1t}^{-\delta_1} \cdot \rho_1^{\delta_1(\tau-t)}] - \sum_{\tau=t}^{t+T} \theta_{1t}^{t+T}[y_1(\tau) - i_1(\tau) - g_1(\tau)]}{1+r_1(t)} \\ (ii) b_2(t) = \dfrac{c_2(\tau) \cdot \sum_{\tau=t}^{t+T} \theta_{2t}^{t+T}[\theta_{2t}^{-\delta_2} \cdot \rho_2^{\delta_2(\tau-t)}] - \sum_{\tau=t}^{t+T} \theta_{2t}^{t+T}[y_2(\tau) - i_2(\tau) - g_2(\tau)]}{1+r_2(t)} \end{cases}$$

(24)

第六节 国际货币合作(Ⅲ):模型讨论

对开放经济体 1、2 而言,$t-1$ 时期末在国外净资产规模 $b_1(t)$、$b_2(t)$ 已经成为影响 t 时期产出、消费、投资、政府购买的重要变量。在其他条件保持不变的情况下,考察期间 $[t, t+T]$,开放经济体 1、2 的最优消费、产出、投资与政府购买支出安排受到 $t-1$ 时期的国外净资产规模和 $t+T$ 时期的横截条件限制。可以得出如下几点结论:

第一,在考察期内,开放经济体 1、2 可以通过国际贸易与国际金融借贷市场,对不同时期的产出、消费、投资、政府购买支出进行动态调整与安排,以实现社会福利或者社会效用的最大化。但产出水平、投资与政府购买支出受到技术进步、市场与制度环境的约束较大,当产出水平、投资与政府购买支出规模保持相对稳定的情况下,开放经济体的社会总消费主要受境外净资产规模、国际资本市场资本报酬率的影响,即当 $y_1(\tau)$、$i_1(\tau)$、$g_1(\tau)$ 和 $y_2(\tau)$、$i_2(\tau)$、$g_2(\tau)$ 保持相对稳定,t 时期和 τ 时期开放经济体1、2中无套利交易条件下的资源与财富的市场折现率 $\theta_{1t}^{\tau-t}$、$\theta_{2t}^{\tau-t}$ 也保持相对稳定，则 $t-1$ 时期的境外净资产 $b_1(t)$、$b_2(t)$ 及国际资本市场资本收益率 $r_1(t)$、$r_2(t)$ 和时间贴现因子 $\rho_1(t)$、$\rho_2(t)$ 成为影响开放经济体社会总消费和福利水平的主要因素。国际货币与金融市场变化、社会预期因素必然影响开放经济体的社会福利水平。开放经济体必须参与国际货币与金融合作，才能够防范和控制国际货币与金融市场波动给本国带来的风险。

第二，如果开放经济体境外净资产存放于第三经济体并以第三经济体的货币表示，则其境外资产价值不仅受到本国贸易与经济增长的影响，还受到第三经济体资本报酬率、汇率和通货膨胀率的影响。如果开放经济体1、2与第三经济体货币的汇率为直接标记法，分别为 $z_1(t)$、$z_2(t)$，第三经济体的通货膨胀率为 $\pi_3(t)$、资本收益率为 $r_3(t)$。则开放经济体1、2在 $t-1$ 时期的境外资产可以表示为 $\bar{b}_1(t)=z_1(t)b_1(r_3(t),\pi_3(t))$、$\bar{b}_2(t)=z_2(t)b_1(r_3(t),\pi_3(t))$，存在下式：

$$\begin{cases} (i)\ \dfrac{\partial \bar{b}_1(t)}{\partial z_1(t)} = b_1(r_3(t),\pi_3(t)) \geq 0;\ \dfrac{\partial b_1(r_3(t),\pi_3(t))}{\partial r_3(t)} \geq 0; \\ \quad \dfrac{\partial b_1(r_3(t),\pi_3(t))}{\partial \pi_3(t)} \leq 0 \\ (ii)\ \dfrac{\partial \bar{b}_2(t)}{\partial z_2(t)} = b_2(r_3(t),\pi_3(t)) \geq 0;\ \dfrac{\partial b_2(r_3(t),\pi_3(t))}{\partial r_3(t)} \geq 0; \\ \quad \dfrac{\partial b_2(r_3(t),\pi_3(t))}{\partial \pi_3(t)} \leq 0 \end{cases} \quad (25)$$

因为第三经济体货币汇率变化、通货膨胀、利率变化导致的境外资产风险，可以通过对存放于第三经济体的净外币资产求全微分得到：

$$\begin{cases} (i)\ d\bar{b}_1(t) = b_1(r_3(t),\pi_3(t)) \cdot dz_1(t) + \dfrac{\partial b_1(r_3(t),\pi_3(t))}{\partial r_3(t)} dr_3(t) \\ \qquad + \dfrac{\partial b_1(r_3(t),\pi_3(t))}{\partial \pi_3(t)} d\pi_3(t) \\ (ii)\ d\bar{b}_2(t) = b_2(r_3(t),\pi_3(t)) \cdot dz_2(t) + \dfrac{\partial b_2(r_3(t),\pi_3(t))}{\partial r_3(t)} dr_3(t) \\ \qquad + \dfrac{\partial b_2(r_3(t),\pi_3(t))}{\partial \pi_3(t)} d\pi_3(t) \end{cases}$$

$$(26)$$

如果开放经济体1、2彼此之间存在密切的贸易与经济合作关系,它们与第三经济体之间仅仅存在着货币使用与金融借贷关系,则上式中的全微分表示开放经济体1、2使用第三经济体的货币和金融工具所承担的汇率、利率与通货膨胀率波动风险。如果开放经济体1、2之间的贸易结算不使用第三方货币,则可以部分避免上述风险带来的财富和社会福利损失。因此,开放经济体之间的货币互换与金融合作能够消除与控制使用第三方货币与金融工具带来的风险与损失。

第三,当开放经济体1、2互为重要贸易与经济合作伙伴时,二者的时间贴现因子ρ_1、ρ_2之间存在着密切的相互影响关系。一个经济体的经济增长和贸易扩大必然对另一个经济体产生积极的溢出效应,导致ρ_1、ρ_2同方向变化。当然,如果一个经济体出现经济衰退和贸易萎缩,则必然对另一个经济体产生消除溢出效应,两个开放经济体之间的货币与金融合作可以充分发挥积极的溢出效应带来的收益和机会,防范和控制消极的溢出效应带来的风险和损失。

第四,如果存在密切贸易关系的开放经济体把其以第三方货币表示的境外资产的一部分转移以贸易伙伴的货币计价并转移到贸易伙伴经济体,则不仅可以减少第三方货币汇率、利率与通货膨胀率变化带来的风险,还可以推进贸易伙伴之间的货币与金融合作,促进贸易伙伴经济体之间的贸易、投资与金融一体化发展。如果t时期开放经济体1、2彼此把以第三方货币表示的境外净资产$b_1(t)$、$\bar{b}_2(t)$的比重分别为$\zeta_1(t)$、$\zeta_2(t)$的部分转换成以对方货币表示的境外资产,则可以减少以第三方货币表示的使用第三方货币和金融市场导致的汇率、利率与通货膨胀风险损失为:$\zeta_1(t)d\bar{b}_1(t)+\zeta_1(t)d\bar{b}_2(t)$。则在$t$时期,开放经济体1获得的以本币表示的净资本流入为$\dfrac{z_2(t)\zeta_2(t)b_2(t)}{z_1(t)}$,开放经济体2获得的以本币表示的净资本流入为$\dfrac{z_1(t)\zeta_1(t)b_1(t)}{z_2(t)}$。

第五,开放经济体1、2可以通过银行存款、债务与股权交易等方式,相互持有以对方货币计价的储备资产,作为双方开展货币与金融合作、稳定双方金融市场和货币汇率的工具,推动开放经济体之间的贸易、投资与金融一体化进程,甚至构建区域化货币一体化市场体系。

可见，开放经济体之间在货币与金融领域的合作不仅能够为参与合作的各个经济体带来贸易与投资收益，还能够促进开放经济体之间的分工合作与一体化进程，获得规模报酬收益。开放经济体之间的货币与金融合作存在着内在的激励和动力机制。当然，开放经济体之间的货币与金融合作也会给合作参与者带来风险和不确定性，受到各种因素的影响和制约，贸易关系和政治生态环境构成开放经济体间货币与金融合作的主要约束条件。

第七节　国际货币合作（Ⅳ）：理论解释

国际金融与债务危机也为全球及区域性货币与金融合作创造了机遇和条件，特别是为新兴及发展中经济体之间区域货币合作创造了难得的历史机遇。国际金融与债务危机对国际货币合作的影响主要表现在三个方面。

其一，对新兴及发展中经济体而言，能够通过双边与多边区域货币合作稳定区域货币与金融市场，化解区域外货币与金融市场动荡带来的各种风险，稳定市场主体的预期。国际金融与债务危机对发达经济体货币与金融市场的冲击最为显著，发达经济体成为全球货币与金融市场动荡和风险的主要源头，也是新兴及发展中经济体货币与金融市场风险的主要外部来源。新兴及发展中经济体之间的区域货币合作能够实现五方面的目标：一是稳定区域货币与金融市场，化解区域内部货币与金融市场分割导致的内部矛盾与冲突，降低区域内部货币与金融交易的成本与风险；二是降低新兴及发展中经济体区域货币与金融市场对发达经济体货币与金融市场的依赖，提高区域货币与金融市场的自主性和独立性；三是稳定区域货币与金融市场预期，为本区域经济主体经济活动创造稳定的市场空间，降低区域货币与金融市场的系统性与非系统性风险，据此稳定本区域经济发展预期；四是增加本区域在全球货币与金融市场中的话语权，特别是在全球性货币与金融制度安排、国际金融机构改革方面的话语权，维护本地区在全球货币与金融市场中的利益和地位；五是促进本区域各个经济体之间的分工合作关系，推动本区域贸易投资一体化。

其二，对发达经济体而言，能够通过双边与多边区域货币与金融合作降低国际金融与债务危机对本经济体的消极影响，促进经济复苏，维护本经济体在全球货币与金融市场中的既得利益和地位。发达经济体作为现存国际货币体系与金融市场的主要建构者，也是现存国际货币体系与金融市场的主要获利者，受到国际金融与债务危机的影响和冲击也最为显著，其参与区域货币与金融合作主要目的涉及三个方面：一是适应全球及区域货币及金融合作的潮流，维护货币与金融既得利益，防止新兴及发展中经济体区域货币及金融合作给自身货币与金融利益带来的冲击和消极影响；二是通过区域货币及金融合作持续干预全球货币与金融市场，持续建构维护发达经济体的新国际货币体系与金融市场，维护发达经济体在国际货币体系及金融市场影响力；三是防止以中国、俄罗斯、巴西、印度为代表的大规模新兴经济体在国际货币体系与金融市场中崛起，防止这些新兴经济体对以美国、欧盟、日本为代表的发达经济体带来挑战。

其三，区域货币合作是国际货币合作的重要构成部分，有利于推动全球货币体系及金融市场的一体化，促进国际金融与债务危机全球治理机制的构建与完善。国际金融与债务危机的出现表明现存国际货币体系和金融市场存在诸多缺陷和不足，区域货币合作在推动全球金融与债务危机治理机制构建与完善方面发挥着五方面的功能：一是通过区域货币合作探索全球货币合作的可能模式及相关制度安排；二是通过区域货币合作形成区域性金融与债务危机的治理机制，降低全球性金融与债务危机对区域乃至全球性货币及金融市场产生的冲击及影响；三是通过区域货币合作协调本区域各个经济体之间的货币利益关系，缓解各种矛盾和冲突，降低区域性金融与债务危机爆发的可能性和风险；四是通过区域货币合作的各种磋商平台和机制推动全球性货币合作磋商平台及机制的构建，促进全球性国际货币及金融治理机制的构建和完善；五是通过区域货币合作为本区域之间的分工、贸易和投资关系的发展创造必要的条件，进而推动全球性国际分工体系的形成及贸易投资一体化，为国际金融与债务危机全球治理机制构成创造必要的产业分工及贸易投资条件。

当然，区域货币合作还受到地理区位、地缘政治、意识形态、历史文化、国际政治等多种因素的影响，国际金融与债务危机的出现为区域货币合作创造新动力的同时也会产生各种约束条件。因此，在同一区域的不同发展阶段，同一历史阶段的不同区域，国际金融与债务危机对区域货币合作的影响表现出多侧面、差异性特征。

第八节 结 论

国际货币体系改革与人民币国际化的过程，也是一个以中国为代表的新兴金融与货币大国和以美国为代表的传统金融与货币大国的竞争与合作过程，中国需要积极参与并承担起推动国际货币体系改革的大国责任。如何推动货币合作特别是区域货币合作，已经成为国际货币体系改革与人民币国际化的重要内容和环节。本节以2008—2013年国际金融与债务危机形成及演变为背景，在借鉴相关理论与实证研究文献的基础上，在一定的假设条件下构建有限期界动态理论模型，分析国际金融与债务危机背景下区域货币合作的动力机制及市场条件。国际金融与债务危机为不同经济体之间的双边与多边区域货币合作创造条件的同时，也会产生各种复杂的制约因素。不同类型的开放经济体之间双边与多边区域货币合作，既可以为参与合作的各个经济体带来贸易与投资收益，还能够促进开放经济体之间的分工合作与一体化进程，获得规模报酬收益。开放经济体之间的货币与金融合作存在着内在的激励和动力机制，同时开放经济体之间的货币与金融合作也会给合作参与者带来风险和不确定性，受到各种因素的影响和制约。贸易关系和政治生态环境构成开放经济体区域币合作的主要约束条件。区域货币合作也是国际金融与债务危机背景下构建全球性国际货币与金融治理机制的重要内容，也是推动全球货币金融一体化的重要力量。

第七章

人民币世界化目标：国际货币体系改革与世界公共货币体系构建[*]

第一节 引言

人民币作为全球新兴大国货币，已经成为国际社会重要的跨国交易和投资的价值符号及价值工具，虽然已经在周边国家及地区成为重要的区域货币乃至国际货币，但与美元、欧元相比，发行和流通的地理空间范围及规模仍然较为有限，需要进一步的国际化和世界化，最终目标是成为具有全球影响的国际货币乃至世界货币。人民币的国际化与世界化，有利于人民币成为具有全球影响的世界公共货币（World Public Currency），也有利于推动世界公共货币体系（World Public Monetary System）的构建。随着互联网、大数据、云计算等技术的不断发展，全球化与区域一体化不断推进，构建基于全球公共信用的世界公共货币体系（Global Public Monetary System）具有必要性和可能性。在全球化时代，以单一主权国家信用为基础的主权货币或者以部分主权国家集团为信用基础的跨主权货币为国际储备货币的国际货币体系存在诸多缺陷和不足，需要在对既有国际货币体系改革的基础上构建新的国际货币体系，以适应全球化时代国际贸易与全球金融市场发展的需要。

---

[*] 本章大部分内容原文为英文，为本书作者于2017年4月20日在澳大利亚国立大学参加学术会议时提交并进行会议宣讲的英文学术论文：Bao Jianyun, Public Tianxiaism (Globalism) and Global Public Monetary System: A Theoretical Framework, ANU – RUC Joint Conference: The Belt and Road Initiative and the Future of the Australis – China Economic Relationships, Canberra, Australia, Apr. 20, 2017，笔者在此感谢会议主办者的组织安排。

第七章 人民币世界化目标:国际货币体系改革与世界公共货币体系构建

第二次世界大战结束后建立的国际货币体系,无论是布雷顿森林体系(Bretton Woods Monetary System)还是牙买加体系(Jamaica Monetary System),美元及其他少数发达经济体的货币始终为国际储备货币,以中国为代表的新兴和发展中经济体的货币始终处于从属地位,但随着以美国、日本和欧盟为代表的发达经济体在全球经济体系中相对地位的下降,现存国际货币体系的缺陷和不足便充分暴露出来,已经成为国际金融市场动荡、国际金融危机频发和国际货币金融资源配置不合理的重要根源。2008年国际金融危机爆发后,西方主要发达经济体特别是美国、日本、法国、英国等在全球经济中的影响力表现出下降态势,如表7-1所示:

表7-1 2008—2016年发达经济体购买力平价计的GDP占全球的比重 (单位:%)

经济体	2008年	2009年	2010年	2011年	2012年	2013年	2014年	2015年	2016年
澳大利亚	1.04	1.06	1.03	1.02	1.02	1.01	1.00	0.99	0.99
奥地利	0.42	0.41	0.40	0.39	0.38	0.37	0.36	0.35	0.35
比利时	0.51	0.50	0.49	0.48	0.46	0.45	0.44	0.43	0.42
加拿大	1.59	1.55	1.52	1.50	1.48	1.47	1.46	1.42	1.40
捷克	0.35	0.33	0.32	0.32	0.30	0.29	0.29	0.30	0.29
丹麦	0.28	0.27	0.26	0.25	0.24	0.24	0.24	0.23	0.23
芬兰	0.26	0.24	0.23	0.23	0.22	0.21	0.20	0.20	0.19
法国	2.78	2.71	2.62	2.57	2.50	2.43	2.37	2.32	2.28
德国	3.92	3.72	3.67	3.66	3.57	3.48	3.43	3.37	3.33
希腊	0.42	0.40	0.36	0.32	0.28	0.27	0.26	0.25	0.24
爱尔兰	0.24	0.23	0.22	0.22	0.21	0.21	0.21	0.26	0.27
以色列	0.24	0.25	0.25	0.25	0.25	0.25	0.25	0.25	0.25
意大利	2.54	2.41	2.33	2.25	2.12	2.01	1.95	1.90	1.86
日本	5.35	5.08	5.03	4.82	4.74	4.68	4.54	4.44	4.35
韩国	1.61	1.63	1.65	1.64	1.63	1.62	1.62	1.61	1.61
卢森堡	0.05	0.05	0.05	0.05	0.05	0.05	0.05	0.05	0.05
荷兰	0.90	0.87	0.84	0.82	0.78	0.76	0.74	0.73	0.73
新西兰	0.16	0.16	0.15	0.15	0.15	0.15	0.15	0.15	0.15
挪威	0.36	0.35	0.34	0.33	0.33	0.32	0.31	0.31	0.30
葡萄牙	0.33	0.32	0.31	0.30	0.28	0.26	0.26	0.25	0.25

续表

经济体	2008年	2009年	2010年	2011年	2012年	2013年	2014年	2015年	2016年
新加坡	0.37	0.37	0.40	0.41	0.41	0.42	0.42	0.41	0.41
西班牙	1.83	1.77	1.68	1.60	1.51	1.43	1.40	1.40	1.40
瑞典	0.46	0.44	0.44	0.44	0.42	0.41	0.41	0.41	0.41
瑞士	0.48	0.48	0.47	0.45	0.45	0.44	0.43	0.43	0.42
英国	2.71	2.61	2.52	2.46	2.42	2.38	2.37	2.35	2.32
美国	17.63	17.21	16.76	16.36	16.21	15.95	15.81	15.74	15.50

资料来源：笔者根据国际货币基金组织（IMF）发布数据整理，http://www.imf.org/external/pubs/ft/weo/2017/01/weodata/index.aspx，访问日期：2017年11月4日。

从表7-1可以看出，2008年金融危机爆发以来，以购买力平价计算的西方大国国内生产总值占全球的比重持续下降，美国从2008年的17.63%下降到2016年的15.50%。国际金融危机发生后，以中国为代表的一些新兴经济体在全球经济中的地位和影响力持续上升，如表7-2所示：

表7-2　　2008—2016年主要发展中经济体购买力平价计的GDP占全球的比重　　（单位:%）

经济体	2008年	2009年	2010年	2011年	2012年	2013年	2014年	2015年	2016年
阿尔及利亚	0.51	0.52	0.51	0.50	0.51	0.50	0.50	0.51	0.51
阿根廷	0.86	0.81	0.85	0.86	0.83	0.82	0.77	0.77	0.73
孟加拉国	0.41	0.44	0.44	0.45	0.46	0.47	0.49	0.50	0.52
巴西	3.07	3.07	3.14	3.14	3.10	3.09	3.00	2.79	2.61
智利	0.37	0.36	0.36	0.37	0.38	0.38	0.37	0.37	0.37
中国	12.06	13.23	13.90	14.62	15.29	15.94	16.53	17.11	17.71
哥伦比亚	0.55	0.56	0.55	0.56	0.57	0.58	0.58	0.58	0.57
埃及	0.91	0.96	0.96	0.94	0.93	0.93	0.92	0.93	0.94
埃塞俄比亚	0.09	0.10	0.10	0.11	0.12	0.13	0.13	0.14	0.15
印度	5.22	5.68	5.95	6.10	6.23	6.41	6.66	6.97	7.24
印度尼西亚	2.11	2.22	2.25	2.29	2.35	2.40	2.44	2.48	2.52
伊朗	1.43	1.44	1.45	1.44	1.29	1.24	1.24	1.18	1.29
哈萨克斯坦	0.35	0.35	0.36	0.37	0.38	0.39	0.39	0.38	0.38
肯尼亚	0.11	0.11	0.11	0.12	0.12	0.12	0.12	0.12	0.13

续表

经济体	2008年	2009年	2010年	2011年	2012年	2013年	2014年	2015年	2016年
马来西亚	0.65	0.64	0.65	0.66	0.67	0.68	0.70	0.71	0.72
墨西哥	2.09	2.00	2.00	2.00	2.02	1.98	1.95	1.94	1.93
缅甸	0.19	0.21	0.21	0.21	0.22	0.23	0.24	0.25	0.25
尼日利亚	0.78	0.85	0.90	0.90	0.91	0.93	0.96	0.95	0.91
巴基斯坦	0.81	0.82	0.80	0.79	0.80	0.80	0.80	0.81	0.82
秘鲁	0.30	0.31	0.32	0.32	0.33	0.34	0.34	0.34	0.34
菲律宾	0.55	0.56	0.58	0.57	0.59	0.61	0.63	0.65	0.67
波兰	0.88	0.91	0.90	0.91	0.89	0.88	0.87	0.88	0.88
罗马尼亚	0.43	0.40	0.38	0.37	0.36	0.36	0.36	0.36	0.37
俄罗斯	3.95	3.66	3.63	3.66	3.68	3.63	3.53	3.32	3.21
沙特阿拉伯	1.39	1.37	1.36	1.45	1.48	1.47	1.47	1.48	1.46
南非	0.70	0.69	0.67	0.67	0.66	0.66	0.65	0.63	0.62
苏丹	0.16	0.17	0.16	0.15	0.15	0.15	0.15	0.15	0.15
泰国	0.98	0.97	1.00	0.96	1.00	1.00	0.97	0.97	0.97
土耳其	1.42	1.35	1.40	1.49	1.51	1.59	1.61	1.66	1.66
越南	0.40	0.42	0.43	0.44	0.45	0.45	0.47	0.48	0.50

资料来源：笔者根据国际货币基金组织（IMF）发布数据整理，http://www.imf.org/external/pubs/ft/weo/2017/01/weodata/index.aspx，访问日期：2017年11月4日。

从表7-2可以看出，2008年国际金融危机发生以来，以购买力平价计算的中国国内生产总值占全球的比重从12.06%增长到2016年的17.71%。

可见，现存国际货币体系已经不能够适应各国经济地位和货币地位的变化。国际货币体系改革与人民币国际化的重要目标是构建一个与各国经济地位和货币地位相适应的新的国际货币体系，国际社会也需要一个新的国际货币体系以满足各国对国际货币的公共需求，本章把后金融危机时代能够满足国际社会公共货币需求的货币体系称为世界公共货币体系（Global Public Monetary System，GPMS），把其作为国际货币体系改革与人民币国际化的重要目标。

第二节 人民币世界化目标

人民币世界化及国际货币体系改革过程，也是一个国际货币全球公共性的塑造过程。20世纪70年代以来，货币、金融与债务危机频繁发生，表明现存的国际货币体系存在诸多缺陷和不足，需要进行改革乃至构建新的国际货币体系。随着全球化特别是互联网技术推动下全球贸易投资与货币金融一体化程度的不断提高，国际社会日益形成紧密相关的利益共同体与命运共同体，彼此之间相互联系、密不可分，任何一国的贸易投资行为特别是任何一个大国的贸易投资行为都具有全球影响，国际贸易与投资活动中的货币选择及其相关制度安排便具有了网络外部性和公共性特点，需要从全球网络化和全球公共产品供给角度对此进行研究。

国际货币体系改革的一个重要目标便是从全球公共产品有效供给角度塑造国际货币的共同性。可以从中国传统哲学思想中借鉴天下思想的有益成分，从公共世界主义（公共天下主义）角度思考国际货币的公共性问题。公共世界主义是在借鉴孔子及中国儒家哲学思想中的"天下为公""大道天下""四海之内皆兄弟"等理念的基础上形成的理论流派。公共世界主义还反对为了少数国家、部分社会成员的非公共利益而损坏全球共同利益，也就是任何天下人都不能够以损害天下人共同利益为代价谋求私人利益最大化。公共世界主义视野中的国际社会就是一个公共天下（public tianxia；public glob），如图7-1所示。

从图7-1可以看出，公共世界主义视野中的国际社会是一个由所有天下人共组、共建、共享、共治的公共天下，是一个共同的人类命运共同体。任何跨国经济活动，特别是国际贸易与投资都会对国际社会的相关国家、相关企业和社会成员产生影响，不能够对由天下人共同构成的国际社会的公共利益造成损害。

国际货币是在国际社会发挥计价、交易媒介、支付工具与价值储存功能的价值凭证、价值工具或者价值符号，必然会对国际社会的所有成员公共利益产生影响，具有公共性。表现在四个方面。一是货币计价的公共分配效应。作为国际市场计价工具的货币所标示的国际贸易商品价格，是国

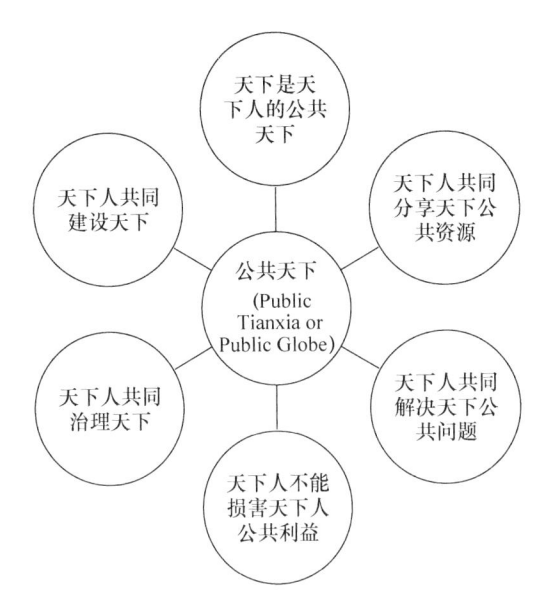

图 7–1 公共世界主义（公共天下主义）视野中的国际社会

内市场贸易商品和非贸易商品定价的参考，国际货币价格波动必然导致各国内部商品与非商品价格体系波动，影响到各国社会成员的利益关系和收益分配，进而影响各国社会成员的公共利益。二是交易媒介的网络外部效应。作为交易媒介的国际货币不仅影响到国际贸易与投资活动，还影响到各国内部的各种贸易与投资活动，不同的国际货币或者国际货币组合，导致的交易方式、交易成本和交易风险分布也会表现出差异性，对各国商品交易活动和市场结构产生影响，进而对各国市场交易相关的公共利益产生影响。三是支付与结算的公共外部性。作为支付与结算工具的国际货币选择，不仅对国际社会中债权债务结算、收益支付的方式、结构与组织形式产生影响，特别是对结算与支付的期间结构、资产结构、地理空间结构产生影响，进而对各国债权债务与交易利益相关的公共利益产生影响。四是储备资产选择的外部性与公共性。当国际货币作为储备资产时，其与其他货币的汇率关系及汇率制度、储备资产规模与结构、储备资产的收益与风险，都直接影响到各国的国际收支平衡性和国际收支结构，从而影响到各国的公共产品供求与公共资产价格，影响各国的公共利益。需要指出的是，作为国际货币的发行国，其从货币发行中获得的铸币税（seigniorage）

收益,也必然对国际社会的资源配置和收益分配产生影响,从而影响到国际社会的公共利益。可以用表7-3总结国际货币的公共性特征。

表7-3　　　　国际货币体系改革与国际货币的公共性特征

公共性特征	序号	表现	国际社会公共影响
计价货币公共性	1	公共价格参考	国际价格体系及公共产品定价
	2	社会分配标准	国际社会分配公平性评价
	3	资源配置评价	国际社会资源配置效率评估
交易媒介公共性	4	交易方式选择	国际社会的交易方式公共选择
	5	交易成本结构	国际社会交易成本分布及公共影响
	6	交易网络规模	国际交易网络体系的规模扩张效应
支付与结算公共性	7	公共支付工具	国际社会支付工具及其公共选择
	8	公共结算结构	国际社会公共结算网络全球网络体系
	9	支付与结算的公共规则	支付与结算规则的国际化与网络化
储备公共性	10	铸币税的公共影响	全球经济资源再分配与再配置
	11	储备资产币种结构	不同国际货币的互补性与替代性
	12	储备资产风险与收益分布	国际储备货币体系运行收益与风险

从表7-3可以看出,国际货币作为跨国交易与价值储藏工具,其国际公共性表现为计价货币公共性、交易媒介公共性、支付与结算的公共性和储备公共性。国际货币的公共性是国际货币体系公共性的基础。

国际货币是主权国家货币或者跨主权货币国际化的结果,也是国际货币体系形成与演化的基础,国际货币的公共性是国际货币体系的公共性的基础和表现。本书中的国际货币体系（International Monetary System）是指国际社会就国际货币、汇率制度、储备资产、国际收支平衡所形成的规则、制度和机构的统称。国际货币体系是国际社会的制度性公共产品。国际货币体系的形成与演变是人类社会商品流动与资源配置跨越国界的产物,国际货币、储备资产、汇率制度、收支平衡机制及国际组织都会对各国社会成员的公共生活产生影响,具有制度性与非制度性公共产品的某些属性。

国际货币体系是主权国家货币制度国际化发展与演化的产物,具有国际制度性公共产品（International Institutional Public Goods）的特点。本书中的国际制度性公共产品是指各国都可以非竞争性、非排他性使用的规则、机制与组织形式的统称，制度性公共产品（Institutional Public Goods）是一种无形产品。国际社会先后出现银本位制（Silver Standard）、金银复本位制（Bimetallic Standard）、金本位制（Gold Standard）、布雷顿森林体系（Bretton Woods System）和牙买加体系（Jamaica Monetary System）五种类型国际货币体系。国际货币体系具有国际制度性公共产品的特征，也就是国际社会成员可以以不同的方式非竞争性、非排他性地利用国际货币体系提供的便利和外部性，笔者称其为国际货币体系的公共性（Publicity of International Monetary System）。

国际货币体系的公共性表现在五个方面：一是储备货币制度的非竞争性、非排他性使用，储备资产的币种结构与结算规则作为国际货币体系的基础，各国都可以根据自己的需要确定本国储备资产的结构、规模和结算规则，进行对外支付、稳定本国货币币值及平衡本国国际收支，各国不需要在与其他国家谈判确定储备资产与国际支付工具；二是国际收支平衡机制的公共利用，国际收支平衡机制是国际货币体系的另一重要支柱，不同的国际货币体系中的国际收支平衡机制存在着显著差异，金本位制国际货币体系与布雷顿森林体系中国际收支平衡机制就存在很大差异，前者通过金币的自由铸造、自由兑换与自由运输实现国际收支平衡，后者主要通过国际货币基金组织（International Monetary Fund，IMF）帮助成员国平衡国际收支，不同国际货币体系中的国家都可以非竞争性、非排他性使用平衡机制以平衡本国的国际收支；三是各国利用国际组织的公共平台协调彼此之间的货币金融关系，国际货币体系还为协调各国的货币、金融乃至经济贸易关系提供制度化的公共平台和机制，化解各国之间在货币、金融乃至经贸方面的利益冲突和矛盾，共同应对各种可能的风险和危机；四是国际货币规则的公共利用，国际货币体系针对货币汇兑、债权债务结算、储备资产规模与构成、国际收支平衡工具等会形成一系列的惯例、规则与制度，各国可以把这些惯例、规则与制度作为彼此进行货币与金融合作的参考和标准，降低合作的交易成本并提高合作效率；五是国际经验的公共借鉴，国际货币体系形成的各种惯例、规则与制度不仅可以调节不同国家之间的货币、金融乃至经贸利益关系，而且可以引导和调整国内的货币、金融与经贸关系，国际组织与各国参与国际货币体系的各种经验可以为各国共同借鉴；六是各国可以利用国际货币体系分工合作，共同面对和解决国际社会面临的货币、金融乃至经贸问题，随着全球化程度的不断提高，各国之间的货币、金融及经济联系日益紧密，各国共同面临日益复杂的货币、金融与经贸问题，例如各种货币、债务、金融与经济危机，仅仅依靠单一国家努力不可能解决，需要借助国际货币体系进行共同应对。可以用图7-2总结国际货币体系的公共性。

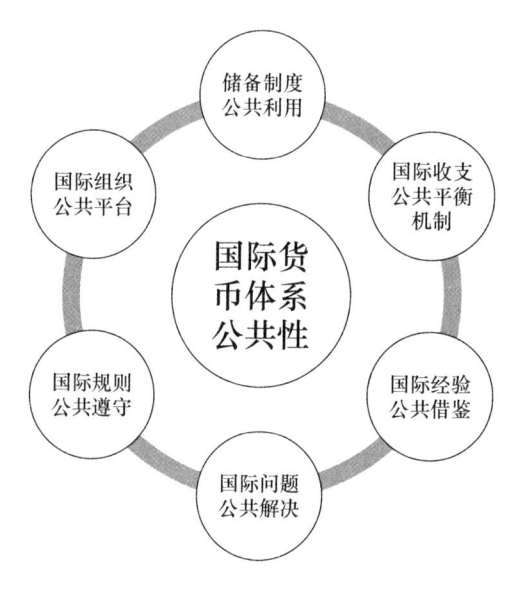

图7-2 国际货币体系的公共性

从图7-2可以看出，国际货币体系的公共性主要表现为储备货币公共利益、国际收支公共平衡机制、国际组织公共合作平台、国际规则公共遵守、国际经验公共借鉴与国际问题公共解决，国际货币体系是国际社会协调公共货币利益关系的制度化公共平台，也是能够被国际社会非竞争性、非排他性利用的制度性国际公共产品。

各种类型的国际货币体系不存在历史局限性和不足，但公共性不足却是现当代国际货币体系面临的主要问题，笔者称其为公共性缺陷（Public Defect of International Monetary System）。当代国际货币体系特别是布雷顿森林体系与牙买加体系的公共性缺陷主要表现在五个方面：一是大国垄断破坏全球公共货币合作，以美国为代表的西方国家不仅是布雷顿森林体系和牙买加体系构建的主要推动者和受益者,也是目前国际货币体系的主要操纵者和控制者,新兴国家与发展中国家缺乏话语权,不能够有效维护自身的国际货币利益及相关权力。二是铸币税掠夺机制损害全球公共货币利益。在国际信用货币体系条件下,储备货币发行国会利用自己的货币发行国地位向国际社会征收铸币税,向非货币发行国转嫁货币发行成本和风险,形成储备货币发行国对非货币发行国的财富再分配与财富转移机制,形成事实上的储备货币发行大国对非储备货币发行小国的财富掠夺现象,增加了国际社会财富分配的不平等与不公平。三是危机频发与传播危害全球公共货币稳定。20世纪80年代以来,国际社会先后出现了拉丁美洲债务危机、墨西哥金融危机、阿根廷货币危机、东南亚金融危机、美国次贷危机及国际金融危机、欧洲主权债务危机等多次国际货币与金融危机,对国际经济秩序特别是国际货币与金融市场秩序造成严重冲击,周期性与非周期性的国际货币与金融危机的出现暴露了国际货币体系存在的公共性缺陷。四是风险积累及转移破坏全球公共货币秩序。目前的国际货币体系对以美国为代表的储备货币发行国缺乏有效的货币发行制约机制,导致储备货币发行大国为了维护自己的货币利益并向其他非货币发行国家转移货币发行成本与风险。最为典型的便是1971年美国为了应对自身经济危机和支付困难,单方面宣布放弃美元兑换黄金的承诺,导致布雷顿森林体系崩溃。牙买加体系下的浮动汇率制更是国际货币与金融市场秩序不稳定的重要原因。五是机构治理缺陷导致全球公共货币治理危机。1944年7月在美国新汉布什尔州布雷顿森林会议上宣布建立的国际货币基金组织(IMF)与世界银行(World Bank)是第二次世界大战后国际社会主要的国际货币与金融组织,美国和欧洲国家是这两个国际组织的主要控制者与主要获利者,以中国、俄罗斯、印度、巴西为代表的新兴经济体的影响和话语权受到诸多限制,广大发展中国家特别是中小发展中国家则更是缺乏话语权。在某些情况下,国际货币基金组织与世界银行甚至成为维护西方国家政治经济利益并向全球推行其政策主张的工具,最为典型的便是这些组织向拉丁美洲国家推进具有浓厚新自由主义(Neoliberalism)政策主张的"华盛顿共识"。其最后虽然以失效告终,但损害了转型国家和广大发展中国家的利益。可以用表7-4描述当代国际货币体系的公共缺陷及目标。

表 7-4 **基于公共性缺陷弥补的国际货币体系改革与人民币国际化的分类目标**

公共性缺陷	序号	典型表现	国际货币体系改革目标
全球公共货币合作缺陷	1	大国操纵与决策权寡头垄断	国际货币决策机制的民主化与平等化
	2	新兴国家与发展中国家缺乏话语权	增加新兴国家与发展中国家的投票权和代表性
	3	宏观货币政策矛盾与冲突	大国货币利益协调与宏观货币政策协调
全球公共货币利益分享缺陷	4	储备货币发行国向全球征收铸币税	储备货币体系与储备货币制度改革
	5	储备货币发行国无约束货币发行	储备货币发行规则与协调机制构建及改革
	6	储备货币发行国的风险与危机输出	全球货币风险与危机预防控制机制改革
全球公共货币市场波动缺陷	7	竞争新货币贬值	大国货币政策协调与共同危机应对机制构建
	8	通货膨胀全球蔓延	全球通货膨胀预防与控制机制构建
	9	基准利率调整矛盾与货币市场波动	全球利率政策协调与利率风险控制机制构建
全球公共货币秩序缺陷	10	汇率波动与国际收支失衡	完善汇率制度与国际收支平衡机制
	11	储备货币发行国行为失范与失序	储备货币发行国行为规则与约束机制构建
	12	国际货币组织应对危机不力	国际货币与金融组织机构改革
全球公共货币治理危机	13	储备货币发行国权责不对称	平衡储备货币发行国与非发行国的权责关系
	14	国际平衡机制失效	提高国际收支平衡与救助机制的效率
	15	国际组织大国操纵与治理不健全	国际货币组织及相关机构改革并完善治理机制

从表 7-4 可以看出，公共性缺陷是当代国际货币体系面临的主要问题，如何弥补公共性缺陷是目前国际货币体系改革的主要方向。事实上，国际货币的公共性是国际货币体系公共性的基础，国际货币体系的公共性缺陷则是国际货币制度缺陷和公共性不足的反应。以克服公共性缺陷为主要目标的国际货币体系改革或者说新国际货币体系的构建，需要突破传统思维的束缚，在全球化视野的基础上借鉴公共世界主义（公共天下主义）提供的思想资源和伦理秩序，推动全球性公共货币体系构建与完善。

可见，在后金融危机时代，在推进国际货币体系改革与人民币国际化过程中，还必须制定相应的分类目标，针对分类目标制定相应的有针对性的发展战略与政策措施。

第三节 国际货币体系局限性分析

现存国际货币体系是以美国为代表的西方国家主导建立起来的，主要反映以美国为代表的西方发达经济体的经济利益和政治诉求，不能够充分反映以中国为代表的新兴国家和广大发展中国家的利益和普遍诉求，不具有全球公共性和代表性。战后形成的布雷顿森林体系与牙买加体系本质上都是美元本位体系，主要差别在于前者为美元—黄金本位体系，也就是基于美元的金汇兑本位货币体系，后者则是虚美元本位体系，也就是盯住以美元为核心的一揽子货币本位体系，欧元诞生后形成了美元—欧元双核心本位货币体系。现存国际货币体系存在诸多缺陷和不足，主要表现在如下几个方面。

其一，初始设计理念的局限性。现存国际货币体系是 1944 年 7 月第二次世界大战快结束时在美国新罕布什尔州布雷顿森林会议基础上建立和发展来的，先后经历了布雷顿森林体系和牙买加体系两个阶段。在布雷顿森林体系下的黄金与美元挂钩、其他国家货币与美元挂钩的"双挂钩"国际储备与汇率体系反映了第二次世界大战结束后美元在国际货币体系中的主导地位。1971 年美国尼克松总统宣布美元与黄金脱钩后建立了牙买加国际货币体系，虽然美元地位有所削弱，但美元仍然是国际主导的国际储备货币，国际货币仍然表现出准美元本位特征。1999 年欧元正式发行以来，美元的国际储备货币受到冲击，但美元作为全球第一主导储备货币的地位没有完全改变。现存国际货币体系的设计者为第二次世界大战后战胜国的专家和政治家，主要反应战胜国中的美、英两国和部分欧洲国家的政治经济利益，并未考虑战败国和广大发展中国家的利益。国际货币体系的设计理念不仅具有历史的局限性，还表现为维护英美货币金融利益的狭隘性。

其二，主导力量的垄断性。美国和少数欧洲大国是现存国际货币体系的主导力量，无论是国际储备货币选择、汇率体系还是国际收支平衡机制都是由美国和少数欧洲大国主导，以中国为代表的新兴大国和广大发展中国家在现存国际货币体系的发言权和影响力有限。国际货币基金组织（Internatiional Monetary Fund，IMF）的主要领导人大多由欧洲国家公民担任，世界银行（World Bank，WB）主要领导人也主要由美国公民担任，美国和欧洲少数大国不仅主导了主要国际货币与金融组织的运行，而且是国际货币储备货币规则、国际汇率制度和国际收支平衡制度的主导建构者和修订者。美国和欧洲少数大国对现存国际货币体系的主导性影响具有垄断性，其他非西方国家或者经济体被排挤在国际货币体系核心决策层之外。现存国际货币体系主导力量的垄断性是现存国际货币体系的不公正性、不平衡性和公共性缺陷的重要表现。

其三，参与力量的分散性。除了以美国、欧洲大国为代表的西方发达国家作为国际货币体系的主导力量参与外，以中国为代表的新兴大国和广大发展中国家也是现存国际货币体系的参与者，是现存国际货币体系的参与性力量，但这些参与性国家表现出分散性特征，不能够有效平衡与制衡西方国家的垄断性影响，表现在三个方面：一是新兴国家与广大发展中国家的经济力量虽然有所增强，特别是以金砖国家为代表的新兴大国对国际货币体系中的影响力和发言权有所增强，但力量较为分散，不能够形成合力；二是西方国家以外的现存国际货币体系参与者的利益目标和利益诉求风险，难以取得一致性的共识；三是一些发展中国家对西方国家货币与金融市场存在不同程度的依赖性。

其四，国际收支平衡机制的低效性。平衡国际收支是国际货币体系的重要职能，当成员国国际收支不平衡时特别是出现国际收支逆差时，需要有相关的国际组织例如国际货币基金组织和一些区域性国际金融机构提供平衡国际收支的工具和机制，以维护各国货币与金融市场的稳定特别是各国汇率市场的稳定。现存国际货币体系在平衡国际收支时效率较低，不能够对相关国家出现收支不平衡时提供有效的救助。最为典型的表现便是1997年东南亚金融危机和2008年国际金融危机期间，国际货币基金组织反应迟缓和效率低下，不能够有效维护国际货币与金融市场的稳定，国际收支平衡机制的低效性本身就是国际货币与金融危机的诱因之一。

其五，组织机构的僵化性。国际货币基金组织作为目前国际社会的主要货币与金融合作组织，组织机构低效而僵化，已经不能够完全适应维护国际货币与金融市场稳定性和持续发展的需要。国际货币基金组织的投票权分为两部分：基本投票权与加权投票权，每个成员国都有250票基本票，各成员国根据缴纳份额分配加权票，实行加权投票表决制。国际货币基金组织的投票权主要由美国、日本、英国和欧盟国家控制，美国作为国际货币基金组织的最大股东，在新份额调整以前原分配份额中，美国占有约17.661%的最大份额，中国作为全球第二大经济体只占有3.994%，即使按照新的份额分配方案（2016年），美国仍然占到17.398%，中国虽然有所增长但仍然只有6.390%，仍然低于日本的6.461%。国际货币基金组织机构的僵化性表现在三个方面：一是美国一家独大，在重大关键议题方面拥有否决权，能够阻止任何不利于美国利益的议案获得通过；二是以中国为代表的新兴国家没有与其政治经济地位相称的投票权，不能够发挥其对国际货币基金组织的积极影响效应；三是广大非西方发展中国家特别是亚非拉中小国家因为投票权少而缺乏参与的积极性，不仅不能够通过该组织维护自己的国际货币与金融利益，而且其政治经济利益还会受到该组织的损害。组织机构的僵化性不仅抑制了国际货币基金组织的效率，还导致国际货币体系的不公平性及由此引起的诸多缺陷。

其六，全球参与性与普遍国家代表性不足。现存国际货币体系由以美国为代表的西方国家主导，但西方国家的数量和人口并不占优势，占全球大多数人口、国土面积和国家数量的广大亚非拉发展中国家的参与积极性不高，也不能够全面代表国际社会大多数国家和民众的利益，显示出全球参与性和国家代表性不足的弊端。国际货币基金组织中的中小国家成员，因为所占份额较低，难以通过该组织有效维护本国或者本地区的货币利益，表现出普遍的参与该组织的积极性不足。中国作为最大的发展中国家和新兴大国，在参与国际货币基金组织活动时面临多方阻力和压力，例如

2010年，虽然国际货币基金组织执行董事会通过改革提案，准备把中国的份额由3.65%提高到6.19%，但在2013年3月11日，该提案遭到美国国会的否决。虽然在2015年11月30日，国际货币基金组织将篮子货币的权重调整为：美元占41.73%，欧元占30.93%，人民币占10.92%，日元占8.33%，英镑占8.09%，人民币所占比重上升，但与中国在国际社会中的政治经济地位仍然不匹配，美元独大的局面仍然没有改变。缺乏全球参与性与普遍国家代表性是导致国际货币基金组织运行低效和不公平的重要原因。

其七，危机应对与监管机制失效。2008年以来在全球蔓延并影响至今的国际金融危机与欧洲主权债务危机，充分暴露了现存国际货币体系在危机应对和金融监管方面的缺陷和不足。一个高效和具有公共性、公平性的国际货币体系，必须能够有效应对各种可能的金融危机与主权债务危机，对国际金融市场和全球金融体系运行具有较高效率的监管职能。如果不能够有效应对各种国际金融与债务危机，不能够对全球货币、资本市场进行有效监管，则该国际货币体系不能够满足国际社会发展的需求。国际货币基金组织在应对国际金融与债务危机的失效表现在三个方面：一是危机发生前的预防与反应滞后，不能够事先对可能出现的国际金融与债务危机有所预测和预防性应对，对国际货币与金融市场运行中积累的各种风险和导致危机的因素的监管失效，导致国际货币与金融市场系统性风险的不断积累并最终诱发危机；二是危机发生时协调与应对失效，金融与债务危机发生及其跨国传播，需要高效有序的跨国协调机制，各国共同应对和控制危机的蔓延与扩大并对风险进行有效治理，事实证明现存国际货币体系的危机应对与协调是失效的，为能够阻止危机的蔓延与风险积累；三是危机发生后不能够总结经验教训以应对后续可能出现的风险与危机，国际金融与债务危机发生后，以美国为代表的西方国家需要国际社会共同参与并帮助其尽快摆脱危机影响，积极号召推进国际货币体系改革，然而一旦危机有所缓解，部分西方国家便又成为国际货币体系改革的阻碍力量。

其八，国际货币关系与宏观政策协调缺陷。协调好各国之间的货币与金融利益关系是国际货币体系的重要职能，也是衡量国际货币体系合理性、有效性与稳定性的重要标准。现存国际货币体系在协调各国之间的货币金融关系特别是国家间宏观货币政策关系方面存在着天然缺陷，在三个方面表现最为显著：一是美国和少数欧洲大国作为现存国际货币体系的主导力量，彼此之间存在着各种复杂的货币与金融利益冲突和矛盾，现存国际货币体系难以协调以美国为代表的西方国家内部各种复杂的货币金融利益关系；二是西方国家与新兴国家之间存在复杂的货币与金融利益冲突和矛盾，西方国家针对以中国为代表的新兴国家的贸易与金融保护主义层出不穷，严重影响到国际汇率体系、国际货币与金融市场的稳定，在现存国际货币体系框架下难于有效解决；三是随着全球化进程的不断推进，各国之间的宏观政策特别是宏观货币政策相互影响，各国为了各自的政治经济目标会制定不同的宏观货币政策目标并选择不同的政策工具组合，如果各国之间的宏观货币政策目标出现矛盾和冲突，就需要一个高效有序的协调机制，但现存国际货币体系难于提供这样的协调机制。

概言之，现存国际货币体系存在着诸多缺陷和不足，主要表现为：初始设计理念的局限性，主导力量的垄断性，参与力量的分散性，平衡机制的低效性，组织机构的僵化性，全球参与性与普遍代表性不足，危机应对与监管机制失效，国际货币关系与宏观政策协调局限性。后金融危机时代的国际货币体系改革与人民币国际化的主要目标在于通过改革国际货币体系和推进人民币国际化，改进并弥补现有国际货币体系的不足，促进新的高效有序、公平合理的世界公共货币体系的构建与完善。

第四节　国际货币体系改革与人民币世界化方向

促进高效有序、公平合理的新的世界公共货币体系的构建与完善是后金融危机时代国际货币体系改革与人民币国际化的主要方向。如何弥补国际货币体系缺陷和不足，是国际货币体系改革与人民币国际化的重要内容和方向。为了弥补现有国际货币体系存在的公共性缺陷，需要国际社会各种社会行为体特别是主权国家共同参与推动国际货币体系改革，循序渐进地推动新国际货币体系构建和完善，本文把基于弥补公共性缺陷而构建的新国际货币体系称为世界公共货币体系，以体现新国际货币体系的全球性与公共性。本文中的世界公共货币体系（Global Public Monetary System）是指以维护全球各国的公共货币利益为出发点，由各国共同参与，满足各国社会成员跨国交易公共需求，国际收支全球公共平衡，各国共同治理的国际组织管理运行，各国共同选择与维护的规则、制度及机制所形成的全球储备货币体系、汇率制度与国际收支平衡机制的总称。全球公共性、公共利益维护性、公共参与性与共同治理性是世界公共货币体系的鲜明特征。

世界公共货币体系是在对现存国际货币体系进行存量改革与增量重构的基础上形成与演化的，以现存和传统的国际货币体系相比，全球性与公共性是其突出特点。世界公共货币体系的全球性体现在五方面：一是地理空间范围覆盖全球，超越传统国际货币体系与现存国际货币体系所覆盖的地理空间范围，世界公共货币体系从服务于全球所有国家及其社会成员的角度进行规则、机制与制度设计和构建；二是以维护和增进全球公共货币利益为出发点，世界公共货币体系不局限于国际社会中的部分国家或者部分社会成员的货币利益，而是维护和增进国际社会所有国家或者所有社会成员的共同货币利益，强调各国货币利益的全球相关性；三是全球网络化的国际储备货币体系，储备货币的选择、组合配置、计价结算与转让调整的规则、机制及制度是国际货币体系的基础，世界公共货币体系着眼于建立覆盖全球的储备货币网络体系，而不是仅仅依托于少数国家、少数币种、少数类型资产、少数信用工具而形成的区域性、局部性的储备货币体系；四是在全球范围内调节对国际收支平衡进行调整，世界公共货币体系着眼于从全球范围内建立起平衡各国国际收支的规则、制度及机制，而不是仅仅为部分国家或者部分经济体的国际收支平衡提供工具或者制度化平台，它需要突破仅仅为少数大国和部分发达国家提供国际收支平衡机制的传统思维的狭隘性和封闭性；五是全球开放性和多元包容性，世界公共货币体系不是一个封闭的系统，面向全球所有国家，不能够成为少数国家的货币俱乐部，它需要包容不同经济体制、不同文化背景的国家或者经济体，全球开放性与多元包容性能够保证世界公共货币体系内部的竞争活力、规模经济效应、网络外部性和全球代表性；六是在全球范围之内配置资源以解决全球性的公共货币问题，全球化的一个重要结果便是国际社会日益成为一个彼此紧密联系的利益共同体与命运共同体，跨国分工合作程度不断加深、分工合作网络日益稠密和广泛化，国际社会面临着越来越多的全球性问题，仅仅依靠单一国家或者少数国家不足以应对可能的挑战，需要动用整个国际社会的资源和力量才能够妥善应对，而货币与金融问题

第七章 人民币世界化目标:国际货币体系改革与世界公共货币体系构建   143

是现代国际经济运行的核心基础,更需要各国统筹协调并共同面对。可以用图7-3描述世界公共货币体系的全球性。

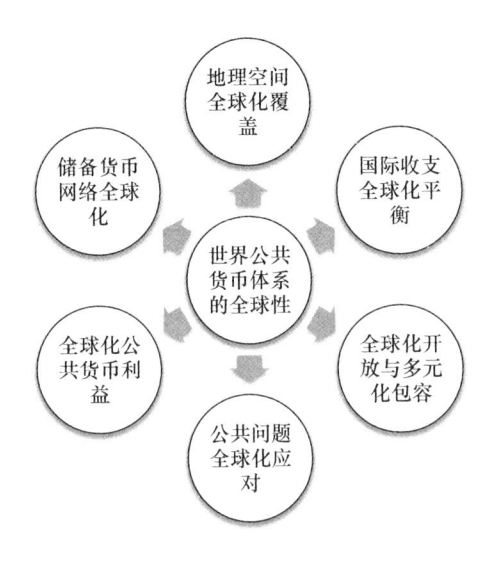

图7-3 世界公共货币体系的全球性特征

从图7-3可以看出,全球性作为世界公共货币体系的突出特征,是全球经济一体化发展的必然产物,也是国际社会利益一体化与命运一体化演化的产物,仅仅服务于少数国家、为少数国家所操作和控制的国际货币体系已经不适应全球化的国际社会,必然为更具活力和包容性的全球性公共货币体系所取代。

世界公共货币体系的另一个鲜明特点便是公共性。公共性是指世界公共货币体系以维护和增进全球性国际社会的公共货币利益为根本目标,需要各国的公共参与,各国共同制定和遵循国际货币规则体系,各国共同分享公共货币利益,各国共同参与国际货币组织的公共治理。世界公共货币体系的公共性原因在于全球化社会中国际货币与国际货币体系是作为制度性公共产品而存在和演化的。具体而言,世界公共货币体系的公共性表现在六个方面:一是维护公共货币利益与公共货币秩序,世界公共货币体系的主要目标是维护与增进全球化国际社会的公共货币与金融利益,预防和控制各种可能的不确定性风险,同时维护国际货币与金融市场的稳定运行,规范跨国货币与金融交易行为;二是储备货币选择与储备货币体系运行的公共选择性,金本位国际货币体系与布雷顿森林体系的一个共同点便是作为经济大国和货币强国的英国与美国分别主导国际货币规则,其他国家或者经济体处于从属甚至依附地位,世界公共货币体系则是由全部成员国共同参与和公共决策,特别是选择储备货币与构建储备货币体系过程中的公共参与、分工合作与公共决策;三是国际收支平衡机制的公共性与公益性,当国际收支不平衡时特别是当国际收支处于逆差状态时,如何平衡国际收支即选择何种工具、以何方式利用合作机制实现国际收支的不平衡到平衡转化,需要相关国家及货币利益相关方共同参与,同时因为国际收支平衡涉及各国的货币利益关系,不同的平衡机制导致不同的货币利益分配格局,世界公共货币体系不可能把部分国家或者社会成员、特定政治经济利益集团的利益置于国际社会公共利益之上,因此必须是公益性的,也就是国际收支平衡不以谋求私人利益为目标,公益性是其目标;四是国际货币金融组织治理结构的公共性,构建并成立必要的国际组织是新国际货币体系构建的重要内容,国际组织如何运行、如何治理是区分不同类型国际货币体系的重要参考标准,世界公共货币体系中的国际货币组织的治理机制必须是各国共同参与的公共治理机制,以防止少数国家或者国家集团操纵或者控制国际组织以谋求少数国家私利。当然,任何国际货币体系都不可能完全排除经济大国与货币强国的影响,但要发挥其积极影响并限制其消极影响;五是国际货币规则、机制及制度的公共产品属性,规范跨国货币与金融活动的各种规则、机制与制度本身就具有制度性公共产品的某些特征,世界公共货币体系构建的过程也是全球金融基础设施建设的过程,能够为全球性国际贸易发展、跨国投资与经济增长提供良好的国际货币环境及相关规则体系;六是国际货币事务的公共决策机制,随着国际社会全球化程度的不断提高,如果一国或者一个经济体内部出现货币危机、金融风险与经济衰退,通过全球性网络外部效应,会迅速蔓延到其他国家或者经济体,形成全球性货币危机、金融风险,造成经济衰退,加之互联网、大数据、云计算等现代通信及计算技术的发展,各国内部的货币、金融、贸易、经济增长、产业结构与区域发展的各种政治经济问题会很快全球化而成为国际社会共同面临的问题,国际社会需要借助世界公共货币体系进行公共决策与公共治理。可见,世界公共货币体系的公共性主要表现为全球公共货币利益的共同维护、共同分享、共同决策与共同治理,与公共世界主义（公共天下主义）的基本理念具有高度的契合性，也就是天下人共同维护和增进天下人的公共货币利益。可以用图7-4进行概括与描述。

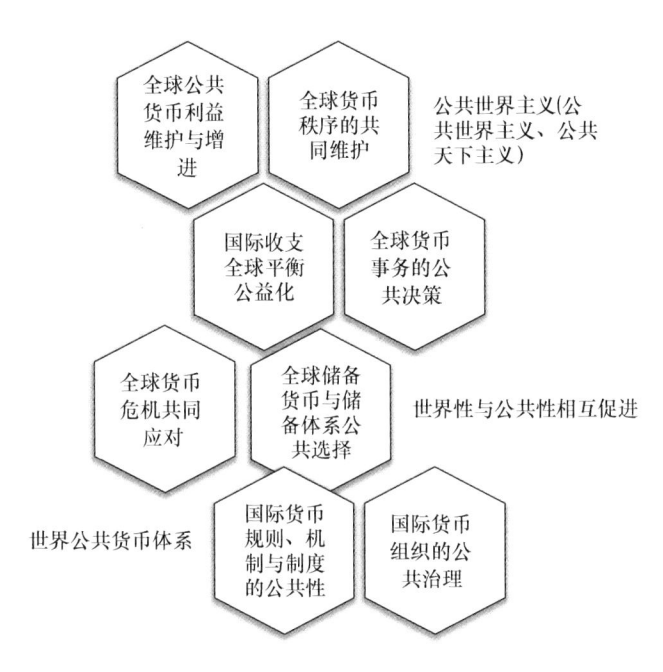

图7-4 世界公共货币体系的公共性

从图7-4可以看出，世界公共货币体系的公共性表现在多个方面，由各国共同参与维护和增进国际社会的公共货币利益是基本目标，这本身也是公共世界主义（公共天下主义）的理论和政策主张。

可见，全球性和公共性是世界公共货币体系显著特点，也是其与传统国际货币体系既有所区别又有所联系之处。世界公共货币体系的全球性包括地理空间全球化覆盖、储备货币网络全球化、国际收支全球化平衡、全球化公共货币利益、全球化开放与多元化包容、公共问题全球化应对等内容。世界公共货币体系的公共性包括各国共同维护与增进全球公共货币利益、各国共同稳定并维护全球公共货币秩序、各国共同促进国际收支平衡的公益化、货币危机与风险共同应对、全球储备货币与储备体系的公共选择、国际货币规则与机制及相关制度的公共性、国际货币组织的公共治理等。全球性与公共性作为世界公共货币体系构建的基本出发点，与公共世界主义（公共天下主义）所主张的"天下为公""大道天下"的理念和视野具有较高的契合之处。

世界公共货币体系作为当代国际货币体系改革与重构的参考和理想目标，既有必要性又有可能性。现存国际货币体系存在诸多缺陷和不足，需要进行系统改革或者重构，但面临着复杂的国际政治经济环境。虽然现存国际货币体系的既得利益格局很难在短期内打破，但国际社会推进国际货币体系改革的步伐不能够停顿，世界公共货币体系构建既能够推进国际货币体系改革，又能够为国际政治经济新秩序建立创造新的条件和机遇。世界公共货币体系构建涉及三方面的内容。

第一，重构新的全球储备货币体系。2016年中国的人民币被纳入国际货币基金组织的特别提款权（Special Drawing Right，SDR）货币篮子后，主要国际储备货币包括美元、欧元、人民币、日元和英镑，但美元和欧元在国际储备货币体系中的主导地位仍然没有改变，美元在国际储备货币体系中一家独大的地位虽然有所动摇但其仍然保持着垄断地位。随着以美国、欧盟和日本为代表的整个西方发达经济体在全球经济中相对地位的下降，以中国、印度为代表的新兴经济体在全球经济中地位的不断上升，由少数大国货币充当国际主要储备货币面临着不平衡性、不稳定性和不确定性分析，与此相关的储备货币体系也不适应国际政治经济变化的新特点和新趋势。因此，需要从三个方面重构新的全球储备货币体系：一是储备货币份额结构的均衡化，增加发展中国家、欧美日以外的其他发达国货币在全球储备货币中的比重，特别是扩大以人民币为代表的新兴国家货币在全球储备货币体系中的比重和份额，提高全球储备货币体系的均衡性与公平性；二是储备货币币种结构的多元化，把新兴国家、非西方发达国家及广大发展中国家货币纳入新的全球性储备货币篮子，提高全球储备货币体系的稳定性与灵活性；三是创设具有全球性、公共性的新的全球统一的储备货币单位——全球标准元（Global Standard Dollar，GSD），简称全球元（Global Dollar，GD），促进储备货币计价、结算与交易的标准化和全球化，充分利用互联网与通信技术、大数据与云计算技术的最新成果，推动国际储备货币计价单位的一致性和标准化。

第二，重构新的全球汇率体系。布雷顿森林体系崩溃后形成的牙买加国际货币体系，抛弃了布雷顿森林体系下的以"双挂钩"（美元与黄金挂钩、其他国家货币与美元挂钩）为特点的金汇兑本位制下的固定汇率制，汇率灵活性与波动幅度增加导致汇率风险上升，成为全球货币市场动荡、货币危机乃至金融危机的重要诱因。因此，需要从三个方面重构新的全球汇率体系：一是构建全球储备货币利率与汇率调整的公共磋商与协调机制，防止主要储备货币发行国特别是美国和欧盟国家单方面货币贬值与升值，提高全球货币汇率的稳定性，降低汇率大幅度波动给国际货币市场带来的风险；二是构建全球性预防与控制汇率波动风险的预警与救助机制，抑制主导货币竞争性贬值，增加货币汇率的可预期性，控制汇率波动风险及可能的货币危机；三是建立非储备货币发行国家货币汇率的稳定与救助机制，增加新兴国家和广大发展中国家在全球汇率磋商、谈判与协调中的话语权，促使全球汇率体系的整体稳定性和灵活性。

第三，重构新的全球收支平衡机制及国际组织。国际货币基金组织（IMF）作为帮助成员国平衡国际收支的主要国际组织，虽然在维护全球货币关系与金融市场稳定方面作出积极贡献，但其局限性和制度性缺陷也日益显露出来，最为典型的表现就是在应对国际货币与金融危机方面的表现不尽如人意。因此，需要从三个方面重构新的全球国际收支平衡机制及国际组织：一是推动国际货币基金组织改革，增加新兴国家和广大发展中国家的代表性；二是组建新的国际组织以弥补现有国际组织存在的不足，为了充分发挥各个主权国家在全球货币治理中的积极性和平等参与机会，特别是发挥各国货币的灵活性，维护各国的货币利益和全球债权债务结算，需要构建覆盖全球范围国际清算银行，本书称为全球清算银行（Global Settlement Bank）；三是制定新的国际收支平衡规则体系，现有国际收支平衡规则体系是第二次世界大战后以美国为代表的西方国家主导建立的，是战后西方国家之间货币利益与货币规则博弈的结果，反映了当时的国际政治经济格局。但随着国际政治经济格局的演变，以中国为代表的新兴国家政治经济影响力的不断上升，特别是现代互联网技术、大数据、云计算等技术的发展，现存货币规则体系已经不能够适应国际货币关系发展新格局与新特点，需要各国共同参与制定新的国际货币规则体系。

世界公共货币体系的构建过程，也是国际货币体系的全球化与公共化的过程。可以用图7-5进行概括和描述。

从图7-5可以看出，如何使新构建的世界公共货币体系覆盖更为广泛

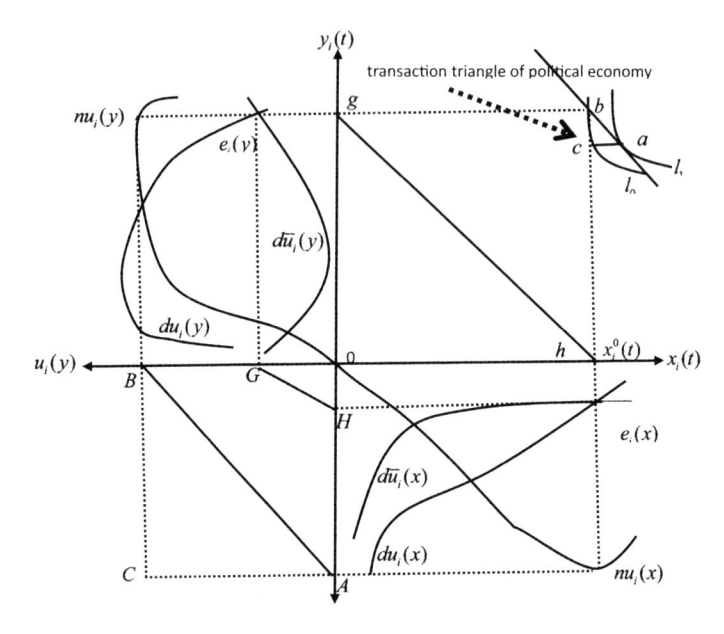

图 7-5 世界公共货币体系构建的目标

的地理空间，最大程度维护和增进全球公共货币利益，为全球更多的国家与社会成员所接受，各国共同以更高效率、更为民主、更为公平的方式共同参与全球货币事务的公共治理，是世界公共货币体系构建的基本目标和努力方向。

第五节 世界公共货币体系特征及构建

构建和完善新的高效有序、公平合理的世界公共货币体系作为后金融危机时代国际货币体系改革与人民币国际化的主要方向和目标，需要国际社会共同努力，各国也需要相互协调。新构建的世界公共货币体系需要具备如下八个方面的特征。

其一，全球性与公共性。新世界公共货币体系需要满足全球大多数国家和社会行为体跨国交易计价、支付手段、价值储藏与投资工具等的需求，同时具有跨国公共品的属性以满足国际社会跨国货币交易与投融资活动的公共需求。促进整个国际社会的货币福利水平提高与完善。

其二，公共治理与稳定性。新世界公共货币体系需要各国共同参与全球公共货币规则的制定，共同分享货币交易与金融稳定带来的收益与成果，共同承担跨国货币交易与金融活动的成本与风险，共同参与世界公共货币体系的治理与监管职能，共同促进全球性与区域性国际货币体系的稳定运行。

其三，公平性、高效性与灵活性。新世界公共货币体系需要消除少数国家特别是少数政治经济大国垄断国际货币事务的现象，各国平等参与国际货币相关规则的制定和实施，不断提高该体系运行的效率，同时也能够满足国际社会灵活性货币交易与金额市场竞争的需求。

其四，竞争性与动态性。新世界公共货币体系是一个竞争的动态体系，需要根据国际政治经济环境的变化不断适应国际社会发展的需要，保持整个体系的活力和竞争性，在动态演化过程中不断优化体系结构，为人类跨国政治经济活动创造竞争性和动态性条件和环境。

其五，广泛性与普遍代表性。新世界公共货币体系必须具有广泛的代表性，维护整个国际社会的公共货币与金融利益，无论是储备货币选择、汇率体系与国际收支平衡机制构建都需要各国的共同参与，防止少数西方大国主导下的传统货币体系的局限性、狭隘性与垄断性。

其六，组织机构的公平公正性与高效性。新世界公共货币体系必须为各国提供公平的跨国货币交易与资金融通服务，消除不公平与不公正，维护国际货币与金融市场的公平竞争，不断提高国际金融市场在全球范围内配置金融资源的效率。

其七，危机应对的高效性与货币监管的有效性。新世界公共货币体系必须能够应对各种可能的全球金融危机与金融风险，为国际社会有效化解各种系统性与非系统性风险，促进国际货币体系高效稳定运行，在各国共同参与下在全球范围内对各种货币与金融交易风险进行有效的监管，降低各国经济活动特别是跨国经济活动的成本和风险。

其八，现代性与开放性。新世界公共货币体系需要随着国际社会的发展进步而不断改进和完善，不断适应人类文明进步及现代性演化。当然，新世界公共货币体系不是一个封闭的系统，而是一个不断演化的开放系统，开放性制度创新与公共治理创新是其突出特点。

概言之，国际货币体系改革与人民币国际化的主要目标是推动新的世界公共货币体系的构建和持续动态完善，据此促进高效有序、公平合理的国际政治经济性秩序的构建和完善。中国作为全球新兴大国，在国际货币体系改革与人民币国际化过程中需要有大国担当，承担大国责任，成为推动国际货币体系改革与人民币国际化的主导力量。

第六节 人民币世界化与世界公共货币体系构建的关键领域

人民币世界化与世界货币提供构建需要关键领域取得突破，寻找各种凭借和推动力量。如果不能够对当前的国际货币体系进行系统的改革和完善，就不可能构建公平合理、高效有序的国际货币与金融秩序，更不可能构建新的国际政治经济新秩序，也不可能顺利推进人民币世界化和世界公共货币体系构建。以下是人民币世界化与世界公共货币体系构建的四个关键领域和难点。

其一，国际储备货币体系存在缺陷，阻碍世界公共储备货币体系构建。以美元、欧元为代表的西方经济体的货币已经难以承担国际储备货币的职能，美元作为一种单一信用货币，随着美国在全球经济中相对地位下降，其作为国际储备货币的基础已经动摇，这也是国际货币与金融市场波动的重要根源，在经济全球化特别是金融全球化背景下单一主权信用货币难以承担国际储备与基准货币功能。

其二，国际汇率制度存在缺陷，阻碍世界公共汇率体系构建。汇率体系和汇率制度存在缺陷，汇率波动不仅增加了国际贸易风险，还导致国际金融市场的动荡，甚至引发货币与金融危机，例如1997—1998年东南亚国家货币汇率的急剧贬值引发的东南亚金融危机、2014年12月俄罗斯卢布汇率的积极波动对俄罗斯经济和国际金融市场的消极影响等，2020年新冠肺炎疫情全球蔓延期间世界各国的汇率波动与世界经济衰退在西方国家诱发的各种社会动荡。

其三，国际货币基金组织治理结构存在缺陷，其向国际社会提供公共货币及公共金融服务的效率不高，公平性和公共性不足。国际货币基金组织不能够发挥其应当承担的职能。国际货币基金组织治理缺陷显著,效率低下,难于承担稳定国际货币与金融市场的职能,也难以预防和有效控制国际金融风险和危机的发生以及跨国传播。国际货币基金组织的治理结构不合理,以中国为代表的新兴经济体没有获得与其经济地位和政治影响力相称的份额和投票权,以美国、欧盟为代表的发达经济体的影响力和话语权超出其政治与经济地位,大多数亚非拉发展中国家在该组织中缺乏话语权和影响力。国际货币基金组织对会员国的宏观经济运行的监测职能不到位,可动用的金融资源有限,对处于危机中的国家救助不力。

其四,国际货币与金融监管制度存在缺陷,新兴大国及广大发展中国家的公共参与性和公平话语权不足。在经济与金融全球化背景下,资本跨国流动规模越来越大、流动速度越来越快,银行与非银行金融机构更多地在全球范围内布局和从事业务活动,系统性与非系统性货币与金融风险与金融危机跨国转移特征越来越显著,现有的货币与金融监管体系还不能够满足现实的需要。目前的国际货币体系下出现的一系列国际货币与金融危机,就是国际货币与金融监管体系不健全的表现。

可见,现存国际货币体系存在主权储备货币信用下降、国际汇率体系不健全、国际金融机构治理结构不合理、国际货币与金融监管机制不健全等多方面的问题,需要国际社会共同努力推进对现存国际货币体系改革进程,才能够弥补国际货币体系存在的缺陷和不足并加以改进和完善。目前,国际货币体系改革面临诸多困难,进展迟缓,一个重要原因在于缺乏改革的内生动力和外部压力。为了改变现存国际货币体系存在的上述缺陷和不足,需要推进国际货币体系改革。国际货币体系改革需要在以下五个领域取得进展和突破。

其一,改革国际储备货币制度,消除选择单一主权货币作为国际储备与基准货币存在的"特里芬难题",特别是消除牙买加货币体系条件下的美元本位制度导致的储备货币信用下降导致的风险,构建使用国际政治经济新格局的新兴国际储备货币体系,改变国际社会对单一主权货币的过度依赖现象,推进多元国际储备货币体系及制度建设,提高以人民币为代表的新兴经济体货币的国际化程度并把其纳入新兴国际储备货币体系。

其二,改革国际货币基金组织。现有国际货币与金融组织,特别是国际货币基金组织与世界银行的治理结构不能够满足金融全球化发展的需要，需要在三个方面推进改革：一是提高以中国为代表的新兴经济体在国际货币基金组织中的额和投票权，适当降低西方发达经济体在国际货币基金组织中的份额和投票权，增加该组织的公平性、透明性和地区平衡性；二是改进国际货币基金组织的管理结构，提供该组织的效率，特别是提高该组织对国际货币与金融市场的监督与管理能力、对成员国出现国际不平衡时的危机救助能力和干预能力；三是加强该组织对广大发展中国家或者地区的贷款规模和救助能力，促进广大发展中国家或者经济体的货币与金融市场稳定；四是提高该组织应对国际金融风险与危机的应对能力和效率。

其三，改革国际汇率制度。现存的国际浮动汇率制度存在诸多缺陷，增加了国际贸易与国际金融活动的汇率风险，阻碍了国际贸易投资一体化和金融全球化进程，需要从三个方面改革国际汇率制度：一是构建稳定的汇率形成机制，减少不同货币兑换的汇率波动幅度并尽可能消除汇率波动导致的风险；二是在汇率市场化过程中有效预防和控制各种投机性套汇与套利交易活动，降低投机资本对某种货币的恶意攻击，维护稳定的国际货币与金融交易秩序；三是防止国际收支过度不平衡导致汇率过度波动和货币急剧贬值及其在国际间传播，构建稳定有序的国际资本流动机制及相关制度安排。

其四，组建新的国际货币与金融组织，强化货币与金融监管领域的国际合作。为了弥补现有国际货币与金融组织存在的缺陷和不足，特别是国际货币基金组织和世界银行存在的治理结构不合理、内在改革动力不足和外在改革条件约束，需要建立区域性或者全球性国际货币与金融组织，强化对国际货币与金融市场的监督和管理，为货币与金融领域的国际监管合作创造国际组织条件。例如2014年中国倡导成立的亚洲基础设施投资银行，由金砖国家发起组建的新发展银行和应急储备基金，就可以弥补国际货币基金组织、世界银行与亚洲开发银行的某些不足，推动国际货币与金融组织治理结构改进和制度变革。

其五，构建新的国际货币、金融规则与制度体系，改革旧的不适合国际经济与政治发展特征与趋势的旧的国际货币与金融规则与体系。随着经济全球化特别是金融全球化进程的不断推进，新兴经济体和广大发展中国家的经济发展和政治地位的提高，国际政治与经济格局处于不断的改变与调整之中，一些旧的、不适合国际社会发展需要的货币与金融制度需要被淘汰，一些新的国际货币与金融规则和制度需要不断构建和提供，国际货币与金融规则与制度体系需要不断创新和改革。

事实上，中国参与国际货币体系改革涉及国际储备货币制度、国际汇率制度、国际金融组织、国际金融监管、国际金融规则与制度体系等多方面的内容。现存国际货币体系改革有着深刻的经济背景与经济动因，表现在五个方面：一是随着美国在世界经济中的地位下降，以美元为本位货币的国际储备货币体系面临信用不足问题，美元难于单独继续担当国际基准货币的角色，国际社会需要新的具有充分信用基础的新的基准货币作为国际储备货币基础；二是国际货币基金组织作为主要的国际货币与金融市场的调节机构，难于继续承担维持国际货币与金融市场稳定特别是汇率体系稳定地方职能，需要改革其治理机制、份额结构和投票权结构，提高其决策、运行与实施效率；三是随着以中国为代表的新兴国家和经济体的崛起，国际货币体系需要改革以适应新兴国家和经济体的发展要求、反应新兴国家与经济体的货币与金融利益；四是现存国际货币体系是在第二次世界大战结束后建立和发展起来的，反映当时国际经济格局和国际货币与金融现实，目前的国际经济格局与战后的国际经济格局差异甚大，国际货币体系需要不断改革以适应新的国际经济格局；五是经济全球化的推进特别是金融全球化程度的不断提高，国际收支不平衡的调节工具需要不断创新，有效预防和控制各种类型的金融危机与金融风险需要创新性制度安排，国际货币与金融领域的新变化、新特点和创新要求推动着国际货币体系的改革。

现存国际货币体系以美元和美国国家信用为基础，由美国和欧盟为主导并主要维护西方发达国家的政治诉求与政治利益，不能够反映新兴和广大发展中国家、地区的政治诉求与政治利益。随着美国经济与政治在全球中的地位和影响力的相对下降，美元作为全球主要基准货币与储备货币的地位下降，作为美元信用基础的美国综合国力政治地位的相对下降，直接导致目前的国际货币体系存在着稳定性风险。同时，全球新兴国家与经济体在国际政治体系中的地位相对上升，使得这些国家或者经济体有政治意愿和政治能力推动国际货币体系改革，存在着推动国际货币体系改革的政治动因。国际货币体系改革是在一定的政治条件下、由具有改革意愿和改革能力的国家或者政治力量推动下进行的。事实上，国际货币体系改革过程也是一个现有国际货币体系下既得政治利益集团与新兴政治利益集团的政治博弈过程，因为国际货币体系的改革过程也是国际社会各种行为体的政治权力与政治利益的再调整与再配置过程。目前，影响国际货币体系改革的政治力量和政治因素主要涉及两个方面：

其一，新兴经济体和广大发展中国家是国际货币体系改革的主要政治推动力量。因为现有国际货币体系并不够完全反映这些国家或者经济体的政治诉求与政治利益，例如以金砖国家为代表的新兴经济体，在国际货币与金融事务上的话语权与其政治和经济地位不相称，特别是在国际货币基金组织、世界银行等主要国际金融机构中的份额和投票权低于其在国际社会中的政治与经济地位。国际货币体系改革有利于提高新兴和广大发展中国家在国际货币体系中的话语权和政治影响力，以中国为代表的新兴经济体和广大发展中国家也是国际体系改革的主要政治受益者。

其二，西方发达经济体成为国际货币体系改革的主要政治阻碍力量。以美国、欧盟、日本为代表的发达经济体是目前国际货币体系的主要创建者和既得利益者，这些国家或者经济体对推动现有国际货币体系改革的积极性不高，在某些条件下或者某些发展阶段甚至成为阻碍国际货币体系改革的主要政治力量，这些国家或者经济体是国际货币基金组织、世界银行等国际金融机构的政治主导者。例如美国在国际货币基金组织占有最大份额和最高比例投票权，对国际货币基金组织的重大决策具有关键的否决权，如果得不到美国和欧盟的同意和认可，国际货币基金组织的任何改革措施都不可能实施。

概言之，中国参与国际货币体系改革必须在关键领域取得进展，关注关键影响因素。事实上，国际货币体系改革过程也是不同国家或者国家集团的政治利益博弈过程，直接影响到不同国家在国际货币与金融市场中的政治利益和政治地位，中国参与国际货币体系改革的过程，也是中国在国际货币体系改革的关键领域发挥政治经济综合比较优势、解决现存国际货币体系运行面临的关键问题、调动各国积极性特别是新兴国家和广大发展中国家参与国际货币体系改革积极的过程。

第七节 结论

人民币世界化与国际货币体系改革不仅需要制定总体目标，还需要制定分类目标，把握战略方向，制定科学合理的发展战略与政策措施。构建世界公共货币体系可以作为国际货币体系改革与新国际货币体系构建的努力方向。国际货币的公共性表现为计价货币公共性、交易媒介公共性、支付与结算的公共性和储备公共性。国际货币的公共性是国际货币体系公共性的基础，公共性缺陷是当代国际货币体系面临的主要问题，如何弥补公共性缺陷是目前国际货币体系改革的主要方向。全球性和公共性是世界公共货币体系的显著特点，也是其与传统国际货币体系既有所区别又有所联系之处。公共货币体系的全球性包括地理空间全球化覆盖、储备货币网络全球化、国际收支全球化平衡、全球化公共货币利益、全球化开放与多元化包容、公共问题全球化应对等内容。公共货币体系的公共性表现为各国共同维护与增进全球公共货币利益、各国共同稳定并维护全球公共货币秩序、各国共同促进国际收支平衡的公益化、货币危机与风险共同应对、全球储备货币与储备体系的公共选择、国际货币规则与机制及相关制度的公共性、国际货币组织的公共治理等。覆盖更为广泛的地理空间，最大限度维护和增进全球公共货币利益，为全球更多的国家与社会成员所接受。各国共同以更高效率、更为民主、更为公平的方式共同参与全球货币事务的公共治理，是世界公共货币体系构建的基本目标。中国作为新兴大国、贸易大国、制造业大国，在推动国际货币体系改革与世界公共货币体系构建中扮演着不可或缺的角色。

第八章

主权数字货币、数字人民币与世界数字货币体系

第一节 引言

随着以5G为代表的高速互联网技术、区块链、大数据、云计算及人工智能技术的发展及其在金融领域的应用，现代金融科技创新正在改变着人类社会的金融活动方式及国际货币体系并推动全球金融治理体系的变革，主权数字货币的构建及其应用则是当代金融科技创新及全球金融治理体系变革的直接结果。中国作为快速崛起的新兴大国，面临着以美国为代表的守成大国及其盟友体系带来的竞争压力及挑战，最为典型的便是美国特朗普政府挑起的以中国为主要对象的全球经贸摩擦，美国综合利用其在贸易、金融、产业和科技领域的既有优势，全面遏制中国的发展。值得关注的是，美国充分利用美元的国际储备货币地位及其在当代国际金融治理体系的话语权不断谋求金融霸权，阻碍人民币的国际化及全球金融治理体系的变革。中国需要充分利用当代金融科技创新的最新成果，推动以人民币为基准的主权数字货币构建，促进国际货币体系及全球金融治理体系的变革，为公平公正的国际政治经济新秩序构建贡献中国方案和中国力量。因此，从理论与政策角度系统研究主权数字货币与金融科技创新之间的关联性、国际货币体系及全球金融治理体系变革的可能路径及政策措施是中国决策层和学术界共同面临的紧迫课题。本章从当代金融科技创新角度系统研究主权数字货币创建的条件及流通机制、以人民币为基准的世界主权数字货币体系形成路径及国际货币体系改革方向、全球金融治理体系变革面临的问题及中国的政策选择等问题，试图弥补现有研究的缺陷和不足。

第二节　金融科技创新与主权数字货币构建[①]

金融科技创新为主权数字货币构建提供了技术支持。本文中的金融科技创新（Financial Technology Innovation，FTI）是指服务于金融市场及金融产品的科学技术创新，当代国际社会中的金融科技创新主要表现为大数据、云计算、人工智能、高速互联网与区块链等现代前沿技术被引入金融市场中以提高金融市场效率，引入金融产品之中以提高金融产品满足社会需求程度。金融科技创新的驱动力量在于提高金融市场的资源配置效率、降低金融市场运行成本、提高金融产品满足客户需求的程度。当前科技金融创新具有五个显著特征：一是大数据及云计算为金融产品创新提供了数据和算法支持；二是高速互联网与区块链技术为分布式金融交易及金融账务管理提供了网络服务工具；三是人工智能及量子计算为超大规模金融市场制度设计创新和复杂金融产品设计创新提供了智力支持和技术保障；四是高新技术率先被引入金融市场竞争和金融产品设计竞争之中，促进金融市场竞争和金融产品设计的科技渗透；五是网络化、智能化、国际化与市场化是金融科技创新的显著特点。金融科技创新是数字货币构建的技术基础和推动力量，更是主权数字货币构建金融基础设施的重要构成部分。

本书中的主权数字货币（Sovereign Digital Currency，SDC）是指以国家主权作为最终信用来源和信用基础而发行和流通的数字货币类型，国家主权作为最终信用担保和信用基准是主权数字货币的显著特征。本书中的数字货币（Digital Currency，DIGICCY）则是指数字化的价值符号与价值工具的统称，是电子货币（Electronic Currency）及其他货币的替代货币，也是虚拟货币（Virtual Currency）的特殊表现类型，主权数字货币与其他数字货币比较，具有五方面的显著特点：一是主权国家的征税权、强制力和国家安全保卫能力构建主权数字货币的信用来源和信用基础，不同信用

[①] 本节部分内容曾以题目《主权数字货币、金融科技创新与国际货币体系改革——兼论数字人民币发行、流通及国际化》发表于《人民论坛·学术前沿》2020年第2期，第24—25页。

类型国家发行的数字货币的信用来源及信用基础表现出显著的差异性，其他数字货币的非国家性和非政府性的特征更为显著；二是分布式数据储存与中心化信用担保共同构建主权数字货币的数字与信用分布特征，分散化、网络化、扁平化的分布式数据网络构建数字货币发行与流通的数据基础；三是大国主权数字货币能够成为跨国金融交易和支付结算的工具，对现存跨国支付结算的非数字货币具有替代效应，能够突破现存非数字货币在跨国结算方面的壁垒，促进跨国债权债务结算的数字化；四是主权数字货币能够打破霸权国家货币对跨国支付、跨国结算、跨国投资的垄断性和歧视性影响，促进各国在跨国支付、跨国结算、跨国投资的公平化、多样化、多元化与去垄断化，促进国际社会资本流动，消除金融霸权主义和金融保护主义对跨国贸易和资本流动的非理性干扰；五是主权数字货币能够弥补主权非数字信用货币的不足，促进支付工具、结算工具和投资工具的多样化，提高金融市场运行效率，促进新兴金融交易产品及相关金融衍生交易产品的设计开发，推动国际社会金融市场发展与创新。

当代金融科技创新不仅为主权数字货币构建提供了技术支持，还为主权数字货币发行和流通提供日益完善的金融基础设施条件。当代金融科学发展在大数据（Big Data）及其存储技术、高速互联网、数据传输及物联网技术、超级计算和云计算技术、区块链技术、人工智能、量子计算及量子通信技术等领域表现最为显著。金融科技对主权数字货币构建的影响在六个领域表现最为显著。

其一，大数据及数据存储技术为主权数字货币发行提供了数据信用支持。大数据是指海量存在的制式结构数据与非制式数据，当代国际社会中主权国家拥有的数据资源构成该主权国家的重要资源和数据信用来源。数据存储技术为主权国家发行主权数字货币提供了数据信用支持，促进主权国家信用的数字化，而数字化的主权国家信用能够成为数字货币发行与流通的信用来源和信用基础。

其二，高速互联网、数据传输及物联网技术为主权数字货币发行与流通提供了高速数据传输通道和服务。高速互联网技术发展特别是 5G 乃至未来的 6G 技术的发展，为及时性、连续性、低时延乃至零时延的数据传输提供了技术支持，为主权数字货币跨连续时间、跨连续空间乃至全时、全域流通提供数字传输支持，提高了数据传输效率和物理覆盖面，有利于实现全球化物理空间的无缝隙、全覆盖的数据传输，促进主权数字货币的全球化、全覆盖的流通循环。

其三，超级计算及云计算技术为主权数字货币发行与流通中的大规模计算提供算法工具支持。超级计算技术和云计算技术的发展，为主权数字货币发行和流通提供了数据处理与计算基础，打破了传统非数字货币（例如金融货币、纸币和电子货币）发行与流通的计算技术限制，不仅提高了计算效率还节约计算成本。超级计算技术和云计算技术突破了传统计算技术的限制，使得传统非数字货币不能够实现的货币交易、金融结算和市场投资行为成为可能，促进货币交易与金融市场的创新。

其四，区块链技术为主权数字货币创建提供了高效的公共账本系统和信用管理数据库系统。区块链（blockchain）技术的发展，为主权数字货币发行和流通提供了记账信用及账务管理的技术基础。事实上，区块链是一个分布式的能够众人共享的账本系统及数据库系统，区块链技术则涉及现代数学、互联网技术、计算机技术、密码学及数字防伪等众多应用技术及理论学科领域，借助于区块链技术可以创建主权数字货币的全球性公共账本系统及价值流转的数据库系统。

其五，人工智能及机器学习技术为主权数字货币发行与流通提供了价值计算及价值流转技术支持。人工智能及机器学习技术的发展为主权数字货币发行与流通中的计算、监督和管理行为提供技术支持并提高了效率，人工智能能够部分替代货币发行与流通中的部分人力职能，降低货币发行、流通与监管成本，提高货币发行和流通的效率。

其六，量子计算（Quantum Computation）与量子通信技术发展为主权数字货币发行与流通提供了保密计算与保密通信的应用技术基础。量子计算效率高于传统经典计算，量子通信（Quantum Communication）能够解决通信和数据传输的保密性与安全性问题。主权数字货币发行与流通过程中涉及大量的数据计算、数据传输及数字通信问题，量子计算和量子通信技术的引入不仅能够提供数据计算效率，而且能够保证数据计算和信息传输及共享过程中的信息及通信安全问题。

由此可见，现代金融科技创新为主权数字货币发行、流通及跨国循环提供了技术支持和技术保障，解决了主权数字货币发行与流通过程中的主权信用数字化问题、高速数据传输通道及效率问题、大规模的超级计算问题、公共账本系统与财务信用数据管理问题、价值计算及价值流转问题、保密计算与保密通信问题。可以用图8-1描述金融科技创新对当代主权数字货币构建的影响效应：

金融科技创新	主权数字货币构建
大数据及数据储存技术	数据信用和主权信用数字化体系构建
高速互联网技术	数据与信息传递的高技术化及其机制构建
超级计算与云计算技术	数字货币发行与流通中数据计算系统构建
区块链技术	公共账务与财务数据库监管系统构建
人工智能及机器学习技术	主权数字货币价值计算、价值流转及人工智能管理体系构建
量子计算与量子通讯技术	主权数字货币构建中保密计算与保密通讯系统构建

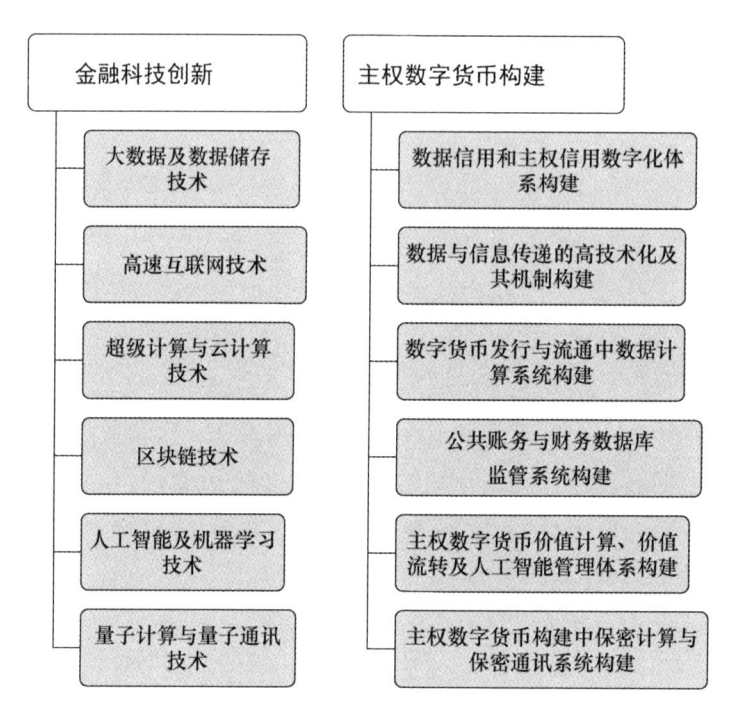

图8-1 金融科技创新与主权数字货币构建的相关性

从上图可以看出，金融科技创新为主权数字货币发行与流通提供了金融基础设施保障和技术支持，使得主权数字货币的创建在技术上可行（feasible）且在金融基础设施保障方面可实施（actionability）。当然，主权数字货币的创建过程也是当代金融科技创新及应用于金融实践的过程，主权数字货币的发行和流通对现存非数字主权信用货币的发行和流通具有两方面的影响：一是分工性和互补性，彼此分工合作且相互补充；二是竞争性和替代性，主权数字货币的发行与流通能够替代现存非数字主权信用货币的某些功能。

第三节 主权数字货币与相关货币的关联性分析

主权数字货币的发行与流通，给传统的国家主权货币特别是在国际社会基于主导地位的大国主导货币带来了挑战，其产生的替代效应对国际货币体系乃至国际金融治理体系都会产生深远影响。

主权数字货币与传统主权信用货币，虽然都以主权国家信用为货币发行与流通的基础，但二者之间存在着显著的区别，前者对后者具有显著的替代效应，当然二者之间也存在着某种分工合作关系。主权数字货币与传统主权信用货币的区别表现在五个方面。一是主权数字货币以价值的数字化符号进行交易，主权数字货币的使用者通过价值的数字化符号为媒介进行交易或者流通，而传统主权信用货币则是以硬币、钞票、活期存款、定期存款、债券、银行有价证券等为交易或者流通媒介。当然，传统主权信用货币也可以采取电子介质为媒介，例如电子货币形式（如信用卡）进行交易与流通，但其仍然以传统主权货币账户为基础。二是主权数字货币流通依托现代高速互联网、区块链、大数据、云计算及人工智能技术，突破了传统主权信用货币发行与流通的技术限制，能够打破传统地理空间、主权领土空间的物理限制，特别是区块链技术的发展为主权数字货币的开放式、共享型的账户系统设置与监管提供了技术支持，降低了主权数字货币发行与流通成本，而传统主权信用货币的流通成本相对较高。三是主权数字货币发行通过主权国家的货币当局设置的主权数字货币账户调控商业银行的数字货币信用规模，主权数字货币交易者则通过商业银行发行的主权数字货币钱包进行点对点的数字货币交易，而传统主权信用货币则通过主权国家的货币当局（中央银行）设置的法定准备金率、再贴现率和公开市场业务调控商业银行的信用规模。四是主权数字货币能够通过中央银行间设立的主权数字货币联盟进行跨境发行和跨境流通，区块链作为开放式、共享型的账户系统和数据库系统，具有分布式数据存储和分散化交易的比较优势，为跨国数字货币支付、数字货币结算、数字货币投资创造了良好的跨国金融基础设施条件，而传统主权信用货币的跨国支付、跨国结算与跨国投资则受到各种政治经济及技术条件的限制，特别是传统国际储备货币大国如美国会利用本国货币在国际社会中的主权信用优势限制和打压竞争对手国的货币跨国交易与流通。五是与传统主权信用货币相比，主权数字货币发行与流通成本较低且流通速度更快，有利于提高交易效率并为资源配置优化提供新的货币交易条件。主权数字货币作为一个数字化的价值符号，其流通更容易突破地理限制、物理限制、规则和制度限制、文化与习俗限制，促进经济资源在更广泛的地理空间范围的优化配置，据此提高市场的跨时资源配置效率。可以用表8-1比较主权数字货币与主权信用货币的区别与联系：

表8-1　　　　　　　　**主权数字货币与主权信用货币比较**

序号	项目	主权数字货币	主权信用货币
1	发行主体	主权国家数字货币当局	主权国家货币当局
2	信用基础	主权国家征税权、经济实力、强制力与数据资源	主权国家征税权、经济实力与强制力
3	货币工具	高速互联网与区块链、大数据与云计算、人工智能及机器学习技术	传统的主权货币发行与流通工具
4	货币媒介	价值的数字化符号	硬币、纸币、银行存款及银行凭证
5	交易主体	跨国居民与厂商	居住在本国的居民或者非居民
6	交易效率	较高货币交易效率	传统货币交易效率
7	规则体系	跨国规则体系	国内规则体系
8	流通范围	跨国市场流通	本国市场流通为主
9	跨国组织	主权数字货币国际联盟	传统主权货币跨国组织

从表8-1可以看出，主权数字货币与主权非数字货币最大的不同在于前者以价值的数字化符号的发行和流通为特色，后者则表现为传统物理货币与电子货币的组合。主权数字货币代表了主权信用货币的演化方向，主权信用货币则是主权数字货币发行与流通的基础。

另外，主权数字货币与非主权数字货币虽然具有共同特征，但差异性也非常显著，主要表现在以下六个方面。一是主权数字货币以国家主权为主要信用来源和信用基础，但非主权数字货币则以非主权信用为主要信用来源和信用基础。例如个人信用、企业信用、市场信用及其他信用形式为基础，主权信用具有相当稳定性和持久性，而非政府信用的稳定性和持久性则是多种因素的影响和制约，波动性与阶段性特点显著；二是主权数字货币特别是大国主权数字货币的币值具有相对稳定性，因为国家主权信用特别是大国主权信用能够保持相对稳定性，但非主权数字货币容易受到市场波动和投机行为的影响而表现出显著的波动性，例如比特币及其他非主权数字货币由于受到投机炒作因素的影响表现出高频率、大幅度的波动性；三是政府对主权数字货币的监管程度相对较高，主权数字货币以国家主权及政府信用为担保，为了维护主权国家及其政府的货币信用，政府必然会强化对主权数字货币发行与流通的监管活动，防止各种可能的不确定性风险特别是各种类型的投机风险，相对而言，非主权数字货币因为没有政府信用做担保则很容易受到各种投机货币的影响而表现出较高的风险性，政府对其的监管活动也表现出时间差异性、空间差异性和手段差异性；四是主权数字货币更容易成为全球跨境支付、结算与投资货币，作为全球跨境债权债务结算、支付和投资货币必须具有广泛的接受性、充分的流动性、价值的稳定性和增值性，非主权数字货币因为没有主权国家作为信用担保，在国际社会的接受程度相对有限，因为容易受到投机冲击而表现出币值的波动性和不稳定性，各国政府为了维护金融市场稳定、打击地下经济活动会强化对非主权数字货币的金融监管，这些都弱化了非主权数字货币在跨国结算、支付与投资方面的功能；五是主权数字货币的发行国之间更容易形成主权数字货币联盟，各国具有推进主权数字货币国际合作和主权数字货币国际化的积极性，主权国家作为主权数字货币的发行者，能够充分利用主权国家之间的分工合作关系乃至政治、外交与军事关系达成跨国货币合作共识，推动主权数字货币合作，促进主权数字货币的国际化；六是主权数字货币不仅受到主权国家的金融监管，相关国际组织关注主权数字货币跨国监管问题，由此必然影响到主权数字货币发行和流通的灵活性和效率，但也有利于维护主权数字货币的发行与流通的规范性和货币信用稳定性。可以用表8-2比较主权数字货币与非主权数字货币的相关性和差异。

表8-2 **主权数字货币与非主权数字货币的相关性及差异**

序号	项目	主权数字货币	非主权数字货币
1	信用主体	主权国家行为体	非主权社会行为体
2	信用基础	主权国家信用	主权行为体社会信用

续表

序号	项目	主权数字货币	非主权数字货币
3	核心技术	区块链技术	区块链技术
4	货币币值	相对稳定	波动性高
5	监管主体	政府监管为主	社会监管为主
6	跨国合作	主权数字货币国际联盟	非主权数字货币跨国合作
7	储备功能	能够成为官方储备货币或者储备资产	难于成为官方储备货币
8	国际流通	主权国家政府推动	市场自发推动
9	流通秩序	规范性与稳定性相对较高	投机性和风险性相对较高

从表8-2可以看出，主权数字货币与非主权数字货币虽然彼此具有密切的相关性，例如两种类型的数字货币都以区块链及高速互联网为技术基础，都是通过价值的数字化符号实现货币的支付、结算与投资功能，主权数字货币是在借鉴非主权数字发展经验的基础上构建的。但区别也较为显著，根本原因在于主权数字货币以国家主权作为信用来源和信用基础，弥补了非主权数字货币信用基础不足导致的投机性、波动性和风险性，主权数字货币信用和币值的稳定性更有利于其发挥国际支付、结算、投资和储备货币的职能。

事实上，主权数字货币是在综合了传统主权信用货币功能与非主权数字货币功能的基础上构建的新兴货币形态，是人类社会货币形态演化与发展的最新成果，不仅能够同时吸收传统主权信用货币与非主权数字货币的优点，还能够弥补传统主权信用货币与非主权数字货币的缺陷和不足。主权数字货币对传统主权信用货币与非主权数字货币的扬弃效应可以用图8-2说明。

从图8-2可以看出，主权数字货币继承了非主权数字货币和传统主权信用货币的优点，同时扬弃了二者存在的缺陷和不足，其对非主权数字货币与传统主权信用货币具有替代性影响效应，代表了人类社会货币制度创新和货币演化的未来方向。当然，主权数字货币并不是在任何主权国家都能够发行和流通的，需要具备必要的技术、市场和制度条件，技术条件落后、市场规模狭小、金融监管落后的国家或者地区难于发行和流通主权数字货币，只有区块链和互联网技术发达、市场规模广大、金融监管规范高

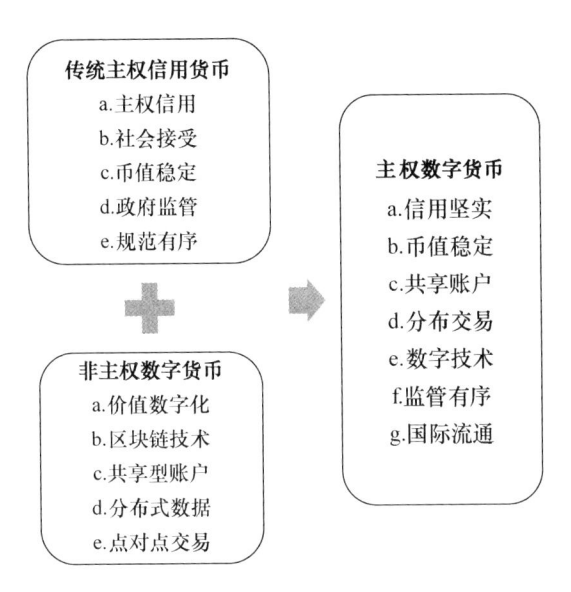

```
┌─────────────────┐
│ 传统主权信用货币 │
│  a.主权信用     │
│  b.社会接受     │          ┌─────────────────┐
│  c.币值稳定     │          │  主权数字货币   │
│  d.政府监管     │          │  a.信用坚实     │
│  e.规范有序     │          │  b.币值稳定     │
└─────────────────┘          │  c.共享账户     │
        ➕           ➡        │  d.分布交易     │
┌─────────────────┐          │  e.数字技术     │
│ 非主权数字货币   │          │  f.监管有序     │
│  a.价值数字化   │          │  g.国际流通     │
│  b.区块链技术   │          └─────────────────┘
│  c.共享型账户   │
│  d.分布式数据   │
│  e.点对点交易   │
└─────────────────┘
```

图 8-2 主权数字货币、非主权数字货币与传统主权信用货币的关联性

效的主权国家才具备发行和流通主权数字货币的技术基础和市场条件。中国作为全球新兴经济大国，具有先进的互联网与区块链技术，特别是 5G 通信技术居于全球领先地位，商品市场与金融交易市场广阔，中国对金融市场的监管高效有序，具备发行和流通主权数字货币的技术和政治经济条件。中国相关部门及研究机构提出和研究推进的数字货币电子支付（Digital Currency Electronic Payment，DCEP）方案，[①] 无疑是朝着主权数字货币构建方向做出的重要努力。

第四节　人民币主权数字货币发行与流通面临的机遇与挑战

中国作为快速崛起的世界第二大经济体、世界第一货物贸易大国、世

---

① 胡艳明：《央行数字货币探索路 DCEP 如何影响现有支付体系？》，移动支付网转引自《经济观察报》，http://www.mpaypass.com.cn/news/201911/18105923.html，访问日期：2019 年 12 月 1 日。

界第一制造业大国和全球主要储备大国,同时也是全球高速互联网技术、大数据、超级计算、人工智能及量子通信技术的引领大国,不仅具备发行和流通以人民币为信用基准的主权数字货币的技术与市场条件,而且具备推动以人民币为信用基准的人民币主权数字货币国际化的条件和现实必要性。

人民币主权数字货币构建具备如下五方面的条件和机遇。第一,中央政府强大的国家治理能力和高效的金融市场监管能力为数字人民币发行创造了坚实的主权信用基础。主权数字货币的成功发行离不开坚实的主权信用基础,任何一个主权不独立或者主权不完全独立的国家在发行主权数字货币时面临的主要困境是主权信用的缺失或者说主权信用的不完全性,只有主权独立且中央政府具有完全信用能力的大国发行的主权数字货币才具有完全的主权信用基础。中国在国内金融及货币市场的监管方法积累了丰富的历史经验,能够有效抵御和防范各种可能的国内外金融及货币风险。因此,中国推动主权数字货币——数字人民币的发行具有坚实而雄厚的主权信用基础。

第二,移动支付、区块链与高速互联网技术发展为人民币主权数字货币流通创造了成熟而体系化的技术条件。主权数字货币流通必须具备良好的高速互联网和移动支付条件,同时能够充分利用区块链技术所提供的分布式数据储存、点对点交易、共享账户及数据库系统,移动支付、互联网和区块链技术的任何滞后和缺陷都会阻碍主权数字货币的流通,弱化主权数字货币的功能甚至导致难于预防的系统性与非系统性的货币流动及相关金融风险。中国作为移动支付发展最为迅速的货币流通大国,在以5G为代表的高速互联网技术、大数据、云计算和人工智能技术领域在世界范围内具有领先和先发比较优势,为数字人民币的国内流通创造了体系化的技术基础设施条件。

第三,广阔的市场应用前景为数字人民币创造了市场规模和报酬递增条件。主权数字货币发行和流通必须依托广阔市场规模和海量的市场交易,才可能充分发挥主权数字货币的网络规模效应,也才可能提高数字货币的流通速度和流通规模。如果没有广阔的市场规模和海量的市场交易,主权数字货币的低成本、高效率流通优势便发挥不出来,在与传统主权信用货币和非主权数字货币的竞争中的比较优势也不可能充分显现出来。受消费和货币使用习惯的影响，主权数字货币如果不能够在流通中表现出更快的流通速度和更高的交易效率，则很可能因为竞争不过传统主权信用货币或者非主权数字货币而退出货币市场流通，出现主权数字货币流通领域中的格勒善法则（Gresham's Law），也就是出现数字货币流通领域的劣币驱逐良币现象。中国具有14亿人口的巨大消费市场规模，同时还是世界第一制造业大国和大多数主要工业产品全球生产大国，足以支持数字人民币的市场流通并实现主权数字货币流通的规模报酬递增目标。

第四，中国贸易和金融的快速发展，为人民币主权数字货币的国际流通创造了国际贸易与金融市场环境。中国已经成为全球第一货物贸易大国，国际社会中以中国为第一货物贸易伙伴大国的国家超过100个，远超以美国为第一货物贸易伙伴的国家数，随着中美经贸摩擦的持续发酵，中国在国际社会中的第一货物贸易大国地位将更进一步得到稳固，中国也已经成为全球自由贸易的第一推动国，这为数字人民币的跨国市场流通创造了广阔的国际贸易市场前景。另外，中国不仅是全球第一储备资产大国，人民币也已经成为国际社会主义的交易、结算和投资货币。2016年10月1日人民币正式加入国际货币基金组织（International Monetary Fund，IMF）特别提款权（Special Drawing Right，SDR）以来，人民币作为与美元、欧元、英镑和日元并立的五大全球主要储备货币，其在国际交易计价、结算、支付和投资中的地位和影响力持续增加，这些都为数字人民币的国际循环创造良好的国际金融市场条件。

第五，经济全球化及"一带一路"建设为数字人民币的国际化和全球化创造货币循环流通渠道和机制。经济全球化与区域一体化是当代世界经济发展的潮流和总体趋势，任何国家的货币如果不能够顺应这一历史发展趋势，则必然为历史所淘汰。主权数字货币则是顺应经济全球化和区域一体化发展的需要，通过价值符号的数字化推动全球范围内的跨国资本流动、债权债务结算、贸易支付与跨国金融投资活动。虽然西方国家出现了逆全球化、民粹主义、保护主义思潮，但并没有改变经济全球化与区域一体化发展的总体趋势，只是历史长河中短暂的非常态化现象。主权数字货币特别是数字人民币的发行和流通则是人类社会货币发展适应经济全球化与区域一体化发展的必然要求的产物，具有客观性、必然性。2013年中国提出"一带一路"倡议以来，"一带一路"建设取得了积极进展，为数字人民币的发行和流通提供了市场进入机会。

当然，数字人民币的发行和流通过程中仍然面临诸多挑战和风险，如何预防和控制可能出现的风险并应对各种可能的挑战是数字人民币发行和流通的关键。具体而言，数字人民币发行与流通面临的风险和挑战主要表现在四个方面：

第一，数字人民币与非数字人民币的流通冲突。如何计算和平衡传统主权货币与主权数字货币的关系面临着多方面挑战，一国货币当局发行的主权数字货币与传统信用货币具有相似的特点，特别是与狭义货币具有相似的某些特征。传统主权信用货币中的狭义货币包括硬币、钞票和活期存款，是流通中主要货币形态，主权数字货币流通必然对传统主权信用货币产生替代效应与挤出效应，如果不能够平衡二者之间的关系，则可能诱发货币流通秩序的无序和混乱并引发各种货币流通风险，也就是说如何平衡数字人民币与传统人民币之间的流通关系面临着决策和执行风险。

第二，数字人民币与其他数字货币的流通冲突。如何计算和平衡主权数字货币与非主权数字货币的关系也面临着多方面的挑战。很显然，主权数字货币与非主权数字货币具有相互替代与相互挤出关系，主权数字货币流通将对非主权数字货币产生挤出效应，在货币流通领域引发各种利益矛盾、利益冲突和利益博弈，可能导致金融市场的系统性与非系统性风险叠加，放大不确定性风险，甚至诱发各种不可控的货币危机政治经济事件，不仅影响货币与金融市场的稳定性，还可能冲击社会秩序的稳定性，也就是如何平衡数字人民币与其他数字货币之间的关系面临着挑战。

第三，数字人民币与美元国际流通冲突。主权数字货币跨境交易与流通可能诱发国际货币矛盾与国际金融动荡风险，数字人民币的发行和流通有利于人民币的跨境流通与人民币国际化，会引发人民币与其他国际流通货币特别是人民币与美元之间的大国货币竞争与博弈。事实上，数字人民币的国际化过程，也是数字人民币承担国际货币职能不断替代其他国际货币职能的过程。数字人民币国际化过程首先面临着来自美元霸权的挑战。美元作为全球主导的国际货币，数字人民币国际化会导致数字人民币对美元的替代效应和挤出效应，可能会引发美国的阻碍和打压。如何应对美国对数字人民币国际化的挑战将在较长时间内是数字人民币发行与流通面临的首要挑战。

第四,数字人民币的监管挑战。相对于传统主权信用货币,主权数字货币流通速度更快、流通规模变化更为迅速、流通范围更为广泛。如何进行有效监管是主权数字货币发行与流通面临的重要挑战,如果不能够进行有效监管,则不仅可能诱发金融秩序的混乱,还可能诱发各种类型的货币与金融危机。事实上,主权数字货币的发行和流通,如果不能够有效监管,还可能诱发各种金融犯罪活动,例如资本外逃、金融欺诈、地下金融活动、各种洗钱犯罪活动等。然而,针对传统主权信用货币发行和流通的监管措施对主权数字货币则可能失效,需要推进金融及货币监管的制度创新与技术创新,这也是对数字人民币发行与流通监管提出的挑战。

概言之,对于作为主权数字货币的数字人民币的发行和流通,如何抓住各种可能机遇稳妥推进?如何预防和控制各种可能的挑战和风险?这些是我国中央政府及货币当局面临且需要妥善解决的紧迫课题,可以用图 8-3 进行概括与总结。

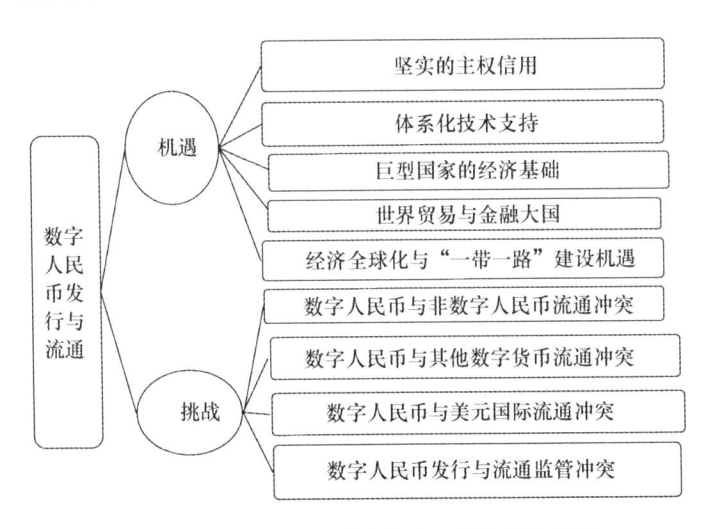

```
                    ┌─ 坚实的主权信用
                    ├─ 体系化技术支持
              机遇 ─┼─ 巨型国家的经济基础
              │    ├─ 世界贸易与金融大国
数字          │    └─ 经济全球化与"一带一路"建设机遇
人民币发行 ───┤
与流通        │    ┌─ 数字人民币与非数字人民币流通冲突
              │    ├─ 数字人民币与其他数字货币流通冲突
              挑战 ┼─ 数字人民币与美元国际流通冲突
                   └─ 数字人民币发行与流通监管冲突
```

图 8-3 数字人民币发行与流通的机遇与挑战

从图 8-3 可以看出,数字人民币的发行与流通需要在充分抓住机会的同时应对各种可能的挑战与风险,机遇与挑战相伴而生。如果不能够抓住机遇则可能错失数字人民币发行、流通与国际化的机会;如果不能够预防和控制各种可能性风险,则可能导致国内外货币乃至金融市场的失序、混乱乃至引发各种货币、金融及经济危机。当然,数字人民币的发行、流通与国际化的过程也是中国在国际货币及金融市场崛起的过程,是推动国际货币体系改革和全球金融治理变革的关键之举。

第五节 主权数字货币国际合作:中国优势与贡献

目前的国际货币体系由西方国家主导构建,主要反应以美国和欧洲为代表的西方发达经济体的货币与金融利益。如何改革不合理的国际货币体系是构建国际政治经济新秩序的关键,主权数字货币的创建与体系构建有利于推动国际货币体系改革。中国作为世界第二大经济体和快速发展的新兴大国及广大发展中国家的代表,在主权数字货币发行与流通、世界主权数字货币体系构建方面能够发挥引领示范作用,成为国际货币改革的推动者和领导者。具体而言,在推动世界主权数字货币体系构建与国际货币改革中中国可以采取如下五方面的战略举措。

第一,发挥中国的全球互联网大国优势,推动数字人民币发行与流通。中国已经成为全球互联网应用第一大国,拥有全球最多网民,也是全球互联网技术引领大国,已经成为推动全球互联网技术进步的主要大国。中国需要发挥利用金融科技创新的技术比较优势,在国际社会率先发行与流通主权数字货币。中国相关部门已经启动央行数字货币研究工作,在前期研究和大量实验测试特别是适时场景测试的基础上,在条件成熟时应该适时启动数字人民币的发行及流通。中国已经建成较为完善的金融基础设施,特别是随着5G网络在全国的全面启动建设,一个覆盖全国绝大多数地理空间单元的互联互通的高速互联网与物联网体系正日益形成和完善,这为数字人民币发行与流通创造了完全的金融基础设施及技术支持体系。

第二,发挥中国的全球贸易大国优势,促进数字人民币的国际流通。中国已经成为全球第一货物贸易大国,在国际货物贸易体系中扮演着重要的不可或缺的角色,中国也是全球大多数主要经济体的主要贸易伙伴乃至第一贸易伙伴。通过与主要贸易伙伴国家在双边与多边贸易结算中使用数字人民币,不仅能够推动数字人民币的国际流通,还能够规避国际贸易结算中使用第三方货币特别是使用美元带来的汇率转换、汇率波动及政策风险,打破西方国家货币特别是美元在国际贸易计价、支付与结算领域的垄断地位，促进国际贸易计价、支付与结算工具的多样化与多元化，维护国际贸易秩序和国际市场竞争体系。值得关注的是，在国际贸易领域推进数字人民币的国际流通，还有利于世界经济逐渐摆脱美国发起的以中国为主要攻击对象的全球经贸摩擦战的消极影响，促进世界贸易的持续稳定发展。

第三，发挥中国的全球制造业大国优势，促进数字人民币融入全球实体经济。中国作为全球第一制造业大国，是全世界具有完全产业链最多的国家，也是唯一能够生产联合国发布的所有产品门类的国家。中国具有推动数字人民币融入全球实体经济的天然制造业优势，能够重构全球供应链与产业链体系，维护全球供应链的安全性与中国产业链的完整性。中国可以在能源与原材料进口贸易、中间品贸易、具有不可替代性的关键产品出口贸易中引入数字人民币作为主要的计价、结算和支付工具，引导全球产业链、供应链与价值链的动态调整，促进全球实体经济的发展，使世界经济摆脱以美元为代表的西方国家货币驱动下的过度虚拟化发展路径，促进世界制造业的稳定可持续发展。

第四，发挥中国的全球储备大国与投资大国优势，促进数字人民币成为世界主要储备货币与投资货币。中国作为全球储备资产大国，同时也是全球主要的对外投资大国，需要充分发挥储备货币和对外投资大国的比较优势，通过构建主权数字货币国际联盟，促进全球范围内主权数字货币的发行与流通，削弱西方国家主导特别是美国主导的货币霸权体系，推进公平公正的新的国际货币体系的构建。当前的国际货币体系仍然是美国主导的美元霸权体系，美国可以利用美元的国际储备货币和国际流通货币地位，对其他国家进行金融与贸易制裁，严重干扰了国际货币与金融秩序。更为严重的是美国特朗普政府执政以来所发起的全球"贸易战"、"金融战"和"科技战"，不仅严重损害了全球自由贸易体系，而且严重破坏了国际货币及金融市场的稳定性。把数字人民币引入全球实体经济领域将推动重构世界经济增长的货币基础。

第五，发挥中国的治理大国优势，促进全球主权数字货币监管体系及风险治理机制及体系构建及完善。主权数字货币的发行和流通，在促进全球跨境计价、结算、支付与投资发展的同时，也刺激全球地下金融活动例如资本外逃、跨国金融欺诈、跨国洗钱、跨国金融腐败、跨国走私等，诱发各种可能的国际货币及金融风险乃至危机，需要构建高效有序的全球主权数字货币监管及风险治理机制作为应对措施。中国作为中国共产党领导的有中国特色的社会主义国家，在国家治理能力和治理体系建设中具有独特的优势，特别是在预防和控制货币及金融风险方面积累了丰富的经验，可以为国际社会的主权数字货币发行与流通监管机制及体系构建方面做出独特的大国贡献，成为全球金融监管与治理体系变革的推动国和引领国。中国在推进数字人民币发行、流通与国际化的过程中，应积极倡导组建全球主权数字货币联盟，为全球主权数字货币发行与流通制定相应标准和规则体系，规范全球数字货币的发行与流通秩序，引导各国共同应对全球数字货币发行与流通中面临的各种挑战和风险。另外，在数字人民币发行和全球流通过程中，需要面对以美国为代表的全球货币及金融市场的既得利益集团国家的干扰，中国需要与金砖国家、上海合作组织国家、"一带一路"沿线国家及其他友好国家结成国际货币与金融合作联盟共同维护国际货币与金融秩序的稳定运行。

通过前面的分析，不难发现，中国在推动数字人民币发行、流通与国际化过程中，在技术、贸易、金融、产业与监管领域拥有大国综合比较优势和天然的地理区位及市场优势，能够成为全球主权数字货币发行、流通

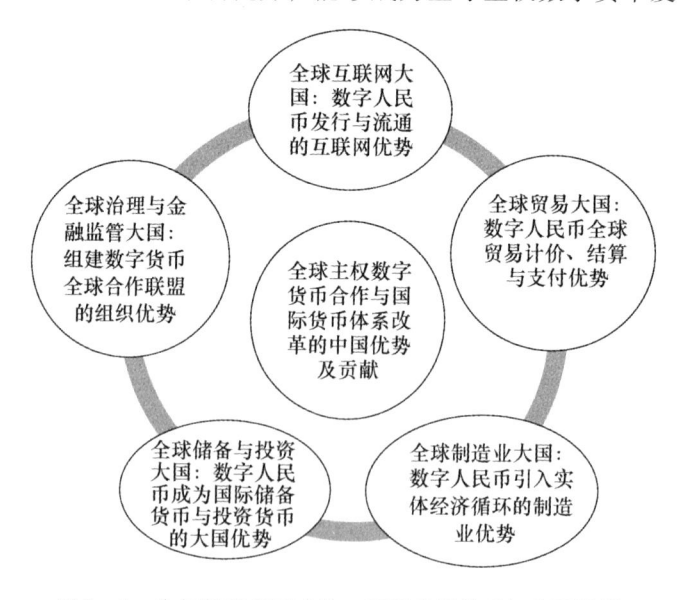

图 8-4　主权数字货币合作、国际货币体系与中国贡献

与监管的引领国家，成为主权数字货币体系构建与国际货币体系改革的主导大国。可以用图 8-4 概括中国在推动主权数字货币体系构建与国际货币体系改革方面的全球大国优势与贡献。

从图 8-4 可以看出，中国作为全球互联网大国、贸易大国、制造业大国、国际储备与投资大国、货币大国及金融治理大国，在全球主权数字货币合作与国际货币体系改革中拥有不可替代的大国综合比较优势，能够为推动全球主权数字货币体系构建与全球金融治理体系变革做出独特的大国贡献。

第六节 人民币数字化、数字金本位制与世界数字货币体系[①]

一 数字技术、数字经济与数字人民币

现代数字技术开发与数字经济发展为数字人民币的发行和流通创造了技术与市场条件。本文中数字技术（Digital Technology）是指人类利用设备与工具对各种信息进行数字化编码与解码、搜集与挖掘、整理与加工、传输与传播、开发与应用的技术。主要包括数据搜集、整理、传输、储存和应用技术，现代数字技术则包括以 5G/6G 为代表的高速通信与互联网技术、大数据、云计算、人工智能、量子技术、区块链与物联网技术等。区块链作为分布式的共享账本与数据库，具有去中心化的特征，是数字存储与传输技术发展的产物。数字经济（Digital Economy）则是指以现代数字技术为主导资源配置工具的人类经济活动形态及体系的统称。现代数字技术的大规模引入和开发应用是数字经济运行的突出特征。

本书中的数字货币是数字化的价值工具，也是货币职能数字化的实现工具，是现代数字技术应用于货币发行与流通的成果。现代数字技术发展推动数字经济的形成与演化，使数字货币逐渐替代传统货币成为交易计价、结算、支付、投资及价值储存的新兴货币。根据发行主体的不同，可

---

① 本部分内容曾以题目《畅想数字化货币的世界》发表于《半月谈》（内部）2020 年第 7 期。

以把数字货币区分为主权数字货币（Sovereign Digital Currency，SDC）与非主权数字货币（Non-Sovereign Digital Currency，NSDC），前者指主权国家货币当局（中央银行）以国家主权为信用来源发行和流通的数字货币，后者则是非主权实体发行和流通的数字货币，比特币（Bitcoin）便是典型的非主权数字货币。目前，正式的主权数字货币还没有发行和流通，但已经有多国在进行主权数字货币的研究与测试。借助先进的5G通信及相关数字技术的快速发展，中国已经成为主权数字货币研究与发行流通推进的领先大国，已经开始在多个城市进行数字人民币（Digital RMB or Digital People's Dollar，DPD）的发行与流通的场景测试。

数字人民币作为以人民币计价的主权数字货币，将成为具有全球影响的大国主权数字货币，扮演着不可或缺、不可替代的大国主导货币角色。数字人民币的发行与流通对国际货币体系及世界经济发展具有五方面的作用及影响效应。

其一，为全球跨境贸易提供数字化计价、交易、支付与价值储存工具，降低国际贸易成本并提高交易效率。中国作为新兴数字技术大国和贸易大国，数字人民币将成为推动全球贸易特别是跨境贸易发展的新兴价值工具。

其二，推进国际货币的多元化，打破美元、欧元等少数货币在国际货币体系中的垄断地位，为国际贸易与国际投资提供新的选择机会，促进国际货币体系及国际金融市场的竞争性和公平性。

其三，把现代数字技术引入国际货币体系领域，推动国际货币体系的数字化和创新，提高国际货币体系及国际金融市场运行的效率。数字人民币是人民币与现代数字技术相互集成的产物，为数字金融产品设计和数字金融市场创新提供货币工具和技术平台。

其四，促进国际储备货币体系的多元化和竞争性，部分缓解少数国家货币特别是美元充当国际储备货币导致的"特里芬难题"（Triffin Dilemma），促进国际储备货币体系改革，降低国际货币体系的系统性风险。

其五，促进主权数字货币领域的国际合作，为世界经济发展提供数字化国际货币合作平台，打破以美元、欧元等传统非数字货币为主要国际货币的局限性，推动国际储备货币制度、国际汇率体系与国际收支平衡机制的数字化创新。

二 数字金本位制和世界数字货币体系

目前的国际货币体系是美国主导的准美元本位货币体系,已经不适应当代国际社会发展特别是世界经济发展的需要,寡头垄断、高风险和低效率是其主要缺陷,也是国际金融危机及国际金融市场系统性风险频发的重要原因,需要进行改革。国际社会先后出现过金本位货币体系(Gold Standard Monetary System, 1816 – 1914)、布雷顿森林体系(Bretton Woods Monetary System, 1944 – 1971)和牙买加体系(Jamaica Monetary System, 1976 –)。无论是金本位货币体系,还是布雷顿森林货币体系,不同国家货币之间的汇率都保持相对稳定,国际贸易、国际投资及资本跨国流动的汇率风险都相对较小。

目前的牙买加国际货币体系中美元仍然是国际主导储备货币,浮动汇率制导致的汇率波动风险已经成为国际贸易、国际投资及资本跨国流动的主要风险,美元在国际货币体系中的霸权地位使得美国可以通过其主导的国际货币基金组织(International Monetary Fund, IMF)、环球同业银行金融电讯协会(Society for Worldwide Interbank Financial Telecommunications, SWIFT)对一些国家进行金融及货币制裁,严重影响到国际货币体系的稳定运行、公平及效率。国际货币体系包括三部分核心内容:储备货币制度、汇率体系与国际收支平衡机制。现存国际货币体系的主要缺陷也表现在三个方面。

其一,储备货币的美元主导导致美元霸权,而美元信用地位波动及下降诱发储备货币体系的不确定性和不稳定性。新冠肺炎疫情的暴发和美国综合国力的相对下降,不仅削弱了美元发行与全球流通的信用基础,而且直接动摇了美元霸权体系。

其二,浮动汇率体系增加了产品与要素跨国流动的汇率风险,诱发国际货币及金融市场的系统性与非系统性风险,甚至出现国际货币及金融危机。20 世纪 80 年代以来,国际社会金融与债务危机频发的一个重要原因在于国际汇率体系的不稳定性、不确定性及系统新风险的累计循环。

其三,作为国际收支平衡机制的国际货币基金组织被美国与欧洲国家主导和控制,不仅效率较低,而且以中国为代表的新兴大国及广大发展中国家的国际金融及货币利益不能够得到充分保障,存在着不公平性。

以数字人民币的发行和流通为契机,以数字金本位制(Digital Gold Standard,DGS)为基础构建新的国际货币体系——世界数字货币体系(World Digital Monetary System,WDMS),能够弥补现存国际货币体系的缺陷和不足,推动国际货币体系的数字化、改革与创新。本书中的数字金本位制是指以实物黄金、通用制造业产品和大宗交易商品的主权数字(数字人民币及关联主权数字货币)货币化价值为信用基础设计的数字货币——数字黄金(Digital Gold)为国际储备货币,通过数字人民币及关联主权数字货币为数字黄金挂钩、其他货币与数字人民币及关联货币挂钩的方式形成数字货币汇率体系(Digital Currency Exchange Rate System,DCERS),形成同时具备稳定性与灵活性的国际汇率制度,组建世界数字货币组织(World Digital Monetary Organization,WDMO)作为平衡国际收支的机制,由此形成世界数字货币体系,逐渐替代现存的牙买加国际货币体系,推动国际金融及货币体系改革。

三 数字金本位制与世界数字货币体系构建的中国方案

中国作为新兴大国和世界第二大经济体,需要承担起领导和推动国际货币体系改革的大国责任和历史重任,因为除中国以外的其他非西方国家,仍然缺乏推动国际货币体系改革的足够能力和强大意愿,中国则是唯一具有推动国际货币体系改革的必要能力和意愿的大国,更为重要的是中国具备推动构建数字金本位制及世界数字货币体系的技术能力、经济基础、市场条件和制度优势。因此,推动构建数字金本位制及世界数字货币体系应该成为国际货币体系改革的中国方案的重要目标。国际货币体系改革的中国方案包括如下六方面内容。

第一,中国以现代数字技术为基础发行和流通主权数字货币——数字人民币。中国发行和流通数字人民币具有天然的比较优势:一是技术优势,中国在5G技术领域具有领先和主导优势,中国具备发行和流通主权数字货币的数字技术条件,包括美国在内的其他经济大国还不完全具备发行主权数字货币的技术条件;二是贸易优势,中国作为全球第一货物贸易大国,数字人民币更容易成为贸易计价、结算与支付货币;三是制造业优势,中国作为全球第一制造业大国,已经成为全球产业链、供应链和价值链的重要枢纽,有利于数字人民币成为制造业发展中的投资货币;四是市场优势,中国作为全球第二大经济体,也是全球主要的最终商品及服务产品市场,为数字人民币发行与流通创造了市场环境和规模经济效应;五是制度优势,中国政府执行力强且信用良好,经济持续增长的同时社会秩序稳定,为数字人民币发行与流通创造了良好的信用基础。

第二,中国倡议并推动成立世界数字货币组织。世界数字货币组织的职能包括:一是协调成员国之间的数字货币关系,推动成员国之间的数字货币合作,消除成员国在数字货币发行与流通中的各种矛盾、摩擦和风险;二是推动数字黄金作为新兴国际储备货币,维护国际储备货币体系的稳定性,储备货币的不确定性和不稳定性是国际货币体系系统性风险的重要来源,只有稳定储备货币体系,才能够预防和控制国家货币体系的系统性风险;三是稳定数字货币汇率体系,对各种可能的数字货币交易进行监管,汇率波动必然增加贸易的汇率风险甚至导致货币危机,最终可能诱发金融危机,稳定汇率体系具有极端重要性;四是成员国出现国际收支不平衡时,为成员国提供平衡国际收支的数字货币支持、规则与制度保障;五是协调成员国之间的宏观数字货币政策,预防和控制各种可能的数字货币风险并进行数字货币的危机治理。

第三,世界数字货币组织推动创设新的国际储备货币——数字黄金。本书中的数字黄金是指以实物黄金、通用制造业产品与大宗交易商品的组合为信用基础创设的价值工具,是黄金与非黄金产品通过数字技术整合而成为的新兴数字货币,可以作为世界数字货币体系的锚货币(Anchor-currency)。数字黄金具有传统黄金货币的优点:实物信用、价值稳定、容易分割、交易便利。数字黄金同时也规避了传统黄金货币的缺陷:供给短缺,流动性不足,劣币驱逐良币现象。数字黄金作为国际储备货币具有五方面突出特点:一是信用与价值稳定;二是供给与需要匹配,供给增长能够满足全球储备货币需求增长;三是规避单一国家信用货币作为国际储备货币的"特里芬难题";四是流动性充足,能够满足平衡国际收支的需要;五是便于监管,有利于成员国之间的数字货币合作和货币风险治理。

第四,数字人民币与数字黄金的汇兑机制。在世界数字货币组织的治理与监管之下,数字人民币与数字黄金形成稳定的汇兑机制,既克服传统金本位制和布雷顿森林体系下固定汇率制的僵化、低效率和缺乏灵活性,也可以规避牙买加货币体系下浮动汇率制导致的汇率波动风险和不确定性。数字人民币与数字黄金汇兑机制同时具有稳定性与灵活性，原因有二：一是数字人民币以中国主权信用为基础发行和流动的主权信用货币，以中国的国家主权信用和综合国力为信用基础，夯实了数字人民币的信用基础；二是数字黄金以世界数字货币组织成员的黄金储备、通用制造业产品和大宗交易商品的数字技术组合为信用基础，多样化、多元化与规模化的实物组合形成稳定的实物信用基础，限制了信用膨胀与信用泡沫的出现。

第五，成员货币与数字人民币间的稳定汇兑机制。数字人民币与世界数字货币组织成员的主权数字货币挂钩，形成以数字人民币为中心的主权货币稳定汇率机制，也可以称为主权货币汇率锚定机制，其有三个显著特点：一是数字人民币成为各国主权货币汇兑的中心货币，对各成员国货币汇率具有锚定效应，限制了成员国货币汇率波动幅度和频度；二是各国主权货币之间通过数字人民币形成稳定的汇率套算和相互转化机制，形成整体性数字货币稳定机制，降低数字货币汇兑风险和不确定性，促进各国贸易与资本跨国流动的稳定性和可预期性；三是各国以数字人民币为纽带形成稳定的国际货币及国际金融合作机制，促进各国货币及金融政策的相互协调，降低货币及金融利益冲动导致的系统性与非系统性风险。

第六，世界数字货币平衡及监督机制构建。成员出现国际收支不平衡时，以数字黄金与数字人民币的数量、结构及数字技术组合，能够成为平衡国际收支的有效工具。通过数字黄金和数字人民币，通过区块链及相关数字技术，各国可以共同构建分布式的跨国数字货币公共账本数据库体系，形成广泛的主权数字货币发行、流通、交易及监管的共识机制（Consensus Mechanism），促进世界数字货币体系的稳定运行。与传统国际收支平衡机制相比，世界数字货币平衡及监管机制具有三个显著特点：一是数字技术的广泛应用，提高了国际收支平衡的技术水平和效率；二是国际收支平衡工具的多样化组合，促进国际收支平衡的灵活性和覆盖面；三是国际收支平衡的民主性和公平性，打破传统国际收支平衡的大国垄断和附加政治条件。

简言之，中国已经成为推动国际货币体系改革的主要新兴大国和主导力量，中国具有发行和流通数字人民币的技术、贸易、产业、市场及制度优势，中国可以通过推动成立世界数字货币组织，创设数字黄金作为国际储备货币，构建数字黄金和各国货币与数字人民币的双汇兑机制，构建国际收支数字货币平衡机制，能够推动国际货币体系改革特别是推动数字金本位制及世界数字货币体系构建。

第七节 结论

主权数字货币的发行与流通是当代金融科技创新的必然产物，将对国际货币体系及全球金融市场产生深远影响，数字人民币作为大国主权数字货币的代表，能够成为国际贸易、跨国资本流动、国际产业投资的重要计价、支付和结算工具，在国际社会扮演重要的储备货币角色。主权数字货币与相关货币特别是传统主权信用货币、非主权数字货币具有分工合作与互补关系的同时，也具有相互竞争、相互替代与相互挤出效应。数字人民币能够借鉴传统主权信用货币和非主权数字货币的功能优势，也要避免相关货币的缺点和局限性，成为国际社会的具有主导替代性功能选择的国际货币。数字人民币的发行、流通和国际化，能够促进人民币成为同时"为中国人民和世界人民服务"的货币的职能。数字人民币的发行和流通具有机遇的同时也面临着诸多不确定性风险，需要制定相应战略和对策加以妥善应对。

中国作为世界第二大经济体、第一货物贸易大国和第一制造业大国，同时也是全球主要的互联网大国，在推动全球主权数字货币合作、全球货币及金融监管合作与国际货币体系改革方面具有独特的大国综合比较优势，能够发挥引领作用，贡献中国智慧并提出中国方案。主权数字货币合作将成为国际货币及金融合作的重要内容，主权数字货币体系构建将成为国际货币体系改革的重要内容，中国需要制定相应的战略应对措施。构建以区块链技术为基础的跨境数字人民币合作平台，是推动数字人民币国际流通与合作的重要战略举措，也是构建世界数字货币体系、推动国际货币体系改革的重要内容。中国可以在推动数字人民币跨境支付区块链平台体系建设、数字人民币贸易支付区块链平台体系建设、数字人民币金融投资区块链平台体系建设、"一带一路"沿线国家贸易支付与结算区块链平台建设、"一带一路"沿线金融合作区块链平台建设等方面谋篇布局，通过数字人民币国际化推动国际货币体系改革，为构建公平合理的国际货币新秩序做出大国贡献。

数字技术发展推动数字经济的形成和演化，为数字货币的发行和流通创造了技术与市场条件，中国数字技术、贸易与产业的发展为数字人民币的发行与流通创造了技术、产业、市场、制度及信用基础。现存西方国家主导，以美元、欧元为国际主要储备货币的国际货币体系存在诸多缺陷和不足，突出表现为美元霸权及浮动汇率体系诱发的各种金融及债务危机频发，严重阻碍了世界经济发展。中国作为新兴大国，需要承担起推动国际货币体系改革的大国责任，倡议并推动国际货币体系改革。推动成立新的国际组织，创设新的国际储备货币，推动构建数字黄金本位制及世界数字货币体系，即国际货币体系改革的中国方案。

第九章

人民币世界化与世界数字货币体系构建

第一节 引言

中国作为世界第一货物贸易大国、第一制造业大国和第二大经济体，人民币也已经成为重要的国际货币，但与美元、欧元相比，在跨国交易计价、结算、投资与国际储备中所占比重仍然相对较低，需要进一步国际化与世界化，才能够有效发挥大国货币的职能，推动国际货币体系的多元化和公平化。现存国际货币体系是以美国为代表的西方国家在第二次世界大战结束后主导建立的，主要体现和维护西方国家的金融及货币利益。美元霸权已经成为国际货币体系改革的阻碍力量和国际金融市场系统性风险的主要来源，中国作为新兴大国和最大的发展中经济体，是现存国际货币体系及金融市场的攸关方，需要承担起推动国际货币体系改革并维护国际金融市场的大国责任。以5G为代表的高速通信及互联网技术、大数据、云计算、量子技术、人工智能及区块链技术的发展，为数字货币、数字金本位制的创建及世界数字货币体系构建创造了技术、市场及制度条件，也为国际货币体系改革中国方案的提出和实施创造了互联互通的国际环境。因此，从数字人民币、数字金本位制和世界数字货币体系构建角度分析国际货币体系改革的中国方案设计问题，不仅具有现实意义，而且具有理论价值。

第二节 人民币世界化目标：国际货币体系与世界货币体系

人民币世界化及世界数字货币体系的构建过程，也是一个国际货币竞争与新世界公共货币体系的建构过程。国际货币体系（International Monetary System）必须不断改革与创新，才能够适应国际社会发展的需要。国际货币体系改革与人民币世界化的主要目标是构建一个能够适应国际社会发展政治经济新格局与新特点，为国际社会各个成员国所共建、共享与共同治理的世界公共货币体系（World Public Monetary System，WPMS）。

本书中的世界公共货币体系是国际货币体系扩展到全世界范围的产物，可以把货币体系区分为世界货币体系（World Monetary System）、区域货币体系（Regional Monetary System）、国家货币体系（国内货币体系）（National Monetary System or Domestic Monetary System），因为世界货币体系作为全球货币制度体系，具有全球性、制度性的公共产品的特征，也就是具有世界范围内的公共产品特征，本书也称为世界公共货币体系（Global Public Monetary System，GPMS）。同样，区域货币体系也可以称为区域公共货币体系（Regional Public Monetary System，RPMS），国家货币体系也可以称为国家公共货币体系（National Public Monetary System）。本书中的世界货币（World Currency）是指跨越国界与地理疆界在世界范围内普遍承担货币职能的货币，货币世界化（Currency Globalization or Currency Universalization）则是指主权国家或者主权国家集团发行的货币从国家货币、区域货币、国际货币向世界货币的演化过程。因为世界货币具有全球公共产品的属性，本书中的世界货币也可以称为世界公共货币（World Public Currency）。

货币世界化与世界货币的形成过程也是一个各国相互竞争、分工合作及国际货币均衡的形成过程，世界货币的竞争性均衡的形式化、体系化与制度化构成世界货币体系的核心内容。世界货币体系既是各国货币竞争与世界货币均衡的结果，也是各国国内货币制度的跨国影响、跨国延伸与跨国连接的结果。因此，世界货币体系的形成过程，是一个各国货币竞争博弈与国际货币竞争博弈均衡形成的过程，而各国国内货币制度（Domestic Monetary Institution）或者说各国国家货币体系（National Monetary System）是世界货币竞争博弈的国内制度基础。

主权国家货币制度（National Monetary Institution）或者说主权国家货币体系（National Monetary System）是世界货币体系（International Monetary System）形成的基础。为了使货币能够充分发挥其应有的职能，各主权国家需要对制定相应的规则体系规范本国货币的发行与流动活动，由此形成主权国家国内货币制度，也就是主权国家币制（Naional Monetary System）。在现代国际社会中，主权国家的中央银行发行的货币作为各国的法定货币，需要相应的规则体系、制度安排与组织保障，这构成主权国家货币制度的主要内容。本书中的国内货币制度，也可以称为国内币制或者国内币体系，是主权国家从法律层面规定本国货币发行与流通的规则与组织体系的统称，是主权国家国内金融体系（Domestic Financial System）的重要构成部分与制度基础。本书中的主权国家的国内金融体系是指主权国家国内货币制度、金融机构、金融市场、金融监管与金融基础设施的总称。主权国家国内货币体系主要包括六方面的内容：一是确定主权国家的货币单位、货币材料及其替代物的选择，不同国家会选择不同的货币单位与货币材料及其替代物，同一国家在不同的历史阶段或者不同发展条件下会选择不同的货币单位与货币材料及其替代物；二是确定主权国家的本位货币与辅助货币供给主体、供给方式与供给数量，各主权国家本位货币与辅助货币的供给具有相似性的同时也存在差异性，往往受到各国历史文化传统和货币材料分布的影响；三是定义主权国家货币的偿付能力及其实现方式和机制，大多数主权国家货币都是无限法偿货币，也就具有无限的法定支付能力，该国主权范围内的任何个人或组织都不能够拒绝接受本国货币的支付行为；四是规定主权国家货币的发行方式与流通方式，大多数主权国家的货币当局特别是中央银行垄断行使本国货币的发行权，同时也需要承担维护本国货币币值相对稳定的责任；五是主权国家储备制度特别是黄金储备制度，主要目的在于为各种银行券的兑付活动提供准备金支持，为主权国家货币当局货币调控政策提供准备金保障，为主权国家政府或者非政府机构平衡国际收支并应对各种可能的国际收支赤字提供准备金工具；六是规定主权国家货币与其他国家货币的汇兑方式与汇率关系，在一个相互联系与相互依存的国际社会中，各主权国家在进行贸易与债权债务结算时，需要确定彼此之间的货币汇兑的比例与方式。

本书中的世界货币体系（World Monetary System）是指世界范围内跨境交易支付工具、债权债务结算方式、储备货币选择、国际收支平衡与全球货币关系所构建的规则、机制与组织体系的统称，是世界金融体系（World Financial System）的重要构成部分和运行基础。本书中的世界金融体系是指世界货币体系、世界金融机构、世界金融市场、世界金融监管组织与世界金融基础设施的总称，世界金融基础设施则是指影响全球金融活动的硬件设施及相关制度安排。世界货币体系主要包括六方面的内容：一是世界货币选择制度，即世界货币、货币单位、货币币材及其替代物选择的规定性，也就是选择何种货币为世界货币，如何确定货币单位，选择何种材料或者工具作为世界货币；二是世界货币的发行与流通制度；三是世界储备制度，即世界范围内储备货币选择与世界储备货币体系的制度安排；四是世界货币汇率制度，各国货币交换的比率及相关制度安排；五是世界各国收支平衡方式与平衡机制；六是世界货币关系协调机制与世界货币组织。

事实上，主权国家金融体系与实体经济体系共同构成主权国家经济体系，世界金融体系与世界实体经济体系共同构成世界经济体系。本文中的主权国家经济是指主权国家主权覆盖及直接影响范围之内的人类经济活动与经济运行的总和，本书中的世界经济也称为全球经济体系，是指世界所有国家或者地区的人类经济活动与经济运行的总和。可以用图9-1描述主权国家经济体系、主权国家金融体系、主权国家货币体系与世界经济体系、世界金融体系和世界货币体系之间的关系。

图9-1把经济体系区分为主权国家经济体系与世界经济体系两种类型，主权国家经济体系由主权国家金融体系与实体经济体系共同构成，世界经济体系则由世界金融体系与世界实体经济体系共同构成。主权国家货币体系是主权国家金融体系的核心内容与制度基础，世界货币体系也同样是世界金融体系的核心内容与制度基础。当然，根据跨国经济涉及的主权国家或者地区数量是否覆盖全球范围，可以把跨国经济体系区分为区域经济体系、国际经济体系与世界经济体系，区域经济体系是指世界少部分国家或者地区的人类经济活动与经济运行的总和，国际经济体系是指世界大

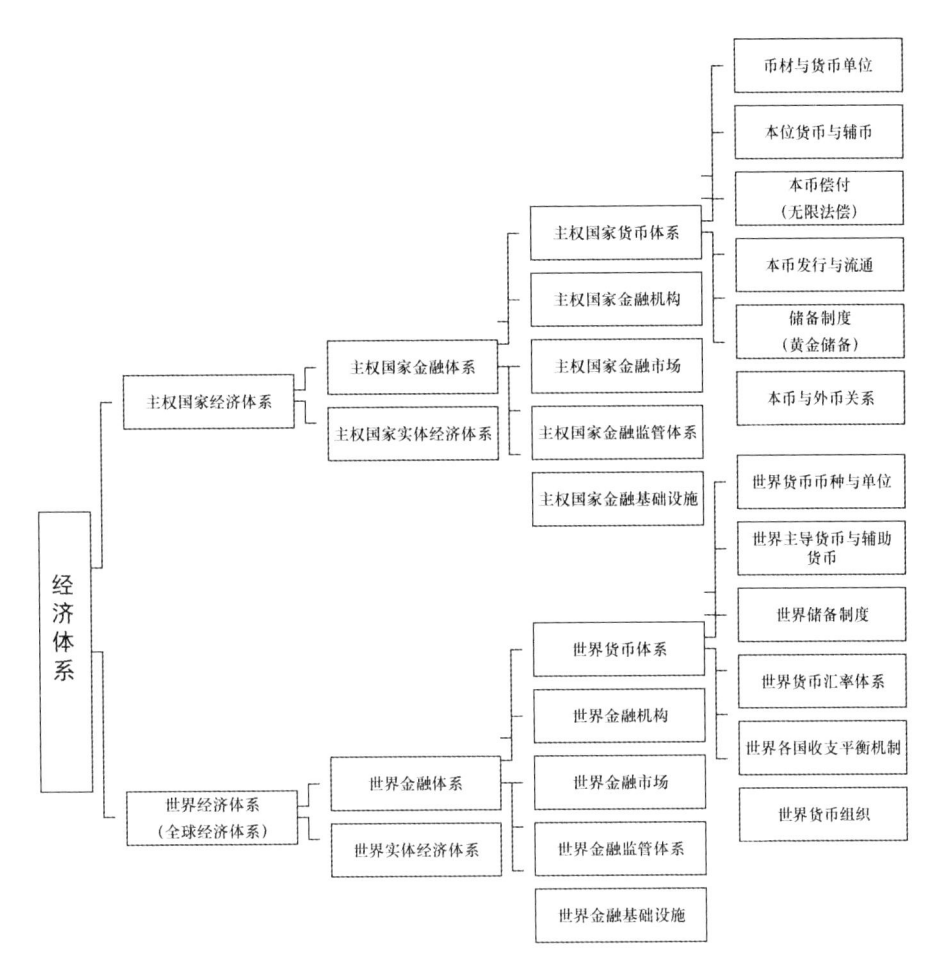

第九章 人民币世界化与世界数字货币体系构建

图9-1 经济体系、金融体系与货币体系之间的关系结构

部分国家或者地区的人类经济活动与经济运行的总和,世界经济体系是指世界所有主权国家或者地区的人类经济活动与经济运行的总和。由此,本书把跨境货币体系区分为区域货币体系、国际货币体系与世界货币体系,其中国际货币体系与世界货币彼此之间的关系如图9-2所示。

从图9-2可以看出,国际货币体系作为调节部分大部分主权国家或者地区货币关系的制度安排是跨国货币体系的主要类型和表现形式,是人类经济活动与经济运行一体化发展到一定阶段的产物,世界货币体系作为调节世界范围内各国货币关系的制度安排则是跨国货币体系和全球一体化发

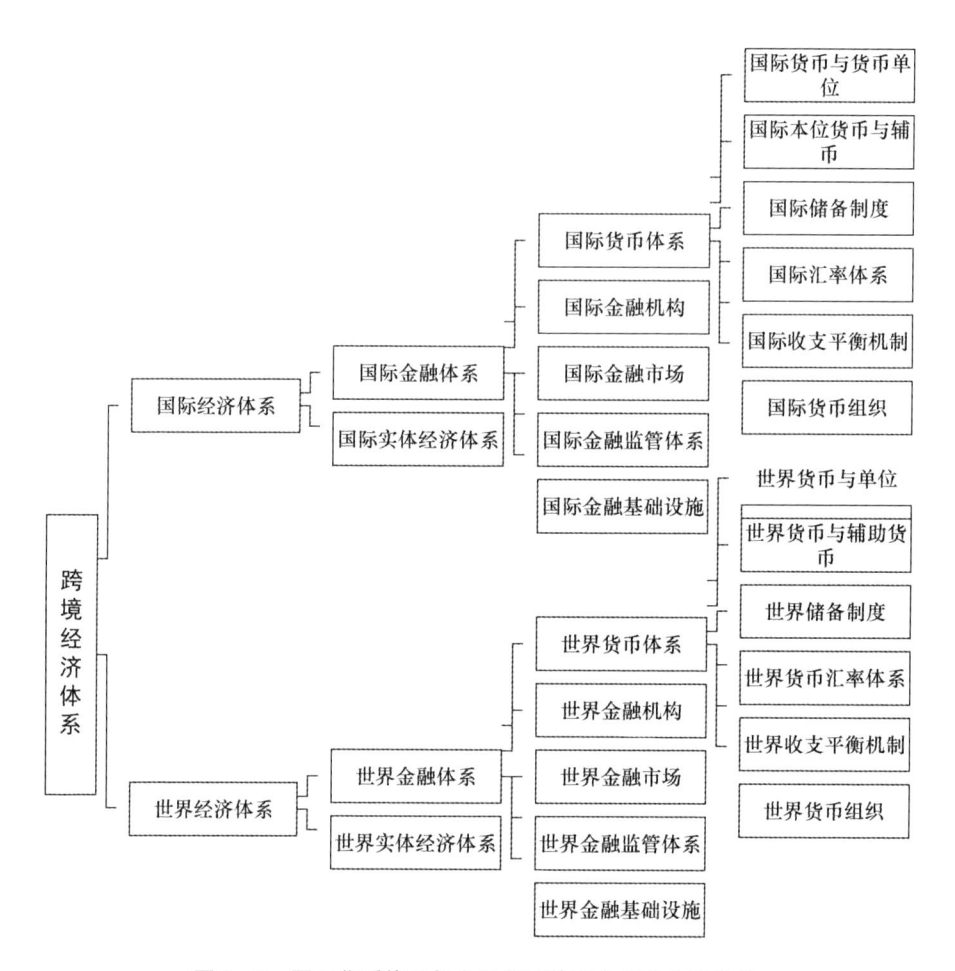

图 9-2 国际货币体系与世界货币体系之间的关系结构

展到一定历史阶段的产物,是人类经济活动与经济运行全球化发展的产物。正如主权国家货币体系是国家货币体系形成与演化的基础一样,区域货币体系与国际货币体系是世界货币体系形成与演化的基础,而世界货币体系则是区域货币体系、国际货币体系发展演化的结果。

人类历史上出现过的主要跨国货币体系,包括金本位制(包括金币本位制、金块本位制与金汇兑本位制)、布雷顿森林体系与牙买加体系(或者称为后布雷顿森林体系)都不是完整意义的世界货币体系,都没有完全覆盖全球所有国家或者地区,只是国际货币体系的不同表现类型。金本位制主要覆盖以英国为代表的西方市场经济国家，一些非西方国家并没有加入到该货币体系之中，例如中国历史上长期实施银本位货币制度。第二次世界大战后建立的布雷顿森林体系，苏联与前东欧社会主要国家并没有被完全纳入该体系，也没有覆盖全球所有主权国家与地区。布雷顿森林体系崩溃后，牙买加体系本质上仍然是美元本位货币体系，一些与美国存在矛盾与冲突的国家并没有被纳入该体系之中。因此，真正的世界货币体系还没有出现，还在形成与构建之中。当代国际货币体系改革的一个重要目标便是推动世界货币体系的构建与完善。

虽然国际货币与世界货币、国际货币体系与世界货币体系在概念、内涵方面存在差异，但大多数情况下，可以把世界货币视为国际货币发行与流通范围扩展到全世界的产物，在本书中，这两个概念可以相互替代使用，世界货币体系是国际货币体系的升级版，而国际货币体系则是世界货币体系构成的基础。同样，在本书中这两个概念也可以相互替代使用。可见，当代国际货币体系改革与人民币世界化的主要目标是逐渐消除现有国际货币体系缺陷、弊端和不足，在新的国际政治经济背景下推进新的世界公共货币体系的构建，为国际社会提供公平、高效、便利的跨国交易计价工具、支付手段、价值储存与投资避险工具，促进公平公正的国际政治经济新秩序的构建。

第三节 人民币世界化与人民币职能

人民币世界化是使人民币在世界范围内发挥货币职能、服务人类社会的行为和过程。人民币世界化同时也是影响当前国际货币体系改革的重要因素，其本身也构成国际货币体系改革的重要内容。任何国家货币的国际化都是该国货币的使用在空间和使用范围上的拓展过程。人民币的世界化不仅是人民币使用地理空间范围和使用领域的全球化扩展过程，也是国际货币多元化、多样化与便利化的过程，更是国际货币体系合理化与民主化的过程，有利于国际货币体系改革与公平公正、合理高效、稳定有序的新的国际货币与金融秩序的构建过程，更有利于世界公共货币体系的形成与完善。

人民币的世界化是人民币周边化、区域化与国际化持续发展的产物，世界范围内金融危机、债务危机的频繁发生不仅是人民币世界化的背景，也是中国推动人民币世界化的重要影响因素。2008年国际金融危机爆发以来，无论是以美国为代表的西方发达国家还是以中国为代表的新兴经济大国，都采用了各种宏观调控措施以遏制国际金融危机的持续蔓延和消极影响，取得了阶段性成果。西方主要大国政府净收支结余占国内生产总值的比重发生了变化，一些国家的政府赤字占国内生产总值的比重有所下降，如表9-1所示。

表9-1　2008—2016年部分发达经济体政府净收支结余占GDP比重　　（单位:%）

经济体	2008年	2009年	2010年	2011年	2012年	2013年	2014年	2015年	2016年
澳大利亚	-1.10	-4.55	-5.10	-4.47	-3.44	-2.78	-2.89	-2.79	-2.56
奥地利	-1.53	-5.39	-4.47	-2.59	-2.22	-1.37	-2.74	-1.08	-1.55
比利时	-1.10	-5.38	-3.99	-4.12	-4.23	-3.12	-3.06	-2.51	-2.62
加拿大	0.19	-3.89	-4.75	-3.32	-2.53	-1.50	-0.03	-1.12	-1.87
塞浦路斯	0.87	-5.43	-4.72	-5.69	-5.80	-4.15	-0.22	-1.37	-0.30
捷克	-2.10	-5.50	-4.40	-2.72	-3.93	-1.25	-1.93	-0.63	0.58
丹麦	3.17	-2.80	-2.71	-2.06	-3.49	-1.00	1.07	-1.76	-0.62
爱沙尼亚	-2.90	-1.93	0.15	1.12	-0.26	-0.17	0.68	0.10	0.27
芬兰	4.18	-2.53	-2.61	-1.04	-2.18	-2.61	-3.16	-2.73	-1.90
法国	-3.18	-7.16	-6.80	-5.10	-4.81	-4.04	-3.93	-3.59	-3.41
德国	-0.18	-3.24	-4.22	-0.96	-0.03	-0.14	0.33	0.64	0.82
希腊	-10.18	-15.14	-11.20	-10.28	-6.57	-3.66	-4.07	-3.08	0.96
冰岛	-13.04	-9.68	-9.76	-5.59	-3.74	-1.84	-0.06	-0.84	12.37
爱尔兰	-6.97	-13.78	-32.03	-12.74	-8.06	-5.72	-3.70	-1.92	-0.66
以色列	-2.71	-5.59	-3.45	-2.75	-4.71	-3.97	-3.22	-2.67	-2.52
意大利	-2.69	-5.27	-4.25	-3.71	-2.93	-2.92	-3.00	-2.69	-2.44
日本	-4.12	-9.78	-9.15	-9.09	-8.30	-7.64	-5.39	-3.51	-4.23
韩国	1.52	0.02	1.53	1.69	1.56	0.65	0.42	0.55	1.75
拉脱维亚	-3.15	-7.01	-6.48	-3.19	0.18	-0.56	-1.68	-1.53	-0.41
立陶宛	-3.27	-9.33	-6.90	-8.94	-3.15	-2.62	-0.66	-0.21	0.26
卢森堡	3.32	-0.67	-0.66	0.52	0.35	0.97	1.38	1.42	1.56

续表

经济体	2008年	2009年	2010年	2011年	2012年	2013年	2014年	2015年	2016年
马耳他	-4.20	-3.26	-3.17	-2.51	-3.66	-2.61	-1.96	-1.29	1.02
荷兰	0.23	-5.42	-4.97	-4.29	-3.88	-2.37	-2.26	-2.05	0.37
新西兰	1.30	-1.66	-5.92	-5.40	-1.86	-1.01	-0.34	0.64	0.88
挪威	18.46	10.33	10.91	13.19	13.54	10.54	8.55	5.92	3.06
葡萄牙	-3.77	-9.81	-11.17	-7.38	-5.66	-4.84	-7.17	-4.36	-2.01
圣马力诺	0.02	-2.20	-2.01	-3.60	-2.04	-0.93	0.77	-0.25	-0.34
新加坡	6.11	0.05	6.03	8.65	7.86	6.62	5.46	3.69	3.28
斯洛伐克	-2.43	-7.80	-7.49	-4.28	-4.35	-2.72	-2.71	-2.75	-1.68
斯洛文尼亚	-0.27	-5.42	-5.24	-5.50	-3.14	-13.76	-5.77	-3.32	-1.76
西班牙	-4.42	-10.96	-9.39	-9.61	-10.47	-7.01	-5.99	-5.13	-4.54
瑞典	1.95	-0.73	-0.08	-0.19	-0.98	-1.39	-1.59	0.24	0.93
瑞士	1.93	0.50	0.36	0.74	0.38	-0.43	-0.21	0.65	0.07
英国	-5.18	-10.10	-9.44	-7.52	-7.70	-5.54	-5.63	-4.35	-2.89
美国	-6.68	-13.15	-10.93	-9.59	-7.88	-4.42	-4.05	-3.53	-4.41

资料来源：笔者根据国际货币基金组织（IMF）数据整理，http://www.imf.org/external/pubs/ft/weo/2017/01/weodata/index.aspx，访问日期：2017年11月4日。

从表9-1可以看出，2008年国际金融危机发生以来，美国政府净收支结余占GDP比重从2008年的-6.68%上升到2016年的-4.41%，日本从2008年的-4.12%下降到2016年的-4.23%。同样，一些新兴经济体和发展中国家的政府债务负担也发生了变化，如表9-2所示。

表9-2　2008—2016年部分发展中经济体政府净收支结余占GDP比重（%）

经济体	2008年	2009年	2010年	2011年	2012年	2013年	2014年	2015年	2016年
阿尔及利亚	9.62	-5.81	-0.04	-0.10	-4.44	-0.40	-7.30	-15.28	-13.45
阿根廷	0.33	-2.58	-1.44	-2.75	-3.04	-3.25	-4.25	-5.94	-5.81
孟加拉国	-4.03	-3.21	-2.68	-3.59	-2.98	-3.38	-3.08	-3.88	-3.36
巴西	-1.53	-3.19	-2.72	-2.47	-2.52	-2.96	-5.35	-10.27	-9.03
智利	3.93	-4.24	-0.36	1.42	0.68	-0.47	-1.49	-2.09	-2.86
中国	-0.03	-1.74	-0.36	-0.10	-0.30	-0.83	-0.91	-2.79	-3.70
哥伦比亚	-0.25	-2.79	-3.30	-1.99	0.08	-0.86	-1.77	-3.41	-3.04

续表

经济体	2008年	2009年	2010年	2011年	2012年	2013年	2014年	2015年	2016年
埃及	-7.40	-6.56	-7.88	-9.30	-9.89	-13.27	-11.79	-11.41	-10.88
埃塞俄比亚	-2.88	-0.93	-1.32	-1.61	-1.17	-1.93	-2.58	-1.95	-2.36
印度	-8.98	-9.53	-8.63	-8.35	-7.55	-7.00	-7.18	-7.07	-6.57
印度尼西亚	0.05	-1.64	-1.24	-0.70	-1.59	-2.22	-2.15	-2.49	-2.49
伊朗	0.61	0.83	2.76	0.61	-0.32	-0.90	-1.14	-1.76	-2.27
哈萨克斯坦	1.23	-1.33	1.47	5.81	4.43	4.95	2.48	-6.26	-4.05
肯尼亚	-3.38	-4.34	-4.41	-4.12	-5.03	-5.70	-7.39	-8.12	-8.73
马来西亚	-3.45	-6.52	-4.53	-3.62	-3.76	-4.06	-2.67	-2.85	-3.03
墨西哥	-0.82	-4.96	-3.92	-3.39	-3.77	-3.74	-4.59	-4.09	-2.85
缅甸	-2.13	-4.38	-5.47	-3.54	0.94	-1.35	-0.94	-4.42	-4.11
尼日利亚	5.70	-5.37	-4.24	0.37	0.24	-2.33	-2.09	-3.44	-4.73
巴基斯坦	-7.45	-5.05	-6.01	-6.73	-8.37	-8.37	-4.85	-5.25	-4.41
秘鲁	2.68	-1.39	0.12	2.04	2.09	0.74	-0.26	-2.20	-2.34
菲律宾	0.02	-2.69	-2.35	-0.32	-0.30	0.20	0.86	0.59	-0.36
波兰	-3.63	-7.31	-7.34	-4.82	-3.69	-4.11	-3.49	-2.57	-2.42
罗马尼亚	-4.74	-7.13	-6.30	-4.20	-2.48	-2.47	-1.87	-1.46	-2.40
俄罗斯	4.54	-5.87	-3.19	1.43	0.38	-1.16	-1.07	-3.38	-3.65
沙特阿拉伯	29.80	-5.38	3.58	11.14	11.97	5.77	-3.39	-15.76	-17.17
南非	-0.67	-5.27	-4.90	-3.94	-4.39	-4.27	-4.16	-4.58	-3.98
苏丹	0.57	-4.19	0.23	0.05	-3.34	-2.29	-1.41	-1.87	-1.84
泰国	0.80	-2.21	-1.28	-0.01	-0.95	0.50	-0.81	0.13	0.56
土耳其	-2.66	-5.88	-3.42	-0.69	-1.83	-1.47	-1.43	-1.27	-2.32
越南	-0.49	-6.02	-2.76	-1.15	-6.86	-7.44	-6.29	-6.21	-6.61

资料来源：IMF 网站，http://www.imf.org/external/pubs/ft/weo/2017/01/weodata/index.aspx，访问日期：2017 年 11 月 4 日。

从表 9-2 可以看出，2008 年国际金融危机发生以来，中国政府净收支结余占 GDP 比重从 2008 年的 -0.03% 下降到 2016 年的 -3.07%。虽然中国政府的债务负担有所上升,但仍然低于美国和日本的水平,中国政府信用仍然具有坚实的经济基础。

人民币世界化的目标在于通过人民币在全球范围内发挥货币职能为国际社会提供新的货币工具选择,促进全球范围内国际货币使用的便利化、选择机会多样化、合理化竞争和交易效率改进。当一个国家的货币使用跨越国界,在被本国公众使用的同时也被其他国家的公众使用,该国货币就开始了国际化与世界化的进程。事实上,虽然人类社会的货币国际化现象及其演化经历较长的历史阶段,人民币世界化的历史则相对较短,但对它的系统理论探讨也有待深入。

目前,学术界主要关注国际货币、货币国际化与国际货币体系改革问题,缺乏对世界货币、货币世界化与世界货币体系构建问题进行系统性研究的文献。事实上,货币国际化离不开国际贸易和各国市场的相互开放,中国 20 世纪 80 年代以来实施的对外开放战略,推动了人民币的国际化与世界化,特别是中国实施全面对外开放战略以来,人民币的国际化与世界化取得了积极进展。[①] 20 世纪 80 年代,美国学者肯恩从货币功能的角度研究了货币国际化现象,认为货币国际化就是"一种货币的使用超出了国界,在发行国境外可以同时被本国居民或非本国居民使用和持有"这种现象。[②] 进入 21 世纪,秦恩、蒙恩和富兰克林等学者在分析欧元的国际地位时总结了国际化货币应该具备的基本功能,[③] 即国际货币应该具有价值储藏、交易媒介和记账单位三种基本功能。有学者对国际货币职能进行了系统梳理。[④] 美国在特朗普政府执政期间(2017—2021 年),在世界范围之内掀起贸易保护主义(Trade Protectionism)、新贸易保护主义(New Trade Protectionism)乃至超级贸易保护主义(Super Trade Protectionism)逆流[⑤],但仍然不能够阻碍人民币国际化与世界化的步伐,也不能够阻碍世界各国

---

① 保建云:《全面对外开放战略:原因、挑战与机遇》,《国家治理周刊》2018 年第 2 期。
② Kenen, Peter, "The Role of the Dollar as an International Currency", Occasional Papers No. 13, 1983, Group of Thirty, New York.
③ Chinn, Menzienand, Jeffrey Frankel, "Will the Euro Eventually Surpass the Dollar as Leading International Reserve Currency?", NBER Working Paper, No. 11510, 2005.
④ 高海红、余永定:《人民币国际化的含义与条件》,《国际经济评论》2010 年第 1 期。
⑤ 保建云:《病毒种族主义、极端民粹主义与超级保护主义——2020 年反全球化思潮的新表现》,《人民论坛·学术前沿》2020 年第 36 期。

人民共同推进国际货币体系改革与世界货币体系特别是世界数字货币体系的构建。本书把人民币世界化过程中的基本职能总结如表9-3：

表9-3　　　　　　　　人民币世界化的基本职能类型及说明

序号	职能说明	政府（公共部门）	厂商（经济组织）	个人（家庭）
1	世界范围内跨国及跨境的价值保存与价值储备	政府跨国储备资产	厂商的跨国储蓄	个人的跨国储蓄
2	世界范围内跨国及跨境交易工具与交易媒介	政府外汇市场干预工具	厂商跨境交易	个人跨境交易
3	世界范围内跨国或者跨境的价值符号及会计结算单位	政府的国际收支账户及会计核算	厂商跨境交易计价及跨境核算	个人跨境交易计价及跨境核算
4	世界范围内跨国及跨境的投资及融资工具	政府的主权基金、跨国投融资工具	厂商跨境投融资	个人跨境投融资
5	世界范围内跨国及跨境的支付手段及债务清偿工具	政府的国际援助及国际债务清偿工具	厂商对外支付与债务清偿	个人国际支付与债务清偿

从表9-3可以看出，人民币世界化的基本职能是人民币的货币职能在世界范围的拓展。一般而言，货币是作为固定充当一般等价物的价值工具及价值符号，具有交易媒介、支付工具、货物计价、价值储藏、债务清偿等多项职能。当货币成为世界货币时，货币的基本职能可以进行分解与组合。例如，世界货币的流通职能与支付职能可以组合，使之货币成为政府干预外汇市场的工具，也可以成为厂商和个人进行跨境交易与投资结算工具。世界货币的计价职能可以应用于财务管理与会计核算，能够成为国际交易核算中的基准货币。世界货币的价值储藏职能与跨国投融资职能组合，使世界货币成为各国储备资产的主要构成部分，为产商与个人跨境投融资创造条件及工具。人民币世界化的最终目的是使人民币的货币职能能够更多为世界范围内各国人民的各种经济、政治和社会活动提供服务工具。人民币世界化的本质是人民币职能的世界化，可以区分为人民币世界化的微观核心职能、微观扩展职能与宏观职能，如表9-4所示：

表9-4 **人民币世界化的微观职能与宏观职能**

人民币世界化职能	序号	人民币世界化职能细分	人民币世界化表现	人民币世界化原因
微观核心职能	1	跨国交易媒介	满足国际社会交换发展需要	解决国际社会禀赋有限性与需求多样性矛盾
	2	跨国计价工具	满足跨国商品计价与账户设置需要	为国际社会商品价值计算与衡量提供标准
	3	跨国结算工具	满足社会行为体债权债务跨国结算需要	为国际社会债权债务的结算提供支付工具
	4	跨国价值储藏	满足跨国财富保值增值需要	为国际社会价值投资与财富安全提供工具
跨国微观扩展职能	5	跨国信用工具	满足跨国抵押交易与借贷活动需要	为跨国抵押交易与借贷活动提供信任基础与支付工具
	6	跨国契约凭证	满足跨国讨价还价谈判、契约签订与履行的需要	解决跨国签订与履行契约的信任与权责问题
	7	跨国信息载体	满足跨国搜集整理与传播信息的需要	弥补跨国社会活动中的信息不足与信息不对称的工具
	8	跨国公共产品	满足跨国非竞争性交易需求	弥补跨国流通性公共产品的不足
跨国宏观职能	9	跨国社会分层	基于财富占用多寡的国际社会阶层分化与识别	跨国社会利益群体形成、演化与识别工具
	10	跨国价值网络	跨国社会财富分布与价值网络体系的符号与工具	跨国社会利益与价值网络链接工具
	11	跨国政策工具	政府或者公共部门进行跨国宏观政策调控的手段与工具	推进国际社会经济增长、供求平衡与稳定的工具
	12	跨国公共治理	国际社会进行公共治理的工具与手段	推进国际社会治理机制构建与社会公共选择活动

从表9-4可以看出，人民币世界化的过程就是人民币的微观核心职能、微观扩展职能和宏观职能的国际化的过程。人民币是中国的主权信用货币，人民币世界化就是人民币的使用跨越国界或者关境在世界范围内使用、被世界各国人民使用和持有的现象和过程。可以从静态和动态两个角

度来理解人民币世界化。从静态角度看,货币世界化指一国货币作为高度自由兑换的货币被世界各国居民所持有,在国际贸易中发挥价值尺度、流通手段和支付手段的职能,并被各国政府作为国际储备货币;从动态角度看,货币世界化是一国货币越出国界,在世界范围内自由流通、交易和兑换,在国际结算、国际借贷和国际储备方面成为跨国记账单位,并被各国广泛接受的经济过程。[①] 具体而言,人民币世界化包括三个方面的核心内容:一是人民币作为价值符号和价值工具在世界范围内流通;二是以人民币结算的世界范围内的贸易中占有相当比重;三是以人民币计价的世界金融市场规模要不断扩大,以人民币计价的跨国金融产品成为世界金融市场的重要投资工具。事实上,人民币世界化就是人民币在世界范围之内流通,成为世界人民广泛认可的计价、结算及储备货币的过程。

总之,人民币要成为世界上最主要的世界货币之一,必须实现货币职能的世界化。人民币作为一种世界货币,必须从政府及公共部门用途、厂商及经济组织、个人及家庭三个方面发挥人民币的世界货币职能。随着人民币世界化进程的推进,人民币对其他国际货币的替代性会不断增强,这不仅有利于提高中国的金融影响力,也会改变现有国际储备货币体系及相关货币利益的国际分配。

第四节　中国推进人民币世界化的政策目标与政策选择

一　人民币世界化的政策目标

中国推进人民币世界化战略目标及战略规划的实现和战略措施的落实,还需要科学合理的政策目标的制定和政策工具的选择,人民币世界化的政策选择是实现人民币世界化预定目标的关键环节。中国推进人民币世界化的政策目标涉及多个方面和多个领域,是指中国制定和实施相关政策以推动人民币货币职能跨国实现所要达到的目标。可以根据人民币货币职能世界化实现的情况,把人民币世界化的政策目标区分为不同类型,主要

---

① 周林、温小郑:《货币国际化》,上海财经大学出版社2001年版,第69—70页。

包括人民币货币微观职能世界化的政策目标、人民币货币微观扩展职能国际化的政策目标和人民币货币宏观职能国际化的政策目标,如下表所示:

表9-5　　　　　中国推进人民币世界化的政策目标

人民币货币职能世界化的政策目标	序号	人民币货币职能世界化的细分政策目标
微观核心职能世界化目标	1	人民币成为跨国交易媒介的政策目标
	2	人民币成为跨国计价工具的政策目标
	3	人民币成为跨国结算工具的政策目标
	4	人民币成为跨国价值储藏工具的政策目标
微观扩展职能世界化的政策目标	5	人民币成为跨国信用工具的政策目标
	6	人民币成为跨国契约凭证的政策目标
	7	人民币成为跨国信息载体的政策目标
	8	人民币扮演跨国公共产品职能的政策目标
宏观职能世界化的政策目标	9	人民币成为跨国货币利益维护工具的政策目标
	10	人民币成为跨国价值网络化实现工具的政策目标
	11	人民币成为跨国政策工具及其组合的政策目标
	12	人民币成为全球货币事务公共治理工具的政策目标

从表9-5可以看出,中国推进人民币世界化的政策目标可以区分为不同类型并进一步细分,表明推进人民币世界化的政策选择涉及多方面的内容。事实上,要实现人民币世界化的政策目标,必须在如下多个领域取得进展,即人民币世界化的政策选择必须关注如下领域并把其作为政策选择的重要内容。

其一,提高人民币在国际大宗商品贸易中的计价比重,促进国际大宗商品交易的人民币账户设置和人民币账户体系构建。中国作为全球货物贸易大国,在大宗能源产品贸易、以铁矿石为主的大宗原材料产品贸易和大宗制成品贸易中占有较大比重与份额,这些与中国进出口贸易紧密相关的能源产品、原材料产品、农产品和大宗制造业产品的人民币计价与人民币账户设置是推进人民币世界化的重要内容。

其二,促进人民币离岸市场交易中心的形成及人民币离岸市场交易网络化和体系化,推动人民币全球交易结算灵活化与便利化。人民币离岸市场交易中心建设是人民币世界化的重要内容和途径,只有人民币离岸市场交易中心的全球体系化和网络化，人民币跨国交易职能才可能在全球范围内全天候、全覆盖实现。

其三，促进人民币国际债券市场的发育与发展，为人民币债券投资创造良好的市场交易条件，推动人民币金融产品投资和资产组合。人民币世界化能够持续推进的一个重要条件是形成人民币跨国循环与回流机制，人民币国际债券市场的形成有利于人民币跨国投资货币职能的实现，也有利于人民币的跨国循环流动。

其四，促进人民币全球交易体系的基础设施建设，为人民币世界化创造良好的基础设施条件和技术支持平台。人民币世界化必须借助完善的全球化基础设施，没有完善和便利的全球货币交易基础设施网络，就不可能实现人民币的全球化使用与全球化交易。

其五，促进人民币世界化的规则体系建设，形成规范有序、稳定高效的人民币世界化的交易秩序。人民币世界化必须规范有序，必须在一个成熟的全球化国际货币交易网络体系中进行，如何构建一个规范有序的人民币世界化的规则体系是人民币世界化政策制定与实施的重要内容。

其六，促进人民币世界化的组织建设和制度保证。人民币世界化需要必要的组织保障，特别是人民币跨国清算体系及清算组织的构建甚为必要，在充分利用现有国际组织及其网络体系的基础上，在条件成熟时需要实时构建新的组织结构及其全球性网络体系。

其七，促进人民币世界化的风险预防与控制体系的构建。人民币世界化面临着诸多系统性与非系统性市场风险，如果不能够建立有效的货币国际化的风险预防与控制机制，则人民币世界化政策目标难以顺利实现。

其八，人民币世界化的国际利益协调与冲突解决机制。人民币世界化会在国际货币市场产生货币替代效应与货币互补效应，而货币替代效应则对现有主要国际货币特别是以美元、欧元为代表的西方发达经济体货币产生冲击，引起与国际货币既得利益集团的矛盾和冲突。

其九，人民币世界化与全球货币公共治理机制的形成。人民币世界化有利于国际货币体系改革的推进，也有利于世界公共货币体系的构建，因此需要从全球货币公共治理的角度制定和实施推进人民币世界化的修改政策。

其十，人民币世界化的跨国宏观政策协调机制的构建与完善。中国作为全球主要经济大国、贸易大国、制造业大国与货币大国，在推进人民币世界化过程中，需要协调与其他货币大国之间的相互关系，特别是在宏观政策领域的相互协调关系，预防各种可能的大国宏观政策冲突和贸易风险。

总之，中国推进人民币世界化的政策选择需要制定合理的政策目标，选择适当的政策工具，在重要和关键领域取得积极进展。人民币跨国货币互换、人民币清算和海外结算、制度化政策选择的关键。

二 中国推进人民币世界化的制度化与规范化政策选择

中国推进人民币世界化需要建立相应机构作为组织保证，还需要制定和实施组织建设及制度构建的相应政策。人民币世界化是一个持续的历史进程，相关政策措施必须规范化与制度化。因此，中国推进人民币世界化过程中，必须制定完善的规则体系并构建制度化组织以保证政策措施的持续性、连续性与可预期性。中国推进人民币世界化的制度化及政策选择主要包含如下五个方面：

第一，筹建"一带一路"国际清算银行，为"一带一路"沿线国家的人民币世界化提供组织保障，使更多"一带一路"沿线国家把人民币纳入储备货币体系。"一带一路"沿线国家数量众多，截至2017年11月，仅亚欧两大洲的"一带一路"沿线国家或者地区就超过60个，其不仅是人民币世界化的重要区域，也是人民币世界化的关键区域。根据"一带一路"倡议，依托"一带一路"建设，构建"一带一路"沿线国家之间的人民币交易结算和清算制度化体系。"一带一路"倡议为人民币世界化创造了难得的互联互通条件和国际合作基础，"一带一路"建设通过对沿线国家和地区之间贸易与经济合作的海路通道、陆路通道的投资和建设，促进沿线各国和各地区之间的互联互通，为人民币的跨国贸易结算、跨国投融资和作为区域基准创造了市场和基础设施条件，为人民币世界化创造了难得的投融资机遇、国际分工环境和市场条件。因此，建议由中国政府倡议并主导，由"一带一路"沿线国家共同商议、共同参与、共同筹建"一带一路"国际清算银行，在推进"一带一路"沿线国家货币合作的同时为人民币世界化创造组织化条件。

第二，借助自由贸易区机制，促进人民币在自由贸易区相关国家和经济体的国际化，使人民币成为相关自由贸易区的主要贸易计价与交易结算货币。中国需要充分利用区域经济一体化机制促进人民币在一体化区域的使用，特别是借助自由贸易区机制推进人民币世界化。国际社会存在五个层次的区域经济一体化类型：自由贸易区、关税同盟、共同市场、经济联盟和完全经济一体化。根据中国自贸区服务网披露的数据，① 截至2017年11月16日，中国大陆参与签订的自由贸易区协定为14个，正在谈判的自由贸易区11个，正在研究的自由贸易区11个。在已签订的自由贸易区协定中，中国—东盟自由贸易区规模最大，东盟地区也是人民币世界化最为重要的区域。借助自由贸易区机制推进人民币世界化可以从五个方面着手：一是充分利用自由贸易区谈判机制，通过双边与多边谈判减少人民币世界化的规则与制度障碍；二是在进口贸易中逐步扩大人民币计价与结算的比重，通过进口贸易人民币计价与交易结算促进出口贸易的人民币计价与交易结算；三是对自由贸易区相关国家之间的商品贸易、跨国投资和产业合作中使用人民币作为交易、结算与储备货币给予特别的优惠安排，扩大人民币在投资和产业合作领域的使用范围与使用领域；四是利用自由贸易区机制，促进相关国家建立国际收支平衡机制并使人民币成为平衡国际收支的主要货币工具；五是利用自由贸易区机制，建立人民币离岸市场特别是离债券交易市场，促进境外人民币债券投资机制促进人民币境外回流机制的形成，加快人民币在岸市场与离岸市场的双向互动循环；六是不断升级自由贸易区机制，在条件成熟时，推动现有的自由贸易区升级为关税同盟和共同市场，促进商品贸易与要素流动的进一步便利化，扩大人民币在相关国家的使用范围和领域。

第三，通过上海合作组织和金砖国家组织的合作平台推进人民币在成员国的国际化。国际组织的成员国之间存在着各种相互联系，这种相互联系有利于彼此的经贸关系发展和货币联系。目前，上海合作组织和金砖国家组织是中国参与的最为重要的国际组织，中国可以利用这些组织平台，拓展与相关国家的货币联系，在这些国家推进人民币的国际化。中国需要在两个方面做出努力：一是利用上海合作组织的合作平台，深化中国与俄罗斯、中亚国家及其他周边国家的经贸关系，推动筹建上海合作组织自由

---

① 中国自由贸易区服务网，http://fta.mofcom.gov.cn/，访问日期：2017年11月16日。

贸易区、上海合作组织开发银行等机构，借助成员国之间的政治互信与安全合作，稳定彼此之间的汇率关系并推动人民币成为上海合作组织国家的主要储备货币和主要交易货币；二是借助金砖国家新开发银行（New Development Bank）的信贷安排，在该组织的项目贷款安排及成员的投融资活动中增加人民币作为计价货币、投资货币和信贷货币的比重，同时在金砖国家的应急储备机制的基础上，推动金砖国家货币联盟构建，通过货币联盟之间货币合作，通过货币组合与货币替代机制增加人民币在金砖国家储备货币体系的地位和影响，同时推动金砖国家之间的人民币贸易计价与结算。

第四，构建大宗产品国际交易的人民币定价机制，使人民币成为区域性和全球性的大宗商品交易的基准货币与锚货币。从2013年开始中国成为全球第一货物贸易大国，是亚太地区大多数国家的主要贸易伙伴，是原油、铁矿石、农产品等大宗商品的主要进口国，也是制造业产品主要出口大国。中国可以通过四个途径构建国际市场大宗产品交易的人民币定价机制：一是推动原油、天然气产品进口交易的人民币计价与交易机制的构建。随着中国从俄罗斯进口原油、天然气产品交易使用人民币和卢布双边货币结算，中国从伊朗、委内瑞拉等国家进口原油、天然气产品使用双边货币结算的逐渐推行，人民币原油市场价格、人民币天然气市场价格最终形成；二是推动大宗矿石进口产品交易的人民币计价与交易机制的形成。中国不仅是铁矿石的进口大国，也是国际市场上主要矿产品的主要进口大国，但中国在铁矿石国际市场交易定价等方面仍然缺乏应有的定价主导权及相关话语权，应充分利用中国矿产品进口大国的价格谈判优势，推进铁矿石进口交易中的人民币计价与结算，以此带来其他矿产品进口的人民币计价与交易，最终形成人民币铁矿石价格、人民币铜矿价格、人民币锰矿价格等，形成人民币大宗矿石产品的国际定价机制。三是推动大宗农产品进口贸易的人民币计价与结算机制的构建。中国作为全球最为重要的农产品进口大国，是小麦、大豆、大米的主要进口国，应充分利用中国谷物产品进口大国的价格谈判优势，推动大宗农产品进口的人民币计价与交易结算，形成国际市场交易的人民币小麦价格、人民币大豆价格、人民币大米价格。四是创新大宗交易产品期货期权及相关衍生金融交易产品市场发育，把黄金、白银等贵金融纳入人民币计价的货币篮子，形成稳定的人民币黄金挂钩汇兑机制，推出人民币计价的原油期货期权交易市场、铁矿石期货期权交易市场、谷物及相关农产品期货期权交易市场，推进人民币大宗期货期权交易定价机制的形成。此外，中国还需要推进国际市场交易的人民币天然橡胶与合成橡胶价格、人民币棉花价格、人民币食糖价格、人民币羊毛价格等。

第五，通过对外援助和国际产能合作推进人民币世界化。中国作为全球主要的对外援助大国和对外投资大国，在对外援助与国际产能合作活动中推进人民币的计价、交易结算与债券投资。中国在对外援助过程中推进人民币世界化的途径包括三个方面：一是对外援助的对象国选择、援助项目选择，把是否推动人民币世界化作为决策的重要条件和重要目标，优先支持推进积极和配合人民币世界化的国家，优先支持使用人民币计价与交易结算的对外援助项目；二是对外援助工程项目的人民币计价与人民币结算，把人民币计价与交易结算作为推进对外援助项目的重要条件和目标，在对外援助工程项目特别是重大对外援助项目中尽可能减少非人民币计价与结算以为人民币计价与交易结算提供可能性和市场机会；三是对外援助货币资本的人民币计价与人民币结算，一些金融类对外援助项目，例如对外援助的优惠信贷安排，特别是对关系友好的亚非拉广大发展中国家，利用中非合作论坛、中拉合作机制等推进人民币优惠信贷安排，促进信用市场的人民币世界化。

第六，构建人民币世界化中的汇率波动与资本项目开放的风险监管、预防与控制机制及体系。就是以资本项目有序、有效开放和人民币灵活、稳定汇率机制构建为重点，构建人民币世界化的风险预防与控制的国际国内联动机制及体系。人民币的国际化过程，也是人民币在国际市场替代其他货币扮演国际货币角色的过程，必然面临其他货币及其相关利益集团设置的障碍和限制条件，特别是美元、欧元对人民币世界化的阻碍和限制，因此中国需要未雨绸缪，在推进人民币世界化过程中推进人民币世界化风险预防与控制机制并建立国际国内联动体系。即使在亚非拉发展中国家或者地区推进人民币世界化也同样面临各种系统性与非系统性风险。中国构建人民币世界化的风险预防与控制机制及体系需要在三个方面做出努力：一是构建并形成预防与控制人民币汇率波动风险的监管与预警机制，特别是人民币离岸交易的汇率风险预防与控制机制的构建，能够有效防范可能出现的人民币交易信用违约甚至货币危机的出现。二是构建预防与控制人民币资本项目开放的系统性与非系统性风险的机制及体系，防止人民币资本项目过度开放、低效开放、监管缺失带来的各种风险。人民币资本项目的有效、有序开放是推进人民币世界化的重要条件，没有人民币资本项目的有效开放就不可能实现人民币世界化的预期目标。三是构建人民币世界化全球监管体系，预防和控制人民币世界化过程中因为货币竞争、金融市场波动、不可抗力影响、政治或者意识形态因素影响导致的各种投机、欺诈和违法犯罪行为，通过严密、高效和广泛的国际合作构建的人民币世界化全球监管体系，不仅有利于人民币世界化的有序推进，也有利于维护国际货币与资本市场的稳定运行，预防和控制可能出现的各种货币、金融与债务危机的出现。

概言之，中国推进人民币世界化的制度化与规范化政策选择，是实现人民币世界化战略目标和战略规划的重要环节，也是人民币世界化战略措施的微观落实过程，需要借助"一带一路"建设、利用自由贸易区机制和依托国际组织，在人民币跨国清算体系构建、人民币大宗商品定价与交易结算、人民币对外援助与国际产能合作、人民币灵活稳定汇率形成机制与资本项目高效有序开放、人民币世界化全球监管体系构建等方面做出努力并取得积极进展。

第五节 世界数字货币体系构建：目标、内容与路线图

一 世界数字货币体系特征及解释

世界数字货币体系（World Digital Monetary System，WDMS）是世界货币体系的数字化，也是国际货币体系全球化与数字化发展的产物，同样具有全球化和公共性，也可以称为世界公共数字货币体系（World Public-Digital Monetary System，WPDMS）。本书中的世界数字货币体系是基于数字技术应用而形成或者构建的世界数字化储备货币系统、世界数字化汇率体系、国际收支账户体系的数字化安排、国际收支数字化平衡机制及相关规则体系、组织及制度安排的统称。与传统的国际货币体系相比，世界数字

货币体系具有五方面的显著特征：

其一，数字化技术支撑。现代数字技术及基础设施体系构成世界数字货币体系运行的物质技术基础。世界数字货币体系是当代数字技术及数字货币发展的产物，没有当代数字技术的发展，就不可能有数字货币的出现，也不可能形成新的数字化公共货币体系，也难于对现存国家货币体系、区域货币体系及国际货币体系进行数字化改造及数字化转型。高速互联网及高速通信技术的发展特别是5G技术及未来的6G通信技术的发展，为信息及数字的高效储存及传输创造了技术及硬件条件，高速流动的数字化符号替代传统的货币工具及价值符号，不仅降低了货币发行及流通的物理成本，而且推动货币流通中交易成本的下降。超级计算技术发展为数字货币的复杂交易提供了计算工具，有利于数字货币发展与流通中的复杂计算。大数据与人工智能技术的发展为数字货币相关的复杂交易提供了算法优化可能性及复杂的应用场景，区块链技术发展则有利于分布式数字货币账户体系的构建。

其二，数字化储备货币与分布式储备货币体系。以主要经济大国的主权数字货币、世界大多数国家及经济体的主权数字货币为基础，共同构成的主权数字货币组合成为世界数字化货币体系的储备货币基础，以实物黄金和标准化商品组合共同构成的数字化黄金，可以成为数字化储备货币的基准和锚定物。同时，各种数字化储备货币依托高速互联网技术与区块链技术形成网络化的分布式数字化储备货币体系，有利于降低储备货币对单一数字货币的过度依赖，降低储备货币体系的不确定性，增强储备货币体系的稳定性。数字化储备货币与分布式储备货币体系，降低了少数国家垄断世界货币发行与流通的风险，传统的美元在数字化世界储备货币体系中不可能获得垄断地位，货币霸权受到去中心化数字货币的制约。

其三，数字货币与数字化汇率体系。数字货币成为世界范围内的价值衡量、贸易媒介、债权债务清偿、投资组合、价值储藏及价值增值的价值工具及价值符号，传统非数字货币从国际贸易和跨国资本流通中的退出，形成数字化货币对非数字化货币的替代效应。不同数字货币之间的汇率制度及监管机制表现出充分的即时弹性，同时具有周期性和长期均衡稳定性。当然，数字货币汇率体系不可能完全消除波动性、不确定性和风险性，数字货币汇率的跨国监管机制仍然具有存在的必要性。

其四，数字化跨国收支平衡机制与世界数字货币合作组织。跨国收支平衡机制是任何跨国货币体系维持稳定运行的关键，如果跨国收支出现不平衡时，不能够得到有效平衡或者缺乏有效平衡的工具，必然出现长期的持续跨国收支逆差或者顺差，无论跨国收支出现逆差还是顺差，则必然诱发一系列的债务危机或者货币信用危机，导致货币体系的崩溃。世界数字货币体系背景下，如果一国或者一个地区出现跨国或者跨边境收支不平衡时，可以采用数字化货币工具及数字化信用工具进行平衡，而数字化货币工具与数字化信用工具依托于分布式的数字化储备货币及储备货币体系，具有平衡工具的多样性，同时具有平衡信用的充足性。当然，世界数字货币体系的稳定运行，还需要筹建世界各国共同参与的数字货币国际组织，对世界数字货币体系进行监管和治理。

其五，世界性与公共性。世界数字货币体系的数字化时代的世界公共货币体系，具有广泛的覆盖性、渗透性和普遍性，同时也是数字化时代世界各国共同创造的制度化数字化货币公共服务产品，具有显著的全球公共产品的属性。世界数字货币体系的世界性或者说全球性，表现在三方面：一是为世界各国广泛参与；二是为世界各国人民提供世界货币及金融服务，即服务于世界各国人民；三是对全世界的货币及金融活动产生广泛而普遍的影响。世界数字货币体系的公共性表现在六方面：一是数字化世界货币具有公共货币工具及公共价值符号属性；二是世界各国参与和利用世界数字货币体系具有某种程度的非排他性；三是厂商、家庭及个人利用世界数字货币体系具有一定程度的非竞争性；四是世界数字货币体系是世界各国可以公共利用的数字化、组织化的公共制度资源，为世界各国货币及金融资源的配置与再配置提高了的公共数字化工具；五是世界数字货币体系能够在世界范围内通过数字化技术整合货币及金融资源，推动全世界的资源优化配置；六是数字货币国际合作组织及相关机构能够成为为世界各国及人民提供公共数字货币服务的世界性公共组织。

概言之，世界数字货币体系充分利用现代数字化技术的最新成果，具有数字化储备货币与分布式储备货币体系、数字货币与数字化汇率体系、数字化跨国收支平衡机制与世界数字货币合作组织，同时具有世界性与公共性。

二 世界数字货币体系构建的原则

当代数字技术的发展,为世界数字货币体系构建创造了难得的历史机遇,但也面临着多重挑战和风险,国际社会需要合理战略定位并据此制定战略目标,同时需要遵循必要的原则。事实上,正如中国推进人民币世界化不仅需要明确的战略定位,还需要制定科学合理的战略目标并进行战略规划,从全局和总体角度把握推进人民币世界化的方向和节奏,同时为相关政策设计提供战略方向与战略指导。国际社会推进世界数字货币体系构建,也需要明确目标定位。中国推进人民币世界化的战略选择涉及战略定位、战略目标、战略规划、战略措施四方面内容。同样,世界各国共同推进世界数字货币体系构建也涉及战略目标和战略行为。

世界数字货币体系的构建,涉及世界主要大国的货币利益及金融利益,也是大国竞争的重要领域,在世界数字货币体系构建中的行为选择受到各国在国际社会中战略目标的影响。中国作为新兴大国,也是推动世界数字货币体系构建的关键大国和必然成为领导型大国。中国推动世界数字货币体系构建,需要与中国推动人民币世界化的战略目标相互协调与相互匹配。中国推进人民币世界化的过程本身就是国际货币体系改革的重要内容,也是推动国际货币体系改革的重要因素,因此需要进行科学的战略定位。中国推进人民币世界化的战略定位是指中国在推进人民币世界化中的总体目标定位和总体方向把握,是从战略高度对中国推进人民币世界化的总体性、全局性、长期性目的的谋划和认定。中国推进人民币世界化的战略定位必须与中国在国际社会中的经济与金融地位相匹配,同时需要适应国际货币体系改革的需要。中国推进人民币世界化的战略定位决定了人民币世界化的战略目标设计,人民币世界化的战略规划和战略措施选择。可见,中国作为推动世界数字货币体系构建的主要新兴大国,需要明确本国推动人民币世界化的战略定位,据此取得世界数字货币体系构建的战略定位。中国推进人民币世界化仍然需要坚持如下三个原则。

其一,立足中国社会经济发展实际,满足中国改革开放需求。中国推进人民币世界化的主要目标是维护国家的国际货币利益,战略定位必须立足中国社会经济发展实际和中国发展需要。

其二，满足国际社会对人民币发挥世界货币的职能现实需求，适应国际货币体系改革与演化的规律。中国作为全球新兴经济大国和货币大国，有能力、有责任承担为国际社会提供货币公共产品的义务，通过人民币世界化能够推进国际货币体系改革和公平合理的新世界公共货币体系的构建。

其三，维护中国与广大发展中国家的货币利益，维护国际货币与金融市场的稳定。中国推进人民币世界化的一个重要目标是维护中国在国际货币与金融市场上的货币利益，消除少数西方国家对国际货币市场的垄断性影响，提供以中国为代表的广大发展中国家在国际货币事务中的影响力和话语权。

因此，为了与人民币世界化相适应，中国推动世界数字货币体系构建需要坚持三项原则：一是服务世界人民公共货币需要的效率与公平兼顾原则，为世界人民提供高效、便利和稳定的跨国或者跨境经济活动货币工具及价值符号，坚持效率与公平的平衡原则；二是新兴大国推动与国际合作原则，世界数字货币体系构建需要新兴大国的引领与推动，也需要各国之间的相互合作，传统货币大国作为现存国际货币体系的既得利益者，没有推动构建世界数字货币体系积极性，但如果缺乏传统货币大国的合作，世界数字货币体系的构建必然面临阻力和各种困难；三是数字技术引领与组织制度创新相结合原则，世界数字货币体系作为数据技术及数字经济背景下的世界公共货币体系，需要充分发挥高速互联网技术、大数据与云计算（量子计算）技术、区块链及人工智能技术的最新成果的优势，通过构建世界数字货币体系的构建推动世界各国互联互通，促进世界货币与金融体系的规则、组织及制度体系的创新。

三 世界数字货币体系构建的目标

世界数字货币体系的构建不是无目标进行的，需要确定乃至设计目标体系，中国作为世界数字货币体系构建的主要推动者和引领大国，在世界数字货币体系构建目标的确定与设计过程中需要而且能够扮演不可或缺的大国责任。中国在推动制定或者设计世界数字货币体系目标时，要把人民币世界化目标纳入世界数字货币体系构建目标体系之中。

事实上，中国推进人民币世界化，必须立足中国实际需要，同时满足国际社会需求和国际货币体系改革进程，从战略高度进行谋划和战略定位，同时根据国际政治经济发展规律设计战略目标并进行动态优化。以此相关，中国在推动与参与世界数字货币体系构建目标的确定与目标体系设计过程中，需要关注五个方面：一是公平性目标，世界数字货币体系构建的最终目标是为世界各国人民提供公平的货币工具与价值手段，为世界各国人民提供公平的世界货币及金融服务；二是效率性目标，新构建的世界数字货币体系必须有利于世界范围内货币及金融资源的优化配置，促进世界范围内商品贸易、资本流通、产业分工及合作，推动世界经济一体化发展；三是技术性目标，新构建的世界数字货币体系不仅能够促进数字技术在跨国货币交易与资本流动中的应用，而且有利于世界各国的数字技术应用和数字经济发展；四是创新性目标，世界数字货币体系的形成与发展本身就是技术创新与制度创新共同推进的结果，推动世界各国的技术创新与制度创新便是其构建的又一重要目标；五是合作性目标，世界数字货币体系的形成与发展，仅仅依靠少数国家特别是少数大国难于顺利实现预期目标，不仅需要各国政府及公共部门积极参与，还需要世界各国人民的广泛参与和积极支持，进行各个层次与各个领域的广泛的国际合作。

四　世界数字货币体系构建战略规划

中国作为世界数字货币体系的主要推动者和参与者，需要全球化角度世界数字货币体系构建进行长远的战略规划，与中国正在推进的人民币世界化的战略规划相互协调、相互匹配。中国在推进人民币世界化过程中，在明确战略定位与战略目标确定后，仍然还需要进行人民币世界化的战略规划与战略措施落实。本书中的中国推动人民币世界化的战略规划是指中国就人民币世界化的方向、进程、措施进行战略性、全局性和长远性谋划。同时，中国还需要提出实现战略目标和战略规划的具体方案和措施，也就是实施战略措施。中国推动人民币世界化的战略规划涉及多方面的内容，核心内容包括如下几个方面。

其一，人民币国际储备货币战略规划。对人民币如何扮演国际主导储备货币的方式与途径进行系统谋划和长远布局，明确人民币在国际社会中为何与怎样充当主导储备货币的时间安排与空间范围。

其二，人民币国际交易与结算货币战略规划。对人民币如何扮演跨国交易与结算货币的方式与途径进行系统谋划与长远布局，明确人民币为何与怎样充当国际贸易与交易结算货币的时间节点与领域范围。

其三，人民币国际投资货币战略规划。对人民币在国际证券市场特别是国际债券市场上扮演投资货币的职能实现进行系统谋划与长远布局，明确人民币成为国际投资货币的方向与途径。

其四，人民币国际锚货币战略规划。对人民币在国际社会扮演锚货币角色进行系统谋划与长远布局，明确人民币成为国际锚货币的方向途径、时间安排、范围领域和职能定位。

其五，人民币国际竞争与制衡货币战略规划。对人民币在国际货币竞争中如何保持竞争地位、如何对抑制强势或者霸权国家货币的不当竞争进行系统谋划与长远布局，明确人民保持竞争力和维护中国与广大发展中国家货币利益的方法与途径。

从上面的分析可以看出，与人民币世界化的战略规划相互协调，中国在推进世界数字货币体系构建过程中，也需要对世界数字货币体系构建进行战略规划。世界数字货币体系构建的战略规划主要包括五方面内容：一是世界储备货币体系的数字货币化与数字化发展战略规划，选择何种货币特别是数字化货币作为世界储备货币的战略规划的核心内容；二是世界数字货币汇率体系及汇率体系数字化的战略规划，如何确定不同数字货币之间的汇率关系是战略规划的重点，包括主权数字货币之间的汇率决定、主权数字货币与非主权数字货币之间的汇率决定、数字货币与非数字传统货币之间的汇率决定等内容；三是国际收支的数字货币账户体系与平衡机制设计的战略规划，但出现国际收支不平衡特别是国际收支不平衡持续扩大时，采用何种货币及金融工具进行平衡、由谁出面并主导平衡是关键，也是战略谋划的关键；四是世界数字货币及金融监管机制战略规划，数字货币特别是非主权数字货币的出现，一方面推动了资本跨国流动和跨国资源配置，但也带来各种数字化风险，引发各种货币及金融监管风险及难题，需要进行系统的战略谋划；五是世界数字货币机构及相关国际组织建设战略规划，世界数字货币体系的形成和发展，需要强有力的组织保障体系，需要成立相应的国际组织作为推动主体、责任主体和管理主体。

五 世界数字货币体系构建的推动力量

世界数字货币体系需要世界各国人民共同商议、共同建设并共同分享成果，也就是"共商、共建与共享"，中国作为新兴崛起大国和世界最大的发展中国家，需要而且能够承担起主要推动者、组织者及主要领导者的角色，但需要世界各国及各国人民的共同参与。中国作为世界数字货币体系构建的主要推动者、组织者及主要领导者，需要从人民币世界化的战略定位角度思考世界数字货币体系构建的推动力量及国际金融合作问题。

中国推进人民币世界化的战略定位应包括如下四方面的内容。

其一，使中国由国际货币普遍国家向国际货币大国、国际货币强国转型，促进国际货币市场的多元化竞争和发展。人民币世界化首先定位于中国社会经济发展和改革开放需要，也就是服务于中国的国家利益。

其二，为国际社会提供新的货币选择机会。随着全球化进程的推进，国际社会对多元化国际货币的需求上升，现有的国际货币难于满足国际社会的需求，特别是随着以美元、欧元为代表的西方国家货币受到金融危机与债务危机的冲击，其信用与汇率波动导致的不确定性和风险上升，国际社会需要新的国际货币工具以弥补现有国际货币工具职能缺陷。

其三，维护新兴国家和广大发展中国家的货币利益，弱化并最终打破国际货币市场的封闭和垄断。面前，美元、欧元、英镑和日元是主要的国际货币，发展中国家货币在国际货币市场上的影响有限，人民币世界化能够打破少数西方国家货币对国际货币市场的垄断，促进国际货币市场对发展中国家的开放。

其四，推动国际货币体系改革，促进新的世界数字货币体系构建与完善。人民币世界化必然对现存国际货币体系改革产生推力和压力，促进现存国际货币体系的不合理、不公平、低效率部分的调整与改革。

结合以上人民币世界化的战略定位，中国在推动、组织乃至领导世界数字货币体系构建过程中，需要充分调动世界各国及各国人民的积极性，充分认知和了解世界数字货币体系构建的主要推动力量。世界数字货币体系构建的主要推动力量包括：一是以中国为代表的新兴大国特别是金砖五国（中国、俄罗斯、印度、巴西和南非五个新兴大国），金砖国家在世界货币及国际金融事务领域正扮演着越来越重要的角色；二是新兴经济体，本书中的新兴经济体是指除金砖五国外，经济增长速度相对较快的中等规模的发展中经济体，包括东南亚地区的印度尼西亚、越南、马来西亚、泰国、菲律宾等国家，西亚地区的土耳其，美洲地区的墨西哥、智利、阿根廷等国家，非洲地区的埃塞俄比亚、尼日利亚、埃及等国家，中亚地区的哈萨克斯坦等国家；三、亚洲地区的发达经济体，包括日本、韩国、新加坡、中国香港特区与澳门特区；四是主要能源大国及能源经济体，包括伊朗、委内瑞拉、沙特阿拉伯、阿拉伯联合奠长国、非洲主要产油国等；五是除了欧盟和美国以外的西方发达经济体，包括英国、加拿大、澳大利亚、新西兰及部分欧洲中小规模经济体；六是亚非拉广大发展中国家及经济体；七是欧盟和美国中愿意推动国际货币体系改革及世界数字货币体系构建的跨国公司、经济组织及广大社会民众；八是全球性及区域性国际组织。

六 世界数字货币体系构建的路线图

世界数字货币体系的构建是一个持续不断的历史过程，需要明确总体方向和实施步骤，也就是需要清晰明确的路线图。中国作为世界数字货币体系构建的积极推动者和主导大国，需要参与决策和谋划世界数字货币体系构建的路线图。中国在参与制定世界数字货币体系构建的路线图时，需要从中国推动人民币世界化的战略措施角度统筹谋划。

中国在推进人民币世界化过程中，除了制定人民币世界化战略目标和战略规划外，仍然需要制定人民币世界化的战略措施，促进人民币国际战略目标的顺利实现。为此，中国在制定和实施推进人民币世界化的战略措施时，需要在如下四个方面取得进展。

第一，依托"一带一路"建设推动人民币世界化。"丝绸之路经济带"和"21世纪海上丝绸之路"建设，着力于对沿路国家和地区之间贸易与经济合作的海路通道、陆路通道的投资和建设，促进沿路各国交通枢纽与内地城市的互联互通、中心城市与经济腹地之间互联互通、沿路国家与毗邻国家之间的互联互通，为人民币世界化创造了难得的投融资机遇，因为使人民币成为重要的国际投融资货币是人民币世界化的重要内容。"一带一路"建设为沿路人民币贸易圈和人民币货币区形成和发展创造基础设施和跨国公共产品供给条件，为人民币世界化创造良好的国际分工合作与市场竞争环境。因为中国是"一带一路"建设的主要发起国、出资国和主要的经济大国和贸易大国，能够为沿路各国专业化分工与区域合作提供人民币交易和投融资工具与平台，作为中国为沿路各国提供公共产品服务的重要内容，进而推动人民币的国际化进程。

第二，使人民币世界化作为推动国际货币体系改革的重要方向和内容，把人民币世界化纳入国家的对外发展战略之中。促进人民币世界化与国家对外战略对接。人民币世界化是中国经济发展的必然要求，也是中国发展战略的重要内容。积极推进人民币世界化进程特别要注意与国家的发展战略对接。人民币世界化不仅对国际金融市场和国际货币体系产生冲击和影响，还是引导国内金融体制改革和金融市场调整的重要因素。人民币世界化不仅是人民币成为全球主要交易、结算、储备与投资货币的过程，也是推动国际货币体系改革和国际金融新秩序构建的关键力量。

第三，把人民币世界化与国家自贸区与自由港建设及全球化战略结合起来。充分利用中国—东盟自由贸易区、亚太自贸区建设、上海合作组织、区域全面经济伙伴关系（Regional Comprehensive Economic Partnership，RCEP）的合作框架，持续推进人民币世界化进程，使人民币成为全球化和贸易自由化发展的货币纽带和重要交易投资工具。同时充分利用中国对外贸易、国际投资、对外工程承包和国际援助等途径，进一步促进人民币成为跨国贸易结算与跨国投资的主导货币。

第四，把人民币世界化与中国新兴金融企业发展结合起来。人民币世界化为中国新兴金融企业的发展创造了不可多得的国内与国际市场进入机会，新兴金融企业的发展壮大也有利于人民币世界化的有序推进。人民币世界化也给中国新兴金融企业发展带来了不确定性风险，主要涉及国内金融市场、国际金融市场、政府行为及宏观政策领域，需要妥善处理和面对。金融转型与经济体制改革过程中出现的不确定性和风险，也给新兴金融企业从事人民币世界化业务带了挑战，如何有效预防和控制从事人民币世界化业务面临的风险是新兴金融企业发展面临的重要问题。

由此可见，中国在参与制定世界数字货币体系构建的路线图时，需要充分考虑中国推进人民币世界化的战略措施。当然，中国在推进人民币世界化过程中也需要明确战略定位与战略方向，设计合理的战略目标，进行科学的战略规划并推动战略措施的落实。中国推动世界数字货币体系构建的路线图包括五个方面。

其一，发行与流通数字人民币并构建中国国家数字货币体系。充分利用现代数字技术特别是高速互联网、大数据、云计算及量子计算技术、区块链及人工智能技术，发行和流通人民币主权数字货币，推动中国国家数字货币体系（中国国内数字货币体系）的构建和完善。中国拥有先进的 5G 通信技术，5G 基础设施建设在 2020 年新冠肺炎疫情全球蔓延和经贸摩擦背景下快速推进，也是当代大数据、超级计算（云计算）、量子通信及量子计算、人工智能技术及区块链技术应用的大国，基本发行和流通主权数字货币——数字人民币的技术和金融基础设施条件，正在构建以数字人民币为基础的国家数字货币体系。

其二，与主要贸易和经济合作伙伴国家签订双边与多边主权数字货币互换协议，推动构建双边、多边、周边性的区域数字货币体系。中国是世界第一货物贸易大国、第一制造业大国、第一吸引外商投资大国（2020）和主导消费品市场大国（2020），把中国作为最大贸易伙伴的国家数量排名世界第一，可以充分利用中国的制造业大国、贸易大国、消费品市场大国、外商投资大国优势，推动区域性数字货币体系构建。

其三，以《区域全面经济伙伴关系协定》（Regional Comprehensive Economic Partnership，RCEP）和《中欧全面投资协定》（中欧 CAI 或者中欧 BIT）（The EU–China Comprehensive Agreement on Investment）为基础，在国家数字货币体系和区域数字货币体系的基础上，推动由国际社会大多数国家或者经济体参与的国际数字货币体系（International Digital Monetary System，IDMS）。2020 年 11 月 15 日中国与东盟、日本、韩国、澳大利亚和新西兰共 15 个国家正式签署《区域全面经济伙伴关系协定》，推动构建人类历史上覆盖人口最多、经济规模最大、出口货物贸易额最高的自由贸易区。2020 年 12 月 30 日中欧领导人共同宣布如期完成中欧投资协定谈判，有利于欧亚大陆的投资便利化及区域一体化发展。这两份协议的签署，有利于中国、欧盟、东盟、日韩和澳新共同推动国际数字货币体系构建创造了规则、制度及平台条件。

其四，中国倡导和发起成立世界数字货币组织。由该组织推动构建世界数字货币储备体系、世界数字货币汇率体系、世界数字货币平衡机制、世界数字货币监管机制。世界数字货币体系的构建，需要世界各国共同商议、共同推动、共同治理的高效规范、治理完善、公平合理的国际组织，作为制定和实施世界数字货币规则体系、组织安排、平衡机制、监管体系及相关政策的组织化实体，让其成为推动世界数字货币体系的形成与发展的枢纽和中心力量。

其五，持续推动数字货币的国际合作和国际货币体系改革，推动建立数字黄金本位制，最终构建完成世界数字货币体系。世界数字货币体系的形成和发展，需要对现存国际货币体系进行改革，尽可能减少国际社会中既得货币利益集团的阻力，特别是尽可能排除美元霸权对国际货币体系的垄断性和消极性影响，防范世界数字货币体系构建过程中出现的各种政治、经济及金融风险乃至系统性危机的出现。

概言之，世界数字货币体系的形成和发展，需要世界各国共同商议、共同参与、共同推动、共同治理并共享成果，中国作为新兴大国能够承担大国责任，贡献大国力量和智慧，从维护世界人民的公共货币及金融利益角度提供中国方案。当然，世界数字货币体系的构建，不能够一蹴而就，需要世界各国人民的长期努力和推动，也不排除出现以美国为代表的国际货币及金融既得利益集团的阻碍和面临的各种可能挑战，但因为其代表了人类货币及金融文明发展的方向，其最终必然成为现实。

第六节 结 论

中国推动人民币世界化的战略选择以中国国力和发展需求为出发点，充分考虑国际政治经济发展趋势、规律与需求，进行合理的战略定位，制定可行的战略目标和战略规划，缜密的战略措施推进加以落实。中国推动人民币世界化的战略目标主要包括六个方面：一是使人民币成为国际主导储备货币，使中国由货币大国转变为货币强国；二是使人民币成为国际主导交易与计价货币，为中国由贸易大国转变为贸易强国奠定货币制度基础；三是使人民币成为国际主导投资与结算货币，形成人民币国际债券市场，构建人民币再岸与离岸交易全球市场体系，为中国由金融大国转变为金融强国奠定全球资本市场基础；四是使人民币成为稳定国际货币与金融市场的主导锚货币，使中国由国际货币与金融市场的参与者转变为国际货币与金融市场的稳定者和主要规则制定者；其五，使人民币成为制衡货币霸权国家和霸权货币的有效工具，人民币世界化有利于使人民币成为维护我国与广大发展中国家货币与金融利益的工具，也能够成为制衡西方国家货币霸权的有效工具；六是使人民币世界化成为推进国际货币体系改革的重要促进因素和重要内容，促进公平合理、高效有序的新的世界公共货币体系的形成与完善。

中国在推进人民币世界化的制度化与规范化政策选择方面，也需要在六个方面取得进展：一是响应国家"一带一路"倡议，筹建"一带一路国际清算银行"，为人民币在"一带一路"沿线国家的国际化提供组织保障和人民币交易清算体系；二是充分利用现有国际自由贸易区机制和我国的自由贸易区及自由贸易港战略，推动人民币在与中国签订自由贸易协议的国家与地区的国际化；三是充分利用中国参与的国际组织，特别是上海合作组织、金砖国家组织推进人民币在相关国际组织的国际化进程；四是促进大宗商品交易的人民币定价与交易结算机制的形成，推动大宗商品贸易及相关金融市场交易领域的人民币世界化；五是通过对外援助和国际产能合作从项目与产业合作层次推进人民币的国际化；六是构建高效有序的人民币世界化监管、风险预防与控制机制，防止各种可能的系统性与非系统性人民币世界化风险。

世界数字货币体系充分利用现代数字化技术的最新成果，具有数字化储备货币与分布式储备货币体系、数字货币与数字化汇率体系、数字化跨国收支平衡机制与世界数字货币合作组织，同时具有世界性与公共性。世界数字货币体系的构建则需要世界各国共同商议、共同参与、共同推动、共同治理并共享成果，中国作为新兴大国能够承担大国责任，从维护世界人民的公共货币及金融利益角度提供中国方案。世界数字货币体系的构建中不排除出现以美国为代表的国际货币及金融既得利益集团的阻碍和面临的各种可能挑战。中国推动世界数字货币体系构建需要坚持必要的原则，兼顾公平与效率，为世界各国所用，为世界人民服务。世界数字货币体系作为数据技术及数字经济背景下的世界公共货币体系，需要充分发挥高速互联网技术、大数据与云计算（量子计算）技术、区块链及人工智能技术的最新成果的优势，在数字技术和数字货币制度领域持续创新。

第十章

结论与展望

第一节 总体说明

本书从公共世界、世界公共货币及分布学派的角度系统研究人民币世界化、主权数字货币与世界数字货币体系的构建问题。

在数字货币时代，人民币将成为世界各国人民喜欢的货币，因为数字人民币的推出能够满足世界发展的潮流和世界人民的需要，能够充分利用现代区块链技术、高速互联网、大数据、云计算及量子计算、人工智能等技术支持，降低货币发行和流通成本及风险，突破美元在国际货币市场的垄断和竞争，同时与欧元、英镑、日元、卢布等非美元货币进行合作，在一定条件下也可以与美元进行合作，为广大发展中国家提供优质的金融服务、信贷安排和对外援助，通过跨国普惠金融方式赢得广大发展中国家甚至是世界人民的信任，成为世界人民共同需要的公共货币（本书称为世界公共货币）。世界公共货币是作为世界公共基础设施的重要构成部分，也就是世界公共金融基础设施的核心工具提供给全世界人民，而不是试图向全世界人民征收铸币税的美元式国际储备货币。

以美国为代表的西方国家主导的传统国际货币或者说国际储备货币，虽然是人类货币发展、国际金融市场建立、国际金融制度演化乃至人类文明进步的重要阶段性标志，但其被大国操纵，对中小国家剥削与掠夺的特征也非常显著，其更是美国这样的霸权国家维护霸权地位、获取霸权利益、干预国际金融市场、进行金融欺诈、金融制裁、金融战的工具。世界公共货币作为为世界人民的货币需求和金融交易服务的工具，追求货币供给的公平性和效率性，通过规模效应、网络效应、专业化效应、数据技术效应、去中心化效应、反垄断化效应、人民化效应、公共产品外部性效应，获得货币发行与流动的收益，降低货币世界范围内发行与流动的成本和风险。从主权国家货币、国际货币到世界公共货币，这是人类货币发展史演化的必然路径和结果。

人民币世界化需要强大的制造业和国际市场影响力，也就是说，只有制造业大国、国际贸易大国、国家治理强国才拥有向国际社会提供公共货币产品的信用基础、市场基础、能力基础和国际道义影响力。信用、市场、能力和道义是影响人民币世界化的关键变量，包括绝对变量和相对变量。同时，人民币世界化必须充分利用区块链和人工智能技术提供的方便，使世界各国人民都能够从数字人民币中获得便利和价值增值。人民币的国际化过程，也是数字人民币的发行、流通和国际化的过程。数字人民币的推广能够使国际社会获得新的发展机遇，因为中国能够为国际社会提供最为便利的交易环境和市场机会。

第二节 货币国际化与世界化的微观基础及信用条件

本书以数字经济时代世界格局演化及新兴大国崛起为背景，对人民币区域化、国际化与世界化、国际货币体系改革、主权数字货币与世界数字货币体系的基本内涵进行解释，据此分析货币国际化与世界化的微观基础及信用条件，得到如下五点结论。

第一，主权国家货币是区域货币、国际货币及世界货币发行与流通的基础。可以把区域货币视为准国际货币，区域货币为国际货币的区域化表现类型，世界货币则是国际货币发行与流通扩展到全世界的结果，国际货币可以视为准世界货币，国际货币是世界货币形成的基础。货币世界化便是主权国家及主权国家集团的主权信用货币在世界范围内发行与流通的过程。

第二，主权国家货币的国际化与世界化，必须达到特定的信用门槛和可行条件。一国货币必须同时满足国内信用门槛、国际信用门槛与外部条件可行三方面的条件，才可能在本国以外扮演国际货币角色。根据货币国内信用与国际信用的取值范围，可以判断一国货币发挥国际货币职能的可能地理空间范围，可以把国际货币区分为全球性国际货币、区域性国际货币、周边性国际货币、临时性国际货币与偶然性国际货币。同时可以根据各国货币的国内地位与国际影响把各国货币区分为不同的功能类型，全球性国际货币便是世界货币。强国和大国发行与流通的货币具有成为世界货币的信用比较优势和相对较高概率的可行性。

第三，大国之间的政治经济博弈及货币竞争影响货币的国际化与世界化。并不是任何货币都可能成为国际货币，国际货币是在一定条件下形成的。一国货币需要具备一定的信用基础、流通范围、交易规模、币值稳定与正外部性才可能成为国际货币及世界货币，只有开放大国或者开放强国发行的货币才可能在国际社会中持续、长期扮演国际货币角色。国际货币竞争主要表现为大国或者强国货币之间的市场竞争。大国政治经济博弈与货币竞争不仅会导致大国货币替代，也会产生大国货币合作。

第四，主权国家货币的国际化与世界化是国际货币体系乃至世界货币体系形成与运行的基础和重要条件。货币国际化及世界化必须同时具备国内信用基础和国际信用条件，货币国际化是国际货币体系形成的前提条件，国际货币体系的形成与演变依赖国际货币的组成及其职能发挥，货币国际化与世界化及国际货币体系形成及演化是国际政治经济秩序的重要构成内容。国家货币体系是区域货币体系、国际货币体系及世界货币体系形成与运行的基础。

第五，厂商、家庭化、个人及微观经济组织的跨国经济活动及货币选择是影响货币国际化及世界化的重要微观条件及微观基础。国际货币形成与国际货币体系运行的微观基础，是研究国际货币体系改革与人民币世界化的逻辑起点。理性厂商从事跨国贸易与投资活动时，选择何种货币作为贸易计价、投资结算工具的一个重要出发点在于获得最大化的经济利益，厂商在进行贸易与投资决策时会对各种可能的货币工具可能带来的收益进行估算、比较与排序，在综合其他因素的情况下做出货币选择决策，贸易商品与投资行业的市场结构则是最为重要的影响因素。厂商在跨国经济活动中的货币选择涉及货币收益的价值估算、国际贸易与投资的市场结构、货币的网络外部性收益与货币发行国的货币信用等多方面的因素。家庭、个人及相关微观经济活动主体的跨国经济活动也同时从需求侧和供给侧影响主权国家货币的国际化及世界化。

第三节　货币国际化与世界化的大国博弈及制度环境

本书从货币国际化与世界化的竞争均衡的角度分析大国货币博弈及国际货币替代问题，同时从国家货币体系与国际货币体系比较角度分析货币国际化及世界化的制度环境。得出如下五点结论。

第一，守成大国与新兴大国之间力量对比变化及政治经济博弈是影响国际货币体系改革、新世界货币体系构建的关键因素。大国之间的经济实力与货币信用变化是推动国际货币体系演变的关键因素，如果储备货币提供大国与潜在经济与货币大国都不能从现存国际货币体系获得递增收益，则大国推动下的国际货币体系改革便会出现。当现存国际储备货币提供大国经济与金融实力下降到不能够阻止潜在大国货币对本国货币的替代，则由新兴大国推动的以新兴大国货币为主要国际储备货币的国际货币体系改革便会出现。新兴大国是推动国际货币体系改革和世界货币体系构建的主要推动力量。

第二，新兴大国是新世界货币体系，特别是国际收支新平衡机制的主要参与者和调控者。当传统大国处于经济景气阶段，传统大国与新兴大国之间能够在维持现存国际货币体系稳定运行方面取得共识并共同分享国际货币体系稳定带来的利益；但当传统大国处于衰退阶段，新兴大国与传统大国之间的货币与金融博弈便是推动国际货币体系改革的主导力量，新兴大国货币便可能取代传统大国货币成为国际主要储备货币，新兴大国的汇率选择也必然影响到国际汇率制度选择，新兴大国也将成为国际收支平衡机制的主要调控者。国际货币体系改革与新世界货币体系的构建过程，也是新兴大国替代守成大国成为新国际货币体系乃至新世界货币体系的主导者的过程。

第三，以中国为代表的新兴大国将成为新世界货币体系的主要建构者，以人民币为代表的新兴大国货币也将成为主要的国际货币乃至世界货币。在国际货币、金融与经济力量格局发生急剧变化的国际社会中，新兴大国通过制定和实施相应的国际发展战略推动国际货币体系改革，在与传统大国的货币与金融博弈中确定自身在新国际货币体系中的主导地位。以中国为代表的新兴国家和广大发展中国家在全球经济体系中的影响和地位逐渐上升，以美国、欧盟和日本为代表的西方发达经济体在全球经济体系中的地位和影响不断下降，以美元、欧元、日元和英镑为主导储备货币的国际货币体系（牙买加体系或者后布雷顿森林体系）也必须进行改革，以人民币为代表的新兴国家货币在国际储备货币体系中的地位不断上升。新兴大国崛起与新兴大国货币成为国际货币乃至世界货币是新世界货币体系构建及形成的重要标志。

第四，世界大国的国家货币体系（国内货币体系）是国际货币体系乃至世界货币体系形成与影响的核心基础，世界大国的主权货币信用风险构成国际货币体系乃至世界货币体系的重要信用风险。世界各国特别是主要大国国内货币体系是国际货币体系构建的基础，国际货币体系以世界主要政治经济大国的国内货币体系及相关金融市场为基础，主要政治经济大国的国际政治经济稳定是国际货币体系稳定运行的基础和前提条件。世界各国特别是主要大国国内货币与金融风险是国际货币体系运行风险的主要来源，如果一个或者多个主要政治经济大国的国内货币体系与金融市场出现较大风险与危机，则必然影响到国际货币体系的稳定运行。只有信用稳定和信用风险可控的世界大国的货币才可能成为主导的国际货币及世界货币。

第五，世界大国的货币合作与信用合作是国际货币体系改革顺利推进和世界货币体系特别是世界数字货币体系构建的关键。世界各国特别是主要政治经济大国的主权信用是国际货币体系的主要信用来源，如果主要大国的货币与主权信用下降或者出现不确定性，则必然影响到国际货币体系的信用基础。世界各国特别是主要大国的国内货币与金融监管体系是国际货币体系监管机制的基础，国际货币体系与国际金融市场监管不可能完全脱离或者不受国际监管制度的影响而完全独立运行。国际货币体系改革需要世界各国特别是主要大国的分工合作与共同推进。如果没有主要大国的相互协调配合与分工合作，国际货币体系改革的目标不可能顺利实现。只有世界主要大国特别是守成大国与新兴大国达成广泛共识，才能够顺利推动国际货币体系改革。而其需要付出的时间成本和讨价还价成本具有高度的不确定性。

第四节 货币世界化的宏观条件与人民币世界化目标

本书从货币大国内生形成分析货币国际化与世界化的宏观条件，从国际货币体系改革与世界公共货币体系构建分析人民币世界化目标的设计及确定。得出如下五点结论。

第一，中国是推动国际货币体系改革与世界公共货币体系构建的不可或缺的新兴大国。国际货币体系改革与人民币国际化的过程，也是一个以中国为代表的新兴金融与货币大国与以美国为代表的传统金融与货币大国的竞争与合作过程，中国需要积极参与并承担起推动国际货币体系改革的大国责任。如何推动货币合作特别是区域货币合作，已经成为国际货币体系改革与人民币国际化的重要内容和环节。中国作为新兴、贸易大国与制造业大国，在推动国际货币体系改革与世界公共货币体系构建中扮演着不可或缺的角色。

第二，开放经济体之间的合作是货币世界化及世界公共货币体系形成与运行的条件和基础。不同类型的开放经济体之间双边与多边区域货币合作，既可以为参与合作的各个经济体带来贸易与投资收益，还能够促进开放经济体之间的分工合作与一体化进程，获得规模报酬收益。开放经济体之间的货币与金融合作存在着内在的激励和动力机制，同时也会给合作参与者带来风险和不确定性，受到各种因素的影响和制约。贸易关系和政治生态环境构成开放经济体区域币合作的主要约束条件。区域货币合作是国际金融与债务危机背景下构建全球性国际货币与金融治理机制的重要内容，也是推动全球货币金融一体化的重要力量。如何发挥开放经济大国之间货币合作的积极性、预防可能出现的货币合作风险是世界公共货币体系构建的关键。

第三，世界货币是世界各国人民能够共同使用的全球性公共产品。国际货币及世界货币的公共性表现为计价货币公共性、交易媒介公共性、支付与结算的公共性和储备公共性。国际货币及世界货币的公共性是国际货币体系公共性的基础，公共性缺陷是当代国际货币体系面临的主要问题，如何弥补公共性缺陷是目前国际货币体系改革的主要方向。区域货币具有区域性公共产品属性，国际货币具有国际共产产品属性，世界货币则具有全球性公共产品的属性。

第四，世界公共货币体系是世界各国能够共享的全球性公共产品。世界公共货币体系的全球性包括地理空间全球化覆盖、储备货币网络全球化、国际收支全球化平衡、全球化公共货币利益、全球化开放与多元化包容、公共问题全球化应对等内容。世界公共货币体系的公共性表现为各国共同维护与增进全球公共货币利益、各国共同稳定并维护全球公共货币秩序、各国共同促国际收支平衡的公益化、货币危机与风险共同应对、全球储备货币与储备体系的公共选择、国际货币规则与机制及相关制度的公共性、国际货币组织的公共治理等。货币世界化与国际货币体系改革的最终目标是推动世界公共货币体系的构建及运行。

第五，人民币世界化目标需要与国际货币体系改革、世界公共货币体系构建特别是世界数字货币体系的构建目标相互协调。国际货币体系改革与人民币世界化不仅需要制定总体目标，还需要制定分类目标，把握战略方向，制定科学合理的发展战略与政策措施。构建世界公共货币体系可以作为国际货币体系改革与新国际货币体系构建的努力方向。没有中国参与和推动的国际货币体系改革很难取得积极进展，没有中国参与和推动世界公共货币体系构建很难具有世界性。人民币世界化的目标也是世界公共货币体系特别是世界数字货币体系构建的目标体系的重要内容。

第五节　主权数字货币、数字人民币与世界数字货币体系

本书重点研究了主权数字货币、数字人民币与数字金本位制问题，同时从人民币世界化角度分析人民币世界化与世界数字货币体系构建及路线图问题，得出如下五点结论。

第一，数字技术特别是区块链技术的发展为主权数字货币的发行与流通创造了条件。主权数字货币的发行与流通是当代金融科技创新的必然产

物，经济大国与经济强国的主权数字货币，能够成为国际贸易、跨国资本流动、国际产业投资的重要计价、支付和结算工具，在国际社会扮演重要的储备货币角色。数字技术发展推动数字经济的形成和演化，为数字货币的发行和流通创造了技术与市场条件。主权数字货币特别是大国主权数字货币的发行与流通，为世界数字货币体系构建创造了技术和市场条件。

第二，数字人民币发行与流通已经具备必要的技术和市场基础。中国数字技术、贸易与产业的发展为数字人民币的发行与流通创造了技术、产业、市场、制度及信用基础。数字人民币能够借鉴传统主权信用货币和非主权数字货币的功能优势，扬弃相关货币的缺点和局限性，成为国际社会具有主导替代性功能选择的国际货币。数字人民币的发行、流通和国际化，能够促进人民币成为同时"为中国人民和世界人民服务"的货币职能。中国作为世界第二大经济体、第一货物贸易大国和第一制造业大国，同时也是全球主要的互联网大国，在推动全球主权数字货币合作、全球货币及金融监管合作与国际货币体系改革方面具有独特的大国综合比较优势，能够发挥引领作用，贡献中国智慧并提出中国方案。人民币数字化与世界化是中国作为新兴大国为世界各国人民提供公共货币服务的过程，也是世界各国人民共同推动世界数字货币体系构建的重要内容。

第三，数字人民币发行与流通的平台建设，能够推动数字货币的国际合作。主权数字货币合作将成为国际货币及金融合作的重要内容，构建以区块链技术为基础的跨境数字人民币合作平台，是推动数字人民币国际流通与合作的重要战略举措，也是构建世界主权数字货币体系、推动国际货币体系改革的重要内容。中国通过数字人民币跨境支付区块链平台体系建设、数字人民币贸易支付区块链平台体系建设、数字人民币金融投资区块链平台体系建设、"一带一路"沿线国家贸易支付及结算的区块链平台建设、"一带一路"金融合作区块链平台建设等工作推动数字货币国际合作，为世界数字货币体系构建创造了平台及组织条件。

第四，中国推动人民币的国际化与世界化需要战略思维。中国推动人民币世界化需要进行合理的战略定位，制定可行的战略目标和战略规划，以缜密的战略措施加以落实。中国推动人民币世界化需要明确的战略目标是使人民币成为国际主导储备货币、交易货币、投资货币、结算货币，使中国由货币大国转变为货币强国，建设成熟的人民币国际债券市场、人民币的在岸与离岸交易市场体系。同时使人民币成为制衡货币霸权国家和霸权货币的有效工具。中国推动人民币国际化与世界化，必须借助现代数字技术并把人民币世界化及数字化纳入世界数字货币体系构建的战略规划体系中。

第五，世界数字货币体系构建有利于世界人民，中国需要而且能够成为世界数字货币体系构建及运行的领导型国家。世界数字货币体系构建需要充分利用现代数字化技术的最新成果，构建数字化储备货币与分布式储备货币体系、数字货币与数字化汇率体系与数字化跨国收支平衡机制，倡导成立世界数字货币合作组织。世界数字货币体系同时具有世界性与公共性。世界数字货币体系的构建需要世界各国共同商议、共同参与、共同推动、共同治理并共享成果，中国作为新兴大国能够承担大国责任，从维护世界人民的货币及金融利益角度提供中国方案。中国推动世界数字货币体系构建需要坚持必要的原则，兼顾公平与效率，为世界各国所用，为世界人民服务。同时，世界数字货币体系作为数据技术及数字经济背景下的世界公共货币体系，需要在数字技术和数字货币制度领域持续创新。世界数字货币体系的构建及运行有利于世界经济一体化发展，也有利于最终化解美元霸权对世界经济市场的消极影响，构成公平合理的国际政治经济新秩序。

第六节 研究展望

2018—2021 年，中美经贸摩擦、新冠肺炎疫情、数字技术及数字经济成为推动世界政治经济秩序的重塑的关键因素。当代数字技术的发展，特别是高速互联网、大数据、超级计算（云计算及量子计算）、人工智能及区块链技术的发展，正在重塑世界政治经济秩序，推动世界经济的数字化及全球化一体化发展，改变传统的国际货币体系及国际金融市场秩序，同时重塑着世界的经济格局和政治权力结构。新兴大国主权数字货币的发行及流通有利于推动货币的国际化及世界化，也为世界数字货币体系的构建及运行创造微观条件和制度环境。数字人民币的发行及流通不仅有利于人民币的国际化及世界化，也是中国作为新兴大国崛起的重要标志。学术界

第十章 结论与展望

对人民币世界化、主权数字货币与世界数字货币体系构建及运行的研究，能够在如下几个方面取得积极进展。

第一，从国际政治格局演变角度研究世界数字货币体系构建与人民币世界化问题。后金融危机时代的世界数字货币体系构建与人民币世界化，既受到国际经济、金融与货币格局演变的影响，同时也受到国际政治格局演变的影响，既是一个国际经济格局演变过程又是一个国际政治格局的演变过程。世界数字货币体系构建涉及不同主权国家货币在国际货币体系中的影响和地位的调整和变化，也涉及不同国家特别是主要政治经济大国在国际经济体系的地位与影响力的调整，同时也涉及不同国家在国际政治体系中的地位和影响力。从国际政治格局演变角度研究世界数字货币体系构建与人民币世界化问题，能够在五个方面弥补现有研究的不足：一是把国际政治权力引入国际货币体系分析领域，可以克服仅仅从经济因素分析导致的片面性；二是国际政治格局演变是推动国际经济制度特别是国际货币制度演变的重要因素，从国际格局演变能够分析国际货币体系演变的方向和趋势；三是世界数字货币体系构建与人民币世界化会影响到国际政治格局演化，二者之间存在着互动影响效应，国际政治格局特征与演化规律也蕴含着国际货币体系变革的某些规律与特征；四是人民币世界化过程中必然会出现某种货币替代效应，货币替代效应的出现也必然影响到各国在国际政治格局的地位和影响力，因此，人民币世界化过程中需要适应国际政治格局演变的规律，充分利用国际政治格局演变带来的机遇并尽可能预防和控制可能的各种风险；五是人民币世界化面临来自主要国际货币大国特别是以美国为代表的西方货币大国的政治阻力，如果不能突破和有效化解西方国家对人民币世界化的政治阻力，则人民币世界化预期目标的顺利实现必然面临诸多困难。

第二，从大国竞争与权力博弈角度研究世界数字货币体系构建与人民币世界化问题。世界大国在国际货币体系构建、演化与改革中扮演着不可或缺的重要角色，世界数字货币体系构建涉及世界主要大国国际政治权力与经济利益关系，彼此之间存在着复杂的竞争与合作关系，权力博弈特别是在国际社会中的权力博弈成为主要大国维护自身政治经济利益和货币影响力的重要方式。大国竞争与权力博弈对世界数字货币体系构建和人民国际化的影响表现在四个方面：一是世界数字货币体系构建中的大国竞争与权力博弈决定大国在世界货币体系中的话语权和影响力,直接影响世界数字货币体系构建的方向与进程;二是大国竞争与权力博弈均衡及其演化成为世界数字货币体系构建的制度基础,大国竞争力变化和权力博弈均衡的调整会改变国际货币体系演化和改革的制度基础;三是人民币世界化的过程也是中国与其他货币大国特别是以美国为代表的西方大国的货币竞争与权力博弈的过程,中国与其他货币大国竞争与权力博弈的结果直接影响人民币世界化的进程和方向;四是人民币世界化在中国与其他大国的政治经济竞争和动态博弈中,不仅影响中国与其他国家的货币关系,还影响中国与其他国家的政治经济关系。

第三,从全球市场化与贸易自由化角度研究世界数字货币体系构建与人民币世界化问题。世界数字货币体系构建与人民币世界化还涉及全球市场化与国际贸易自由化问题,中国作为全球货物贸易第一大国的快速崛起,不仅深刻地影响和改变着国际市场结构和国际贸易结构,还深刻地影响着国际货币结算和支付体系。中国作为全球第一货物贸易大国与第一制造业大国的崛起为世界数字货币体系构建与人民币世界化创造了贸易、市场与产业基础。离开全球市场化、贸易自由化和国际产业分工合作,世界数字货币体系构建和人民币的世界化会失去市场动力、贸易基础和产业支撑。从全球市场化与贸易自由化角度研究国际货币体系与人民币世界化的议题主要涉及四个方面:一是各国特别是主要大国的对外贸易政策已经成为影响世界数字货币体系构建与货币国际化的关键因素,奉行贸易保护主义政策的国家或者经济体很难成为推动世界数字货币体系构建与货币国际化的积极力量;二是没有经济贸易大国的参与和积极推动,世界数字货币体系构建便会失去动力和领导力量,各国之间的贸易关系发展和贸易结构调整影响到储备货币与支付货币的选择;三是在经贸摩擦背景下,世界贸易自由化仍然取得了积极进展,例如 2020 年 11 月 15 日中国与亚太地区共 15 个国家共同签订《区域全面经济伙伴关系协定》,2020 年 12 月 30 日中国与欧盟完成投资协定谈判;四是大国贸易政策的影响,例如中国积极参与推动的亚太自贸区建设(Free Trade Area of the Asia–Pacific,FTAAP)充分考虑了亚太地区各个经济体的经济发展水平和贸易利益,美国奥巴马政府执政期间推动的《跨太平洋伙伴关系协定》(Trans-Pacific Partnership Agreement,TPP),特朗普政府(2017—2021 年)执政期间宣布退出 TPP,

而后在日本主导下签署《全面与进步跨太平洋伙伴关系协定》（Comprehensive and Progressive Agreement for Trans-Pacific Partnership，CPTPP）。拜登政府赢得美国新一届总统大选并于2021年1月20日正式执政后，美国是否重返TPP改进版的CPTPP成为学术界关注的焦点，2021年1月30日后英国也宣布正式申请加入CPTPP，此前，中国官方也表示对加入CPTPP持开放态度。可见，人民币世界化与数字货币体系构建受到多种复杂因素的影响和制约。

第四，从技术进步特别是互联网与大数据技术进步角度研究世界数字货币体系构建与人民币世界化问题。随着互联网、现代通信技术、大数据及云计算技术的发展，国际贸易计价与结算方式、国际储备资产选择、国际收支平衡机制、国际债务与资本市场投资方式等都会发生变化。技术进步已经成为推动国际债权债务结算、国际投资、国际金融与货币市场现代化发展的主要推动力量和依托工具。从技术进步角度研究世界数字货币体系构建与人民币世界化问题，具有五方面的意义：一是借助现代互联网、通信和大数据技术，可以降低世界货币体系运行成本，从技术层面推动世界货币体系的制度创新，提高世界货币体系的运行效率；二是技术进步可以打破少数大国对世界货币体系运行的制度性垄断影响，为世界货币体系的平等化和各国民主参与提供技术平台；三是通过技术工具化解世界数字货币体系构建与货币世界化中的各种不确定性风险，减少世界数字货币体系构建与货币国际化的非技术阻力；四是中国作为新兴的国际货币大国，在推进世界数字货币体系构建与人民币世界化过程中可以借助技术手段参与设计与制定国际金融与货币规则；五是技术进步可以为新国际货币选择、新国际金融与货币组织创建提供支持和技术保障，例如互联网和区块链技术为全球跨境开放支付体系的构成创造条件，数字货币技术进步则有利于创建新的全球公共支付与结算货币。

第五，从国际制度变迁角度研究世界数字货币体系构建与人民币世界化问题。国际正式与非正式制度安排作为影响世界数字货币体系构建与货币国际化的制度性因素，不可避免地会对国际货币体系的制度结构产生影响，如果不能够突破旧制度框架对国际货币体系与货币国际化的约束和消极影响，则不可能顺利推进世界数字货币体系构建与人民币世界化。国际制度变迁对世界数字货币体系构建与人民币世界化的影响主要表现在四个方面：一是国际政治制度变迁是国际社会政治权力结构调整与变迁的主要影响因素，国际政治权力结构则是国际货币体系中政治权力结构的基础，大规模国际政治制度变迁必然导致国际权力结构的大规模调整，引起国际货币体系权力结构的大规模调整；二是国际组织特别是国际货币金融组织的调整和变革是世界数字货币体系构建的关键，以国际货币基金组织（IMF）、世界银行（WB）等为代表的国际货币与金融组织作为目前国际货币体系制度安排的核心，其组织结构调整与变革是世界数字货币体系构建的关键，没有国际货币基金组织与世界银行的组织变革就没有完整的世界数字货币体系构建；三是国际制度变迁影响到人民币世界化的方向和进程，例如，2016年10月1日国际货币基金组织正式把人民币纳入特别提款权（SDR）货币篮子便是人民币世界化取得的阶段性成果，也是国际货币制度变迁的突出表现；四是世界数字货币体系构建与人民币世界化本身也是国际制度变迁的重要内容和推动力量，世界数字货币体系构建与国际制度变迁之间存在着密切的互动影响效应，国际制度变迁的方式与方向影响到世界数字货币体系构建的方式与方向，世界数字货币体系构建也可能诱发国际制度的大规模变迁。

第六，从全球公共治理角度研究世界数字货币体系构建与人民币世界化问题。随着全球化、市场化与区域化的不断发展，国际社会日益成为一个彼此相互影响与依赖的利益共同体、责任共同体与命运共同体，全球公共治理成为各国共同面临的问题，世界数字货币体系构建与货币国际化问题也成为影响各国共同利益与共同命运的公共议题，需要从全球公共治理角度进行思考。从全球公共治理角度研究世界数字货币体系构建与人民币世界化问题，主要涉及四方面的内容：一是世界数字货币体系构建与货币国际化已经成为影响全球公共利益和福利体系的重要因素，涉及全球大多数国家和社会成员的公共利益，需要从维护和增进全球公共利益角度进行战略决策与方案选择；二是世界数字货币体系构建与人民币世界化需要全球大多数国家与大多数社会成员的公共参与，没有各国与各个社会成员的分工合作、协调配合与公共参与，则不可能顺利实现预期目标；三是世界数字货币体系构建与人民币世界化面临着诸多困难和风险，需要国际社会的相关行为体与利益主体共同配合与承担，才可能有效预防和控制各种可能的困难和风险，推进国际货币体系的不断完善，为国际金融市场发展和货币交易提供新的工具和手段;四是世界数字货币体系构建的过程也是一个新的世界货币体系运行与监管机制的构建过程,人民币的国际化过程也是全球多元储备货币体系和国际收支平衡机制的构建过程,需要从全球化视野制定和实施相关战略与政策。

总而言之,世界数字货币体系构建与人民币世界化作为数字经济时代国际格局演变和国际政治经济新秩序构建的重要内容和关键环节,需要从国际政治格局演变、大国竞争与权力博弈、全球化与贸易自由化、技术进步与创新、国际制度变迁和全球公共治理角度进行拓展研究,才能够弥补现有世界数字货币体系构建与人民币世界化问题研究存在的某些缺陷和不足,推动新国际政治经济秩序构建和全球治理变革。

参考文献

一 中文文献

保建云:《分布理性与国际政治经济学理论研究的新拓展》,《世界经济与政治》2015年第2期。

保建云:《国际区域合作的经济学分析——理论模型与经验证据》,中国经济出版社2008年版。

保建云:《金融与债务危机的国际政治经济学分析——理论模型、实证检验及政策选择》,社会科学文献出版社2015年版。

保建云:《论当代西方国际政治经济学的学术分野与发展前沿:基于英美学派局限性的视角》,《教学与研究》2015年第8期。

保建云:《论欧洲主权债务危机的内生形成、治理缺陷及欧元币制演化》,《欧洲研究》2011年第6期。

保建云:《论社会成员话语权分布平衡性衡量及演变的经济动因》,《中国人民大学学报》2015年第2期。

保建云:《论政治权利社会分布与暴力工具占用的相关性:新衡量方法与新指标体系构建》,《制度经济学研究》2015年第2期。

保建云:《贸易保护主义的国际政治经济学分析——理论模型、实证检验与政策选择》,经济科学出版社2010年版。

保建云:《我国推动丝绸之路经济带建设的比较优势、风险分布及人民币货币区构建》,《经济体制改革》2015年第2期。

保建云:《转型经济中的政府行为与发展模式选择——中国经验及其理论解释》,当代世界出版社2005年版。

曹红辉、周莉萍:《国际货币体系改革方向及其相关机制》,《国际金融研究,2009年第9期。

曹泳鑫：《国际政治秩序与世界霸权：国家、地区、全球秩序的三重构建》，《世界经济与政治》2004年第6期。

曹子彬、崔冉冉：《国蔡云：《欧洲主权债务危机发展态势及其影响》，《现代国际关系》2011年第11期。

陈江生、陈昭铭：《国际货币体系改革与人民币国际化》，《中共中央党校学报》2010年第1期。

陈伟光、钟华明：《制度变迁、国际货币改革与中国的选择》，《金融教育研究》2015年第1期。

陈雨露、马勇：《金融自由化、国家控制力与发展中国家的金融危机》，《中国人民大学学报》2009年第3期。

樊勇明：《西方国际政治经济学（第二版）》，上海人民出版社2008年版。

范小云、陈雷：《国际流动性安排与人民币国际化》，《南开学报》（哲学社会科学版）2015年第5期。

范小云、陈雷、王道平：《人民币国际化对于国际货币体系稳定至关重要》，《南开学报》（哲学社会科学版）2015年第1期。

范祚军、何欢：《推进人民币国际化的SWOT分析》，《广西大学学报》（哲学社会科学版）2016年第4期。

高德步：《西方世界的衰落》，中国人民大学出版社2009年版。

耿雪：《"一带一路"推进人民币国际化》，《中国社会科学报》2015年第1期。

郭连成、刘坤：《金融危机时期转轨国家经济发展态势分析》，《财经问题研究》2010年第12期。

何秉孟：《美国爆发金融危机的深刻背景和制度根源》，《马克思主义研究》2009年第3期。

贺力平、林娟：《试析国际金融危机与全球经济失衡的关系——兼评伯南克-保尔森"金融危机外因论"》，《国际金融研究》2009年第5期。

胡海峰、王爱萍：《中国参与全球金融治理体系改革的思路和策略——基于存量改革和增量改革的视角》，《天津社会科学》2017年第3期。

胡宗山：《博弈论与国际关系研究：历程、成就与限度》，《世界经济与政治》2006年第6期。

加西亚-埃雷奥，许平祥：《货币国际化与经济杠杆化：中国案例》，《国际经济评论》2016年第1期。

金灿荣：《国际金融危机的全球地缘政治影响》，《现代国际关系》2009年第4期。

课题组成员：《国际货币体系演变及我国应对政策选择》，《太平洋学报》2012年第8期。

课题组成员：《后危机时期国际贸易环境变化及其对我国的影响与冲击》，《学术交流》2013年第8期。

课题组成员：《论国际竞争格局演变中的中国发展模式》，《国家行政学院学报》2012年第4期。

课题组成员：《论西方国家金融与债务危机的阶段性特点、表现形式及演化趋势》，《科学·经济·社会》2012年第4期。

课题组成员：《论主权债务危机形成的门槛条件、类型与治理机制构建：文献、模型及实证检验》，《云南财经大学学报》2013年第1期。

李方：《关于国际货币体系演变与人民币国际化的研究》，《现代经济信息》2015年第1期。

李伏安、林彬：《国际货币体系的历史与现状》，《金融研究》2009年第5期。

李海燕：《国际汇率安排中的美元霸权》，《国际金融研究》2003年第3期。

李海英、石建勋：《国外关于国际货币体系改革研究的最新动态——基于2010—2011年的相关研究综述》，《国外社会科学》2012年第2期。

李京阳：《欧债危机对中国的影响及国际货币体系的改革思考》，《财经科学》2012年第3期。

李俊久，姜默竹：《人民币"入篮"与国际货币体系未来走向》，《现代国际关系》2016年第6期。

李巍，白娇：《特别提款权：人民币国际化的一场博弈》，《国际关系研究》2015年第5期。

李向阳：《布雷顿森林体系的演变与美元霸权》，《世界经济与政治》2005年第10期。

李晓、冯永琦：《国际货币体系改革的集体行动与二十国集团的作用》，《世界经济与政治》2012年第2期。

陆长荣、丁剑平：《我国人民币国际化研究的学术史梳理与述评》，《经济学动态》2016年第8期。

陆磊、李宏瑾：《纳入SDR后的人民币国际化与国际货币体系改革：基于货币功能和储备货币供求的视角》，《国际经济评论》2016年第3期。

裴长洪：《后危机时代经济全球化趋势及其新特点、新态势》，《国际经济评论》2010年第4期。

彭红枫、陈文博、谭小玉：《人民币国际化研究述评》，《国际金融研究》2015年第10期。

羌建新：《国际货币金融体系变革与中国》，中国发展出版社2015年版。

任英华、许涤龙：《人民币国际化进程监测：人民币国际化发展报告》，中国金融出版社2016年版。

盛斌、张一平：《全球治理中的国际货币体系改革历史与现实》，《南开学报》（哲学社会科学版）2012年第1期。

石红莲：《国际金融危机对我国对外贸易的传导效应》，《国际贸易问题》2010年第1期。

石建勋：《人民币的国际地位与作用》，北京大学出版社2015年版。

时殷弘：《金融大危机与国际大格局》，《现代国际关系》2009年第4期。

宋新宁、田野：《国际政治经济学概论（第二版）》，中国人民大学出版社2015年版。

孙晓青：《人民币汇率改革：国际货币金融环境风险分析》，《现代国际关系》2005年第8期。

陶士贵、陈建宇：《国际货币陷阱、被美元化及去美元化——兼论国际货币新秩序构建中的人民币国际化问题》，《财经科学》2015年第8期。

王冠群：《人民币国际化问题研究》，经济科学出版社2016年版。

王辉：《金融危机的政治经济学分析》，《马克思主义研究》2009年第5期。

王庆华：《国际货币、国际货币体系和人民币国际化》，《复旦学报》（社会科学版）2010年第1期。

王湘穗：《未来趋势：多元货币体系与多强政治格局》，《现代国际关系》2009年第4期。

王岩：《马克思主义经济学视角下的国际金融危机原因剖析》，《经济学家》

2009年第9期。

《王正毅国际政治经济学通论》，北京大学出版社2010年版。

翁东玲：《国际货币体系变革与人民币的国际化》，《经济学家》2016（12期。

翁东玲：《国际货币体系改革进程中的人民币国际化》，《亚太经济》2016年第6期。

吴必康：《西方金融危机和金融霸权的历史探索》，《史学理论研究》2009年第1期。

徐明棋：《央行货币互换：对国际货币体系的影响》，《社会科学》2016年第3期。

徐新华：《人民币国际化与国际货币体系相关性研究》，经济管理出版社2017年版。

姚大庆：《国际货币——地位分析和体系改革》，上海社会科学院出版社2016年版。

叶卫平：《国际金融危机与建立国际经济政治新秩序》，《教学与研究》2009年第11期。

余永定：《后危机时期的全球公共债务危机和中国面临的挑战》，《国际经济评论》2011年第1期。

喻晓平：《后危机时代人民币国际化研究》，中国农业科学技术出版社2015年版。

袁鹏：《金融危机与美国经济霸权：历史与政治的解读》，《现代国际关系》2009年第5期。

袁正清：《从三个层次看金融危机的可能政治后果》，《世界经济与政治》2008年第12期。

曾忠东、谢志超、丁巍：《美国金融危机对中国贸易影响的价格溢出效应分析》，《国际金融研究》2012年第2期。

张纯威：《美元本位、美元环流与美元陷阱》，《国际金融研究》2008年第6期。

张明：《人民币国际化与亚洲货币合作：殊途同归？》，《国际经济评论》2015年第2期。

张严柱、王天龙：《欧洲主权债务危机的形势及前景》，《宏观经济研究》

2012年第2期。

张谊浩、裴平、方先明:《国际金融话语权及中国方略》,《世界经济与政治》2012年第1期。

赵可铭:《正确看待和应对当前的金融帝国主义》,《世界社会主义研究》2016年第2期。

朱峰:《金融危机对国际政治的影响》,《世界经济与政治》2008年第12期。

二 英文文献

Ado, A., & Su, Z., "China in Africa: A Critical Literature Review", *Critical Perspectives on International Business*, Vol. 12, No. 1, 2016.

Aizenman, J., The Asia Pacific, Capital Market Openness, and Financial Feforms in China, BOFIT Discussion Papers, Vol. 4, 2015.

Alex He, Domestic Sources and RMB Internationalization: A Unique Journey to A Major Global Currency, Waterloo/Ontario: CIGI – Centre for International Governance Innovation, 2015.

A. Michael Spence, "The Financial and Economic Crisis and the Developing World", *Journal of Policy Modeling*, Vol. 4, No. 31, 2009.

A. Michael Spence, The Financial and Economic Crisis and the Developing World, *Journal of Policy Modeling*, Vol. 31, Issue 4, 2009.

Andrew K. Rose, "A Stable International Monetary System Emerges: Inflation Targeting is Bretton Woods", Reversed, *Journal of International Money and Finance*, Vol. 26, 2007.

Anjan V., Thakor., "Incentives to innovate and financial crises", *Journal of Financial Economics*, 2012.

Aykan Candemir, Ali Erhan Zalluhoglu, "The Effect of Marketing Expenditures during financial crisis: the case of Turkey", *Procedia – Social and Behavioral Sciences*, Vol. 24, 2011.

Aykan Candemir, Ali Erhan Zalluhoglu, "The Effect of Marketing Expenditures during financial crisis: The Case of Turkey", *Procedia – Social and Behavioral Sciences*, Vol. 24, 2011.

Bao Jianyun, A Comparative Analysis on Economic Growth Effects of International Trade: Evidence From China and the Europe, New Challenges of the Global Economy in the Post – Crisis Period, 3th Asia – Pacific Forum on Economics and Finance, School of Finance at Central University of Finance and Economics (CUFE), December17 – 18, 2009, Beijing China, 209 – 221.

Barros, C., P., Gil – alana, L., & Chen, Z., "Exchange Rate Persistence of the Chinese Yuan Against the US Dollar In the NDF Market", *Empirical Economics*, Vol. 51, No. 4, 2016.

Bennett, J., A Sectorial and Spatial Analysis of Chinese FDI to the US and The State of Indiana, Terre Haute: Indiana State University, 2015.

Byun, S., *Domestic – International linkages on China's Periphery: The Foreign Economic Liberalization of China's Border Regions (2000—2015)*, Washington: The George Washington University, 2017.

Cao, L., "Currency Wars and The Erosion of Dollar Hegemony", *Michigan Journal of International Law*, Vol. 38, No. 1, 2016.

Chan, S., "Assessing China's Recent Capital Outflows: Policy Challenges and Implications", *China Finance and Economic Review*, Vol. 5, No. 1, 2017.

Charles Wyplosz, Pak, Masahiro Kawai, Monetary and Financial Cooperation in East Asia: The State of Affairs After the Global and European Crises, Oxford: OUP Oxford, 2015.

Chee – Keong Choong, Ahmad Zubaidi Baharumshah, Zulkornain Yusop, "Muzafar Shah Habibullah, Private Capital Flows, Stock Market and Economic Growth in Developed and Developing Countries: A Comparative Analysis", *Japan and the World Economy*, Vol. 22, Issue 2, 2010.

Cheng, Z., Wang, F., Keung, C., & Bai, Y., "Will Corporate Political Connection Influence the Environmental Information Disclosure Level? Based on The Panel Data of A – shares From Listed Companies in Shanghai Stock Market", *Journal of Business Ethics*, Vol. 143, No. 1, 2017.

Chinn, M., D., "Emerging Market Economies and The Next Reserve Currencies," *Open Economies Review*, Vol. 26, No. 1, 2015.

Cho‐Hoi Hui, Tsz‐Kin Chung, "Crash Risk of the Euro in the Sovereign Debt Crisis of 2009—2010," *Journal of Banking & Finance*, Vol. 35, 2011.

Chor, D., Manova, K., Off The Cliff and Back? Credit Conditions and International Trade During the Global Financial Crisis, J. Int. Econ. (2011), doi: 10.1016/j.jinteco.2011.04.001.

Christopher May, "(Re) constituting Global Political Economy, The International Political Economy Yearbook Series", *Continued Political Geography*, Vol. 20, Issue 5, 2001.

Claudia Loebbecke, Arnold Picot, "Reflections on Societal and Business Model transformation Arising From Digitization and Big Data Analytics: A Research Agenda," *Journal of Strategic Information Systems*, Vol. 24, 2015.

Cohen, Benjamin J., *International Political Economy: An Intellectual History*, Princeton University Press, 2008.

Cohen, Benjamin J., Subacchi, Paola, "A One‐And‐A‐Half Currency System", *Journal of International Affairs*, Vol. 62, No. 1, 2008.

Contractor, F. J., Kumar, V., & Dhanaraj, C., "Leveraging India: Global Interconnectedness and Locational Competitive Advantage", *Management International Review*, Vol. 55, No. 2, 2015.

Cui Yumin, "The Internationalization of the RMB: A Perspective Vis A Viseast Asian Economic and Financial Integration", *Asia Pacific Business Review*, Vol. 23, No. 3, 2017.

Davide Furceri, Aleksandra Zdzienicka, "How Costly Are Debt Crises?", *Journal of International Money and Finance*, Vol. 31, No. 4, 2012.

Davide Furceri, "Aleksandra Zdzienicka, How Costly Are Debt Crises?", *Journal of International Money and Finance*, Vol. 31, Issue 4, 2012.

David Tennant, "Factors Impacting on Whether and How Businesses Respond to Early Warning Signs of Financial and Economic turmoil: Jamaican Firms in the Global Crisis," *Journal of Economics and Business*, Vol. 63, 2011.

Davin Chor, Kalina Manova, "Off the Cliff and Back? Credit Conditions and International trade During the Global Financial Crisis", *Journal of International Economics*, Available online 11 May 2011.

Dierckx, S., "China's Capital Controls: between Contender State and Integration Into the Heartland", *International Politics*, Vol. 52, No. 6, 2015.

Dominick Salvatore, "The Future Tri – Polar International Monetary System", *Journal of Policy Modeling*, Vol. 33, 2011.

Dominique De Rambures, Felipe Escobar Duenas, *China's Financial System: Growth and Inefficiency*, Cham: Palgrave Macmillan, 2017.

Donald Markwell, Keynes and International Economic and Political Relations, Trinity Paper 33, Trinity College, University of Melbourne, 2009.

Dong – Hyeon Kim, Shu – Chin Lin, Yu – Bo Suen, "Dynamic Effects of trade openness on Financial Development", *Economic Modelling*, Vol. 27, Issue 1, 2010.

Dooley, Michael, Folkerts – Landau, David, Garber, Peter M., "Breton Woods II Still Defines the International Monetary System", *NBER Working Paper*, No. 14731, 2009.

Dou, X., "Measure and Evaluation of Financial openness in China," *International Journal of Economics and Financial*, Vol. 6, No. 3, 2016.

Drew Fudenberg, Jean Tirole, Game Theory, Massachusetts Institute of Technology, 1991.

Eichengreen, B., Chitu, L., & Mehl, A, "Stability or upheaval? The Currency Composition of International Reserves in the Long Run", *Global Economic Observer*, Vol. 64, No. 2, 2016.

Eichengreen, B., "Implications of the Euro's Crisis For International Monetary Reform. Journal of Policy Modeling (2012)", http://dx.doi.org/10.1016/j.jpolmod.2012.05.007.

Fan Xiaoyun, Chen Lei, Wang Daoping, "Renminbi Internationalization and Stability of the International Monetary System", *China Economist*, Vol. 10, No. 3, 2015.

Faudot, A., & Ponsot, J., "The Dollar Dominance: recent Episode of trade Invoicing and Debt Issuance", *Journal of Economic Integration*, Vol. 31, No. 1, 2016.

Felipe Bravo – Marquez, Marcelo Mendoza, Barbara Poblete, Meta – level Sentiment Models For Big Social Data Analysis, Knowledge – Based Systems, Vol. 69, 2014.

Franklin Allen, Giorgia Giovannetti, "The Effects of the Financial Crisis on Sub – Saharan Africa", *Review of Development Finance*, Vol. 1, Issue 1, 2011.

Frijns, B., et al., Political Crises and the Stock Market Integration of Emerging Markets. J, Bank Finance (2011), doi: 10.1016/j.jbankfin.2011.05.007.

Fung, K. C., Aminian, N., Korhonen, I., & Wong, K., "The Chinese yuan: influence of Interest Groups Examined", *BOFIT Policy Brief*, Vol. 6, 2017.

Gabriel Medina, Benno Pokorny, Jes Weigelt, "The Power of Discourse: hard Lessons For traditional Forest Communities in the Amazon", *Forest Policy and Economics*, Vol. 11, No. 5 –6, 2009.

Germain, R., & Schwartz, H. M., "The Political Economy of Currency Internationalisation: the Case of the RMB", *Review of International Studies*, Vol. 43, No. 4, 2017.

Gibson, H. D., et al., "The Greek Financial Crisis: Growing Imbalances and Sovereign Spreads", *Journal of International Money and Finance*, 2011, doi: 10.1016/j.jimonfin.2011.10.009.

Gilpin, Robert, *Global Political Economy: Understanding the International Economic Order*, Princeton, NJ: Princeton University Press, 2001.

Gottwald, J., & Bersick, S., "The Domestic Sources of China's New Role in Reforming Global Capitalism", *International Politics*, Vol. 52, No. 6, 2015.

Grammatikos, T., Vermeulen, R., Transmission of the Financial and Sovereign Debt Crises to the EMU: Stock Prices, CDS Spreads and Exchange Rates, Journal of International Money and Finance (2011), doi: 10.1016/j.jimonfin.2011.10.004.

Gregor, N. F., "Weiß, Denefa Bostandzic, Sascha Neumann, What Factors Drive Systemic Risk During International Financial Crises?", *Journal of Banking & Finance*, Vol. 41, 2014.

Guillermo Felices, Tomasz Wieladek, "Are Emerging Market Indicators of Vulnerability to Financial Crises Decoupling From Global Factors?", *Journal of Banking & Finance*, Vol. 36, 2012.

Guillermo Felices, Tomasz Wieladek, "Are Emerging Market Indicators of Vulnerability to Financial Crises Decoupling From Global Factors?", *Journal of Banking & Finance*, Vol. 36, 2012.

Hafedh Bouakez, Takashi Kano, "Terms of Trade and Current Account Fluctuations: The Harberger – Laursen – Metzler Effect Revisited", *Journal of Macroeconomics*, Vol. 30, Issue 1, 2008.

Haihong, G., "The RMB Internationalization and the Reform of the International Monetary System", *Journal of International Money and Finance*, Vol. 5, No. 1, 2017.

Hans J., Ladegaard., "Rudeness as A Discursive Strategy in Leadership Discourse: Culture, Power and Gender in A Hong Kong Workplace", *Journal of Pragmatics*, Vol. 44, No. 12, 2012.

Hans J., Ladegaard, "Rudeness as A Discursive Strategy in Leadership Discou-Hardik A., Marfatia, Rangan Gupta, Esin Cakan, "The International REIT's Time – Varying Response to the U. S. Monetary Policy and Macroeconomic Surprises", *The North American Journal of Economics and Finance*, Vol. 42, 2017.

Henrik Enderlein, Christoph Trebesch, Laura Von Daniels, "Sovereign Debt Disputes: A Database on Government Coerciveness During Debt Crises", *Journal of International Money and Finance*, Vol. 31, No. 2, 2012.

Henrik Enderlein, Christoph Trebesch, Laura Von Daniels, "Sovereign Debt Disputes: A Database on Government Coerciveness During Debt Crises", *Journal of International Money and Finance*, Vol. 31, Issue 2, 2012.

He, Q., Korhonen, I., Guo, J., & Liu, F., "The Geographic Distribution of International Currencies and RMB Internationalization", *BOFIT Discussion Papers*, Vol. 20, 2015.

Huang, K. X. D., Tian, G., & Yang, Y., "China Under Uncertainty: Outlook, Counterfactual and Policy Simulations, and Reform Implementation – A

Summary of Annual Report (2016—2017)", *Frontiers of Economics in China*, Vol. 12, No. 2, 2017.

Ito Takatoshi, "A New Financial Order in Asia: Will A RMB Bloc Emerge?", *Journal of International Money and Finance*, Vol. 74, 2017.

Jarko Fidrmuc, Iikka Korhonen, "The Impact of the Global Financial Crisis on Business Cycles in Asian Emerging Economies", *Journal of Asian Economics*, Vol. 21, Issue 3, 2010.

Jeffrey Frankel, George Saravelos, "Can Leading Indicators Assess Country Vulnerability? Evidence From the 2008 – 09 Global Financial Crisis", *Journal of International Economics*, December 2011.

Jianshan Sun, Wei Xu, JianMa, Jiasen Sun, Leverage RAF to Find Domain Experts on Research Social Network Services: A Big Data Analytics Methodology, with MapReduce Framework, Int. J. Production Economics, 165 (2015), 185–193.

Jikun Huang, Huayong Zhi, Zhurong Huang, Scott Rozelle, John Giles, "The Impact of the Global Financial Crisis on off – farm Employment and Earnings in Rural China", *World Development*, Vol. 39, No. 5, 2011.

John F., Shroder, Silk Road Nexus, Natural Resources in Afghanistan, 2014.

Jonathan A., Batten, Peter G., Szilagyi., "The Internationalisation of the RMB: New Starts, Jumps and Tipping Points", *Emerging Markets Review*, Vol. 28, 2016.

João Dias, "Sovereign Debt Crisis in the European Union: A Minimum Spanning Tree Approach", *Physica A: Statistical Mechanics and Its Applications*, Vol. 391, Issue 5, 2012.

Kan, Y., Y., "Why RMB Should Be More Flexible", *Journal of Financial Economic Policy*, Vol. 9, No. 2, 2017.

Kaske, E., "Book Review: Chinese Money in Global Context: Historic Junctures Between 600 BCE and 2012", *The Journal of Asian Studies*, Vol. 74, No. 2, 2015.

Kawai, M., & Liu, L., "Trilemma Challenges For the People's Republic of China," *Asian Development Review*, Vol. 32, No. 1, 2015.

Klaus Ackermann, Simon D., Angus, "A Resource Efficient Big Data Analysis Method For the Social Sciences: The Case of Global IP Activity", *Procedia Computer Science*, Vol. 29, 2014.

Klaus Adam, "Government Debt and optimal Monetary and Fiscal Policy", *European Economic Review*, Vol. 55, 2011.

Kuo‑Chun Yeh, "Renminbi in the Future International Monetary System", *International Review of Economics and Finance*, Vol. 21, 2012.

Kuo‑chun Yeh, "Renminbi in the Future International Monetary System", *International Review of Economics and Finance*, Vol. 21, 2012.

Laura Alfaro, Fabio Kanczuk, "Optimal Reserve Management and Sovereign Debt", *Journal of International Economics*, Vol. 77, 2009.

Lee, A., "Banks Must Adapt As RMB Reforms quicken", *International Financial Law Review*, 2015.

Lian, L., & Chen, C., "Financial Development, Ownership and Internationalization of Firms: Evidence From China", *China Finance Review International*, Vol. 7, No. 3, 2017.

Lilia Costabile, "Current Global Imbalances and the Keynes Plan: A Keynesian Approach for Reforming the International Monetary System", *Structural Change and Economic Dynamics*, Vol. 20, 2009.

Lilia Costabile, "Current Global Imbalances and the Keynes Plan: A Keynesian Approach For Reforming the International Monetary System", *Structural Change and Economic Dynamics*, Vol. 20, 2009.

Liu, H., & Hong, Y., "Choice of Exchange Rate Regime and Innovation of Risk Management For Commercial Bank's Exchange Rate", *Management & Engineering*, Vol. 19, 2015.

Liu, K., "Chinese Renminbi After 11 August 2015", *JASSA*, Vol. 4, 2016.

Lucia Toniolo, Alfonsina D'Amato, Riccardo Saccenti, Davide Gulotta, Pier Giorgio Righetti, The Silk Road, Marco Polo, a Bible and its Proteome: A Detective Story, *Journal of Proteomics*, Vol. 75, Issue 11, 2012.

Luis Reyes, "The Link Between the Current International Monetary Non‑system, Financialization and The Washington Consensus", *Research In Interna-

tional Business and Finance, Vol. 42, 2017.

Luo, Dan, *The Development of the Chinese Financial System and Reform of Chinese Commercial Banks*, London: Palgrave Macmillan, 2016.

MałGorzata Mikita, "International Monetary System: The Desired Direction of Changes", *Procedia Economics and Finance*, Vol. 25, 2015.

Ma, G., & Yao, W., "Can the Chinese Bond Market Facilitate A Globalizing Renminbi?", *BOFIT Discussion Papers*, Vol. 1, 2016.

Manuchehr Shahrokhi, "The Global Financial Crises of 2007—2010 and the Future of Capitalism", *Global Finance Journal*, Vol. 22, 2011.

Marcel Fafchamps, Pedro C., Vicente, "Political Violence and Social Networks: Experimental Evidence From A Nigerian Election", *Journal of Development Economics*, Vol. 101, 2013.

Marcia Millon Cornett, Jamie John McNutt, Philip E., "Strahan, Hassan Tehranian, Liquidity Risk Management and Credit Supply in the Financial Crisis", *Journal of Financial Economics*, Vol. 101, 2011.

Marconi, D., "Currency Co-movements in Asia-pacific: The Regional Role of the Renminbi", *BOFIT Discussion Papers*, Vol. 10, 2017.

Marcos Chamon, "Can Debt Crises Be Self-fulfilling?", *Journal of Development Economics*, Vol. 82, 2007.

Marek Dabrowski, "The Global Financial Crisis: Lessons For European Integration", *Economic Systems*, Vol. 34, 2010.

Maurice Obstfeld, "Financial Flows, Financial Crises, and Global Imbalances", *Journal of International Money and Finance*, Vol. 31, No. 3, 2012.

Mcnally, C. A., "The Political Economic Logic of RMB Internationalization: A Study in Sino-capitalism", *International Politics*, Vol. 52, No. 6, 2015.

Mele, M., "Singapore' Exchange Rate Regime: A Garchapproach", *Journal of Economic Cooperation & Development*, Vol. 36, No. 3, 2015.

Michael D., Bordo, Christopher, M., "Meissner, David Stuckler, 2010. Foreign Currency Debt, financial Crises and Economic Growth: A Long-run View", *Journal of International Money and Finance*, 29, 642–665.

Mohsen Bahmani-Oskooee, Artatrana Ratha, S-Curve Dynamics of Trade Between U. S. and China, China Economic Review, Vol. 21, Issue 2, June 2010.

Muzalevsky, R. , "China's Rise and Reconfiguration of Central Asia's Geopolitics: a Case for U. S. , "pivot" to Eurasia", *Current Politics and Economics of Northern and Western Asia*, Vol. 24, No. 2, 2015.

Nölke, A. , "Second Image Revisited: The Domestic Sources of China's Foreign Economic Policies", *International Politics*, Vol. 52, No. 6, 2015.

Nolan McCarty, Adam Meirowitz, *Political Game Theory: Introduction*, Cambridge University Press, 2007.

Nurseitova Khalida, Zharkynbekova Sholpan, Bokayev Bauyrzhan, Bokayeva Ainash, Language and Gender in Political Discourse (Mass Media Interviews), *Procedia – Social and Behavioral Sciences*, Vol. 70, No. 25, 2013.

Otero – iglesias, M. , & Steinberg, F. , "Following the Franco – german Harbinger? The Footprint of the Euro in Regional Monetary Integration", *Comparative European Politics*, Vol. 15, No. 2, 2017.

Otero – iglesias, M. , & Vermeiren, M. , "China's State – permeated Market Economy and its Constraints to the Internationalization of the Renminbi", *International Politics*, Vol. 52, No. 6, 2015.

Paradise, J. F. , "The Role of 'Parallel Institutions' in China's Growing Participation in Global Economic Governance", *Journal of Chinese Political Science*, Vol. 21, No. 2, 2016.

Pencea, S. , & Bâlgar, A. , "China's Transition to The Innovation – driven Economy: Stepping Stones and Road – blocks", *Global Economic Observer*, Vol. 4, No. 1, 2016.

Pop, A. , "Scenarios For Future of the International Monetary System", *Knowledge Horizons – Economics*, Vol. 8, No. 1, 2016.

Radelet Steven, Jeffrey Sachs, "The East Asian Financial Crisis: Diagnosis, Remedies, Prospects", *Brookings Papers on Economic Activity*, Vol. 1, 1998.

Raouf Boucekkine, Kazuo Nishimura, Alain Venditti, "Introduction to International Financial Markets and Banking Systems Crises", *Journal of Mathematical Economics, Vol. 68, 2017.

Raul Caruso, Friedrich Schneider, "The Socio-economic Determinants of Terrorism and Political Violence in Western Europe (1994-2007)", *European Journal of Political Economy*, Vol. 27, 2011.

Reverse Technology Spillover Effects of Outward FDI to P., R., "China: A threshold Regression Analysis", *Applied Economics Quarterly*, Vol. 62, No. 1, 2016.

Richard A., Iley, Mervyn K., "Lewis, Has the Global Financial Crisis Produced A New World Order?", *Accounting Forum*, Vol. 35, 2011.

Robert Inklaar, Jing Yang, "The Impact of Financial Crises and tolerance For Uncertainty", *Journal of Development Economics*, Vol. 97, 2012.

Robert P., Flood, Peter M., Garber, "Collapsing Exchange-Rate Regimes, Some Linear Example", *Journal of International Economics*, 1984.

Roy, D., & Sahoo, A., "Payment Systems in India: Opportunities and Challenges", *Journal of Internet Banking and Commerce*, Vol. 21, No. 2, 2016.

Shari Clare, Naomi Krogman, Ken J., Caine, The "balance Discourse": A Case Study of Power and Wetland Management, *Geoforum*, Vol. 49, 2013.

Shen, W., & Vanhullebusch, M., "Where is the Alchemy? The Experiment of the Shanghai Free trade zone in Freeing the Foreign Investment Regime in China", *European Business Organization Law Review*, Vol. 16, No. 2, 2015.

Shih-Chang, Y., & Wo-Chiang, L., "An Analysis on the Correlation Between RMB Exchange Rate Fluctuation and East Asian Exchange Rate Fluctuations", *Asian Economic and Financial Review*, Vol. 7, No. 11, 2017.

Shi, W., *The Political Economy of China's outward Direct Investments*, San Diego: University of California, San Diego, 2015.

Shuzhi Wang, Xiuhai Zhao, "Re-evaluating the Silk Road's Qinghai Route Using Dendrochronology", *Dendrochronologia*, Vol. 31, Issue 1, 2013.

Sloan, D. W., *Trends toward Globalizing the Renminbi*, San Francisco: Golden Gate University, 2017.

Solow, R., "A Contribution to the Theory of Economic Growth", *Quarterly*

Journal of Economics, Vol. 70, No. 1, 1956.

Sullivan, L. R., "Domenicolombardi and Hongyingwang, eds, Enter the Dragon: China in the International Financial System", *Journal of Chinese Political Science*, Vol. 22, No. 1, 2017.

Tadeusz Kowalski, "Yochanan Shachmurove, The Financial Crisis: What is There to Learn?", *Global Finance Journal*, Vol. 22, 2011.

Timotej Homar, Sweder J. G., van Wijnbergen, "Bank Recapitalization and Economic Recovery After Financial Crises", *Journal of Financial Intermediation*, Vol. 32, 2017.

Tsai, K. S., "The Political Economy of State Capitalism and Shadow Banking in China", *Issues and Studies*, Vol. 51, No. 1, 2015.

Turalay Kenc, Sel Dibooglu, "The 2007 – 2009 Financial Crisis, Global Imbalances and Capital Flows: Implications For Reform", *Economic Systems*, Vol. 34, 2010.

Wang Jingyi, *The Past and Future of International Monetary System: With the Performances of the US Dollar, The Euro and the CNY*. Heidelberg: Springer, 2016.

Wang, Y., "RMB Internationalization and Its Implications for Asian Monetary Cooperation", *Seoul Journal of Economics*, Vol. 30, No. 1, 2017.

Wenli Cheng, Dingsheng Zhang., "A Monetary Model of China – US trade Relations", *Economic Modelling*, Vol. 29, No. 2, 2012.

"What are China's Global Economic Intentions?" *The International Economy*, VOl. 31, No. 1, 2017.

Wolfe, R., "Sunshine Over Shanghai: Can the WTO Illuminate the Murky World of Chinese SOEs?", *World Trade Review*, Vol. 16, No. 4, 2017.

Wonglimpiyarat, J., & Khaemasunun, P., "China's Innovation Financing System: Triple Helix Policy Perspectives", *Triple Helix*, Vol. 2, No. 1, 2015.

Xu, X., Wu, S., & Wu, Y., "The Relationship Between Renminbi's Exchange Rate and East Asia Currencies Before and After the 'Financial Crisis'", *China Finance Review International*, Vol. 5, No. 1, 2015.

Yao, D., & Whalley, J., "The Yuan and Shanghai Pilot Free Trade Zone", *Journal of Economic Integration*, Vol. 30, No. 4, 2015.

Yochanan Shachmurove, "A Historical Overview of Financial Crises in the United States", *Global Finance Journal*, Vol. 22, 2011.

You, K., "What Drives Outward FDI of China? A Regional Analysis", *The Journal of Developing Areas*, Vol. 51, No. 2, 2017.

Yue, V., *Sovereign Default and Debt Renegotiation*, *Mimeo*, New York University, 2005.

Yung, P. K. H, "Credit – Enhancement Mechanisms For Dim Sum Bonds: Structures and Risks", *Capital Markets Law Journal*, Vol. 10, No. 3, 2015.

Zamir, M., "The Parameter and Paradigm of Chinese Reforms", *Policy Perspectives*, Vol. 12, No. 1, 2015.

Zhang, Y., Cai, L., & Ni, Q., "Empirical Research on the Exchange Rate of RMB Regime Choice", *Management & Engineering*, Vol. 26, 2017.

Zhang, Z., "Law and Finance: The Case of Stock Market Development in China", *Boston College International and Comparative Law Review*, Vol. 39, No. 2, 2016.

Zhou, C., Xie, J., & Wang, Q., "Failure to Complete Cross – border M&As: 'To' vs. 'From' emerging Markets", *Journal of International Business Studies*, Vol. 47, No. 9, 2016.

Zhou Hui, *China's Monetary Policy Regulation and Financial Risk Prevention: The Study of Effectiveness and Appropriateness*, Heidelberg: Springer, 2015.

后　　记

本书的撰写和修改跨越了近十年时光，其中经历的困难非亲历者难以想象，但同时本书也得到了多方的帮助，本人深表感谢。在本书的研究和撰写过程中，我的妻子徐梅教授在承担大量家务劳动的同时帮助我整理并撰写了部分文稿，同时帮助编校了大部分文稿，儿子博之则从小学生成长为高中生，我年迈的父母在云南陆良老家持续关注我的工作。本书能够顺利完稿，家人及亲朋好友付出甚多，本书也是我送给家人和亲人的礼物，希望家人和亲人一切安好。我在中国人民大学指导的博士生宣宇、马素红、高元厚、尹斯斯、王瑛龙、张奕芳、李卿、李俊良、武振楠、郭明旭、斯建华、王金明，硕士生孙林、车碧轩、胡怡、晏斌扬等同学为本书提供了多方面的帮助，本人感谢同学们的参与和帮助。本书能够顺利出版，得到了我在中国人民大学讲授《政治学博弈论》课程的学生、现中国社会科学出版社编辑白天舒同学的帮助和支持，本人表示感谢。因本人能力所限，本书一定存在诸多缺陷和不足，希望能够得到学界前辈和同仁的批评指正。希望我们能够共同推动中国的学术进步和中华民族的伟大复兴事业，也希望本书的出版能够为世界人民的福利改进贡献绵薄之力。

保建云

2020 年 10 月 29 日于陕西中国延安干部学院学员公寓

2020 年 11 月 7 日于江苏省苏州市中国人民大学苏州校区敬斋

2020 年 11 月 15 日于海南省海口市

2020 年 11 月 28 日于中国人民大学逸夫楼

2020 年 12 月 5、6 日于广东省深圳市

2020 年 11 月 28 日、12 月 25 日、2021 年元旦于中国人民大学明德国际楼办公室

2021 年 1 月 18 日于北京市海淀区双榆树租赁寓所

2020 年 11 月 30 日初步整理、2021 年 2 月 2 日定稿于北京市海淀区世纪城寓所